数读清史

李治亭 杨东梁 主编

清朝兴起

张丹卉 著

贰

两座一间拉一城
沈、辽两城激战
两昼夜血战西平堡
两次亲征林丹汗
二征朝鲜

伍

统一建州五部
五大臣襄理国政
五宫后妃情有独钟
清五次入塞袭山东
五十二岁病故清宁宫

辽宁民族出版社

图书在版编目（CIP）数据

清朝兴起 / 张丹卉著. —沈阳：辽宁民族出版社，
2020.1
（数读清史丛书 / 李治亭，杨东梁主编）
ISBN 978-7-5497-2016-3

Ⅰ. ①清…　Ⅱ. ①张…　Ⅲ. ①中国历史—清代
Ⅳ. ①K249

中国版本图书馆CIP数据核字（2019）第141995号

清朝兴起
QINGCHAO XINGQI

出版发行者：辽宁民族出版社
地　　址：沈阳市和平区十一纬路25号　邮编：110003
印 刷 者：辽宁新华印务有限公司
幅 面 尺 寸：180mm × 250mm
印　　张：21.5
字　　数：320千字
出 版 时 间：2020 年 1 月第 1 版
印 刷 时 间：2020 年 1 月第 1 次印刷
责 任 编 辑：李　璜
助 理 编 辑：杜璐珊
封 面 设 计：杜　江
责 任 校 对：王　荷

标 准 书 号：ISBN 978-7-5497-2016-3
定　　价：58.00 元

网址：www.lnmzcbs.com　　邮购电话：024-23284335
淘宝网店：http://lnmz2013.taobao.com
如有印装质量问题，请与出版社联系调换　　联系电话：024-23284340

前言

李治亭　杨东梁

《数读清史丛书》经构思、组稿、成稿、定稿，历经数年，现在终于可以与读者见面了，这首先要感谢辽宁民族出版社的鼎力相助。

那么《数读清史丛书》究竟是一部什么样的书呢？为什么把“数字”与“清史”联系在一起？这是必须要首先交代清楚的。

提起清史，人们并不陌生，但清朝全史的研究及有关清史图书的出版，在中华人民共和国建立前后一段时间内却显得较为冷清（部分涉及中国近代史、农民战争史者除外）。进入改革开放时期后，清朝的历史和故事受到社会的广泛关注，一方面，学术界不断掀起研究清史的热潮，从地方到全国，国家级暨国际性的研讨会频频举行，研究成果如论文、著作、资料、通俗读物等层出不穷；另一方面，文艺界如戏曲、小说、评书、电影、电视等，也介入清史领域，将其演绎成一部部艺术作品推向社会，从而使清史故事和知识普及千家万户。至今，自20世纪80年代掀起的“清史热”不减不退。可以说，清史的普及率是其他断代史无法比拟的。清史一跃成为史学界之“显学”，不能不使各断代史相顾“失色”！这与改革开放前数十年相对冷清的局面形成鲜明对照。

清史研究的大发展和空前繁荣，实非偶然。清朝距我们当代社会最近，自其亡国至今，也只有百余年；说起清朝的人和事，似在昨天，如在眼前，很容易引起人们更大的兴趣。清朝的历史漫长，经历的时代多变，其丰富多彩的内容，为文学艺术创作提供了取之不尽的素材。坦率地说，把清史故事搬上舞台、银屏，也许比创作关于现实生活的作品来得容易些。因为编导者们受到的约束较少，创作发挥的天地较为广阔，这是不是也算一种“捷径”呢？

对于史学界来说，清史园地既广大又富饶，还有许多待开垦的“处女地”，确有强烈的吸引力。学者们为之付出辛勤劳动，研究成果难以计数，近40年所取得的进展，远胜前60年的总和！

有清一代，比它以前任何一代王朝更受到当代人的重视与关注，这也许是清朝的幸运。但其中也有颇多是非曲直、重重疑点，现在学术界还在争论不休，难以达成共识。不同观点已成对峙状态，能延续多久，尚难预料。不过，争论绝不是一件坏事，学术就需要百花齐放，百家争鸣。如果没有争论，学术也就失去了它的生命力。

现在的问题是，有关清史的歧见，已远远超出了学术争论的范畴。例如，文艺小说及影视、戏剧“戏说”成风，更有甚者，某些清宫影视剧，荒诞无稽，莫此为甚！诚然，文艺作品既然是艺术创作，自然允许虚构，但不能脱离生活，特别是历史题材的作品，更不能天马行空，颠倒、篡改历史，我们常说的“大事不虚，小事不拘”，就是这个道理。文艺界的“戏说”风也刮进了学术界，一些“学者”跟风而上，打着学术的幌子，对三国史、清史，乃至孔子、庄子恣意解读。特别是清史，标榜“正说”者未必不是邪说，其公开宣扬历史唯心主义，信口开河，实则搞乱了清史。任意涂改历史，胡乱编造之风必须煞住，因为不得民心，终将被弃之如垃圾。

尽管“戏说”荒诞，谬说悖理，却仍在社会中流传，清史难“清”。这促使我们决意写一部“新清史”，阐明我们的“清史观”，表述对清史的基本认识，希望能尽量做出科学评断，向社会传达准确的历史信息。这大抵是我们编纂本丛书的初衷，是否如愿，有待实践检验。

撰写一部王朝断代史，首先遇到一个问题，即王朝的起始与终结时间。这似乎是个常识，无须讨论。清以前的历代王朝姑且不论，只说清朝，确有特殊之处。它的终结时间，为宣统三年（1911），清帝宣布退位，清朝统治就此结束。对此，没有任何疑义。那么，清朝的历史又始于何时呢？说法有三：一说，以清顺治元年（1644）入主北京为其始，清有国应为268年；一说，以明万历四十四年（1616）努尔哈赤创建后金政权为清史开端，至终结，共296年；一说，从努尔哈赤于明万历十一年（1583）起兵算起，直至清亡，共历329年。

这三种说法都有一定道理。正如一个人的人生历程，如从参加工作算起，至退休，强调其人的工作时间。如从出生算起，直到去世，这是表示一个人的寿命。清朝的三个“开始”时间，各有所重。学术界采用的是第一种说法，约定俗成，从未受到质疑。因为从入关后清朝才开始统治全国，到其退出历史舞台，就是清朝统治中国的全史。入关前的历史只是清史的序曲，被视为清史的楔子，可不计入清史的时间统计。

我们的意见，取第三种说法：从努尔哈赤创业，到确立在全国的统治，直到溥仪退位，这是清朝历史的一个漫长而完整的过程。其中各个时期，都是清史不可分割的一部分，而各个部分的总和，就是清史的全部。可以说，清史的绝对时间应为329年，举其概数，可称“清史三百年”。同大多数王朝一样，清朝三百年经历了兴、盛、衰、亡的漫长过程。考察清朝三百年，可以说有其独特的经历，这就是：创业、盛世、衰亡，而这三段恰恰是各占百年左右。

先说创业。如前指出，明万历十一年（1583），努尔哈赤起兵，为被害的父祖报仇，即为清朝创业之始，已无疑问。那么，创业于何时完成？进一步问：创业完成的标志是什么？很简单，全国完全统一之日，就是创业完成之时。清在关外时期，仅占有东北与内蒙古地区，统一大业远未完成。清军入关后，于顺治十八年（1661）消灭南明最后一个政权——永历政权，至此，已完成对中华大陆的统一，但台湾仍被郑氏集团控制，故清之创业还不能说完成。直至康熙二十二年（1683），郑氏政权兵败投降，台湾归入清朝版图，至此，清朝才完成了创业。收复台湾，是一个标志。到收复台湾之时，清朝创业正好历时一百年。所谓百年创业，名副其实。

那么何谓百年“盛世”？“盛世”是指最好的历史时期。经济全面发展，文化繁荣昌盛，社会长治久安，国力空前强大等，都是构成盛世不可缺少的条件。清史学界主流意见，认定康熙、雍正、乾隆三朝为清之盛世，史称“康乾盛世”。这个“盛世”，从何时开始？何时结束？学界并无具体界定，学者们见仁见智，但整体上差异不大。我们认为，无论开始、结束，必有一标志性事件，为其时间的界标。进入盛世的标志，恰好是收复台湾的第二年，即康熙二十三年（1684），圣祖首次南巡，非为娱乐，而是专程亲临治理黄河工地，阅视河工。黄河之重要，实关中国历代王朝兴衰，亦为中华民族之命脉。在以农业立国的时代，治理黄河水患，如同治国，是国家头等大事。在收复台湾后，圣祖立即转入治河，说："今四海太平，最重者治河一事。"[1]治河即治国，国家形势已由前期的战乱转为相对稳定，此即盛世开始之时。从大乱走向大治，治河是标志。

盛世何时结束呢？嘉庆元年（1796），高宗刚退位还不到一年，就发生了一个重大的事件，即川、楚、陕、豫白莲教大起义，引发社会矛盾总爆发，社会动乱。以此事件为标志，宣告"盛世"结束。至此，盛世历时112年，取其概数，称为"百年盛世"。

以嘉庆元年为由盛转衰的时代分界线，清朝转入衰落。历嘉庆、道光、咸丰、同治、光绪、宣统等六朝，经时115年，可称"百年衰亡"。

清朝全史，三个"百年"，并非是人为机械地划分，恰恰是清朝本身自然形成的"三段式"，此说只是我们的一种看法，有待学界形成共识。

我们就是依据上述认识，按照三个百年的历史时期，设计出三个阶段，每个阶段各由3册书组成，共计9册，约180万～200万字。

这套丛书，可以说是一部完整的新清史。清朝灭亡百年来，研究清朝历史的成果不断问世，近30年最为突出，已出版长短不一的清朝全史不下10部。本套丛书则有自己的独特之处：其一，给清史定位三百年，按百年创业、百年盛世、百年衰亡"三段式"撰写清朝全史，似乎尚无先例。其二，予清史以新的解释，反映近30年学界清史研究的新认识、新水平，不落俗套，并非老生常谈，而是对清史的一种新解读，着重阐述我们新的清史观。其三，我们在理论上坚持求

①《圣祖仁皇帝祖训》卷33，"治河一"。

实求真的中国优良学术传统，吸收已有的研究成果，抵制西方史学中的败笔和不良影响，不跟风，不媚俗，也不接受所谓“山寨”的“雷人”之语，更与“戏说”划清界限。一句话，坚定文化自信，坚守中国学风中的优良传统，挡住学术歪风之诱惑，坚定地走自己的路！其四，本丛书的体例与以往不同。近代以来写史多采取西方的章节体，千篇一律，有的节以下再设目、小目，结果节、目重叠，不胜繁杂。本丛书体例设计打破惯例，采用更为灵活的纪事本末体，每件事都是一个故事，通过将这一件件大小事串联起来，以展示清朝三百年历史长编，再现清朝波澜壮阔的历史画卷。

本书更为明显的特点还在于用数字写清史。前文已指出，近40年来，学界或文艺界对清史颇多“创造”，如“戏说”风，风靡各界，以致清史学界也不能幸免！跟“风”而起，“戏说”起来。当“戏说”渐失市场时，又有“正说”“实说”相继出笼。所谓“实”“正”不过是作者主观意识的表达，能否真做到“正”、做到“实”，那就得看作者的史识、史才、史德如何了。事实表明，标明“正说”者，未必正；声明“实说”者，未必实。凡此种种，一个共同特征，就是作者或编导顽固地表现其主观随意性，却弃事实于不顾。我们则希望坚持以历史事实为依据，并通过数字来述说清史之由来。

数字之重要，在于它是代表人类存在的一种符号！在社会生活中，如果没有数字，人类社会将会怎样？毫无疑问，人类必将重返蒙昧时代。考察历史，可知数字与历史的关系至关重要，不容忽视。从《史记》到《清史稿》共26部所谓“正史”中，留下了大量用数字论述历史的资料，在其他各种史书，包括私人著述中，也留下了不少数字的记录。应当承认，我们的祖先对数字远不如西方人那么重视，故史书中有关数字的记录并不多。以数字为基础的统计，其涵盖面颇受局限，而且所记数字也未必都准确。如同文字记述之不确，当考者必考之，以求其真。尽管缺憾多多，但史籍中所留数字仍弥足珍贵。数字与文字记述同等重要，两者互证且互补，数字表明事物存在的形式、规模与质量，是人类从事政治、经济、军事及生产、生活实践活动的依据，亦是政府决策、做出判断的参数；而文字是对数字的说明，如果没有文字的解读，数字也就失去了意义。

如上所言，中国古代不如西方那样重视数字，历来不重视数学发展，数学古称“算数”，即便出现过祖冲之、刘徽这样杰出的算数家，国家整体科技还是没有发展起来。因为古人治国不靠科技，唯专仰经书而已。已故美籍华人、历史学者黄仁宇就晚清百年中国动乱做出独特的分析，称“中国过去百多年来的动乱，不是所谓章法不良、人心不古，也不是全部军人专横、政客捣乱”，却是因为中国未能像西方那样实行“在数目字上管理”的治国手段。

当然，中国古代也并非完全不重视数学，如把“数”列为六艺之一，以数字为基础的学问称“算数”。清朝人对算数的认识颇为深刻，大学者阮元曾说过一段很精彩的话：“数为六艺之一，而广其用，则天地之纲纪，群伦之统系也。天與星辰之高远，非数无以效其灵；地域之广轮，非数无以步其极；世事之纠纷繁赜，非数无以提其要。通天地人之道曰儒，孰谓儒者而事以不知数乎！”[①]阮元一席话，可知数字无处不在：上经天，下通地，社会生活不可离。阮元之数字论，无疑是对几千年数字之用的正确总结。

① 阮元：《揅经室三集》卷5，“里堂学算记序”。

回顾历史，历代史籍对数字的应用、用数字记述史实的例子，俯拾皆是。如《史记·高祖本纪》载：刘邦率大军攻入咸阳，金银财宝、后宫美女皆不取，独取户籍、地亩、图册，此意是在掌握全国的土地与人口数，以备将来治国之用。其后历代史书皆记载本朝的人口、土地及税收等大量人文经济信息，及至国家各级官吏设置、行政区划、军队及军事活动等，均有数目统计。这些宝贵的具体数字，为后世展开学术研究提供了实证。清代所载各项数据，远比前代更为全面而丰富，如官方编纂的《清实录》、国史及其他官书（如《四库全书》等），还有大量的地方志书、私人著述，无不包含用数字记述的史实。特别是清朝诸帝在位的每一年都要统计并公布该年度的土地增长面积及人口变化，乃至国库存储、蠲免钱粮、水利工程投资、军费支出、官员薪俸等情况，可见数字在国家政治、经济与社会生活的一切领域都占据重要地位。

毫无疑问，数字就是史料，是各种史料最值得重视的组成部分。数字同文字记录一样，都是历史的载体，其独特之处在于，它把历史的内涵具体化，彰显其真实的存在。

数字与历史的关系如此密切，对于史学研究不是可有可无，而是必不可少。应当承认，我们的史学研究往往不那么看重数字，总是偏重于研究事件始末、人物的实践活动、是非的评断，数字只是其中的附属，很少有人把它视为主要依据。这里，还有一个认识误区，即以为“摆弄”数字与统计，是经济史学家的事，似乎跟史学其他方面的研究无关。这一认识显然有失偏颇。我们应当树立“数字历史”的新思维，重新认识数字在史学研究中的特殊价值，若能如此，将深化我们对历史的理解，并做出新的判断。

基于以上认识，我们提出了用数字写清史、读清史的学术概念。同时，清代个别学者对数字的重视与分析，无疑给予我们很多启发，促使我们对这个问题的认识又有了新的升华，具有新的学术意义。

本文开头就提出何谓“数读清史”的问题，现在可以回答：简言之，即以数字为纲，将清史中的各种事件与人的实际活动用具体数字加以量化，展开对清史的叙述。说得更明确些，就是应用数字史料来写清史、读清史。本丛书共9册，每册的标题全用数字表述，此即“数字标题”，体现数字为纲之意。一个“标题”中的数字，构成一个历史事件的中心内容，叙其始末，如此相互衔接，清史全通。试举几例说明之：

例一，努尔哈赤于后金天命三年（1618）率八旗伐明，发动抚（顺）清（河）之役，揭开了明清（后金）战争的序幕。伐明前，发布“七大恨”檄文，阐述其伐明的正当性，此 “七大恨”之数字“七”即构成此事件的本质内容，故列题“以‘七大恨’伐明”（见第一册《清朝兴起》）。

例二，康熙中期，国家已进入“盛世”，为与万民同享“盛世”太平，圣祖两度举办“千叟宴”，招请全国60岁以上老人代表共4000余人至京，参加他举办的盛宴，这是“盛世”中的盛事，反映了中国封建社会发展到顶峰的盛况，故以“盛世两举千叟宴”为题，记述其事之始末（见第四册《开创盛世》）。

例三，高宗刚即位，还不到一年，监察御史孙嘉淦上疏，陈述他的治国之见，提出防止“三习”之恶俗与杜绝“一弊”之办法。此疏向新即位的乾隆帝发出了警告。其识见之深、文笔之犀利、预见性之强，一时震动朝野，士子争相阅读。清人即誉此疏为“三习一弊疏”。书中以此为题，评叙其事，为此卷之必不可少，故照此疏之名录下为标题（见第六册《乾隆鼎盛》）。

例四，“103天变法”又称“百日维新”，是晚清时期一次重要的政治变革。“百日”足见其时间短促，反映了顽固派与改良派力量对比之悬殊，也说明当时资产阶级改良派政治上之不成熟。此一数字包含了深刻的政治内涵（见第八册《危局求变》）。

例五，“江楚会奏变法三折”，此折是光绪二十七年（1901）湖广总督张之洞、两江总督刘坤一联合向清政府提出的全面改革方案。三份奏折共计三万多字，代表了朝野上下改革派政治改革的基本框架和思路，成为“清末新政”的纲领性文件。“三份”和“三万”的数字足见其内容之丰富（见第九册《清朝覆亡》）

“数字标题”，涉及如何选用数字。可以肯定地说，我们不会随意采用。如同选择史料，必选有重要价值、内涵丰富、具有代表性的，且数据可靠的数字。具体筛选数字的方法，可概括为三种：

一是直接取用于清官方各书中的准确数字。如以上例证中，“七大恨”“千叟宴”“三习一弊”等，皆来源于《清实录》中的明确记载。

二是归纳或统计后得出的数字。如努尔哈赤先后三次征讨乌拉部，最后一次将乌拉部灭掉，由此归纳为“三征乌拉”；世祖去世前，命索尼、遏必隆、苏克萨哈、鳌拜等为“辅政大臣”，辅佐年幼的少年皇帝圣祖，即成“四大臣辅政”；余类推。

三是概数，将不确定的数字，予以约定。高宗执政时，诛杀多名贪官，有的已计入“实录”，有的则未入录，不能完全确定诛杀贪官的数目，便用“众贪官”表述。因为“众”字及“多”“少”等字，也是数字概念，只是不甚具体而已。如“盛世修书百余种”，其“百余种”系作者据史籍的统计，而“余”字则表明为概数。

数字之用，在于无隐晦，不夸张，不修饰；看数字即识内容，不露作者的主观意图，亦不直接反映作者的观点倾向，一切都通过数字来反映历史的真实客观，其是非、长短，概由读者自行判断，不致被作者表述失当而误导。

书中每一个数字都不是凭空捏造的，甚至可以引申出一篇精彩的故事，读来饶有情趣。那么，为写好每一篇数字故事，采取什么样的体例最适合？比较再三，最后，我们认为采取纪事本末体为好。前已说到，当代盛行的章节体例，过于复杂而烦琐。纪事本末体，为我国传统史书的体例之一，更简捷、明快，尤其便于记述事件的过程，娓娓道来，有引人入胜之效。

与此相适应，本书的文字表述，力求通俗易懂而不失生动，朴实无华而不失美感。时下，文风、学风颇多不端之处，尤其是文风浮华，玩弄“概念史学”，把文字写得晦涩难懂；更有甚者，将中国话“洋化”，引来时尚名词，写的是中国字，讲的却不是“中国话”。我们坚决反对这种坏文风，并与之划清界限，要坚持体现中国传统的优良学风与文风，体现当代中国特色的史学新风。本丛书的各位作者共同约定：要写自己的话，也就是要用自己的语言文字把每件史实写明白，以让读者读懂为最高要求。至于能否做到，效果如何，我们不敢自夸，只能以此为努力目标，并有待广大读者检验。

研究历史，撰写史学著作，目的是经世致用，正如清代学者所倡导：“夫学不经世，非学也！”如果下笔成书，还不明白对社会、对读者有何价值，写书又有何用呢？我们明确宣示：撰写本套丛书，除意在正确传播清史知识外，更重在总结清史中的经验教训，把人生感悟与历史启示贯穿于本丛书的各个篇章，让人读后，多有获益。读者是否有此感受，只可待读后而论也。

以数字写清史、读清史，是我们的大胆尝试，不完美、不完善是必然的。我们不知，此举是否是清史研究和清史著述的新通道，如果这条路径行得通，“数读”对任何一代王朝都适用的话，就会有“数读唐史”“数读明史”等。果真如此，那么中国通史的写法能否跳出原有形式，有所创新呢？

本丛书既然是一种新尝试，难免有诸多不足之处。读者诸君如发现不当，尚祈给予教正。

2019年4月6日于北京

目录

一

努尔哈赤创业

SHUDU QINGSHI
QINGCHAO XINGQI

十六世纪女真群雄并起

在我国东北辽阔的大地上生息繁衍着一个民族，他们从远古走来，在不同历史时期有着不同的称谓，商周称肃慎，秦汉称挹娄，魏晋南北朝称勿吉，隋唐称靺鞨，五代始称女真。契丹人建辽，为避兴宗（名宗真）之讳，改称“女直”。辽代女真人分为生女真、熟女真、鸭绿江部女真、长白山部女真等几大部，进入繁盛时期。12世纪初，生女真中的完颜部建立政权，国号大金。金灭辽，亡北宋，持半壁江山，与南宋对峙。元兴金亡，女真人进入了发展的低谷时期，原已进入中原地区者多与汉族融合，而留居东北故地者散居于松花江与黑龙江下游，过着无市井城郭，逐水草以居，以射猎为业的生活。

元、明政权更迭之际，沉寂了百余年的女真社会开始呈现出动荡不安的状态，社会生产力发展，阶级分化，各部落之间相互侵掠、兼并，纷纷向经济发达、文化先进的南部地区迁移。至明初，除辽东之外，在东北的广大地区遍布着女真人。明朝按其所居地区，从南至北，将其分为三大部：建州女真居牡丹江，海西女真居松花江，“野人”女真居黑龙江。

明政权接手对东北女真人的管理之后，完全承袭历代中原王朝的治边思想和民族政策，即强调“华夷之辨”，严格区分华夏与“夷狄”的界限，修筑辽东边墙，将女真人限隔在边墙之外。又在女真地区广置卫、所，实行“分而治之”政策，不使其归一，各自与明朝保持朝贡隶属关系。

历经百余年沧桑，至明朝嘉靖年间，建州和海西女真已经定居下来，他们从事农耕与渔猎生产，经济得以发展，财富不断积累。一些强部豪酋，开始修筑山城村寨，控制贡道，抢掠明边，号令诸部，称霸一方，大有群雄并起之势。

建州部王杲与王兀堂

在建州女真诸部中出现了两大势力：一是浑河流域的王杲部；二是佟佳江流域（今辽宁桓仁附近）的王兀堂部。

王杲，建州都指挥使，聪慧机警，能言善辩 ，勇武剽悍，建州诸“夷”悉听其调度，是16世纪中期抚顺关外的风云人物。王杲居于古勒寨（今辽宁新宾境内），距抚顺关仅15公里。嘉靖后期，明边防废弛，他乘机屡掠边内的东州、抚顺、汤站等地，杀明边官吏数人，“怒马躏辽塞，扬扬意得”[①]。

明万历二年（1574）七月，女真人奈儿秃等人向明朝守边官员投降，王杲麾下头人来力红追至边关，请求明备御裴承祖遣返逃人，遭到拒绝，双方发生冲突，互有伤亡。为此，明朝断绝贡市。不能互市，王杲部生存受到威胁，他纠集蒙古土默特、泰宁诸部共计5000余骑大举进犯辽沈。王杲让蒙古诸部从辽西进攻，自率建州部由东边的抚顺进攻，形成东西夹击之势。明总兵官李成梁统帅6万大军分东西两路迎击。双方爆发激战，王杲寡不敌

①《东夷考略·建州》。

众，失利，撤回古勒寨。古勒寨依山而建，沟深垒高，易守难攻。李成梁率军追至古勒寨外，用火炮、火枪、火箭攻打山寨。王杲率3000兵占据寨中高台，向明军射箭。适时有大风，明军乘机用火攻，火借风势，古勒寨瞬间成为一片火海。明军占领全寨，斩首及俘获千余人，王杲乘乱逃走。万历三年（1575）二月，王杲又纠集逃散的旧部，欲报昔日之仇。明副总兵曹簠获得消息，率精骑出边进剿。王杲再次逃脱，逃到海西女真哈达部。哈达部酋长王台对明朝一向忠顺，他将王杲及其家室27人绑缚，交给明朝。王杲被羁押到北京处死，年仅47岁。明人感叹道："建州置卫，盖自永乐时，旧矣，然未尝曾有倔强如杲者。"[①]

王杲死后，其长子阿台怀有复仇之心，积蓄力量，乘机又起，联合蒙古各部屡次侵掠孤山、铁岭一带。万历十年（1582）九月，李成梁率兵大败阿台军于曹子谷。次年正月，阿台再次率领残部千余骑，分别从靖远堡、榆林堡进入，直奔沈阳城南的浑河处。李成梁领兵驰往虎皮驿增援，阿台见状撤回古勒寨。二月初二日，李成梁统帅大军出抚顺，直捣古勒寨，欲剿灭阿台。经两昼夜激战，攻破城寨，阿台死于战火。努尔哈赤的祖父觉昌安、父亲塔克世正是在这场战祸中丧命的。

王兀堂，与王杲为同一时期建州女真的重要人物。《万历武功录》称其为"都督"，《明实录》称其为"夷酋"。王兀堂的居地在佟佳江流域，统辖自清河以南，直抵鸭绿江畔的建州女真，西邻王杲部，东临朝鲜，南邻辽东边墙。王兀堂虽然号令一方，但对明朝较为恭顺，在其势力范围内，辽边内外颇为安宁。

万历元年（1573），明辽东总兵李成梁认为原来沿边墙所设的险山、宁东、江沿台、大佃子、新安五堡，地多不毛，军无可耕，遂向外扩展，修建

① 瞿九思：《万历武功录》卷11，《东三边・王杲列传》。

张其哈喇、宽甸、新甸、大甸、长甸、永甸六堡。扩建的六堡原为女真人狩猎之地，他们被驱逐到六堡之外，禁止人内狩猎，利益受到损害，生存受到威胁。当明巡抚张学颜至辽东巡边时，王兀堂等数十人环跪申诉："此是虏中住牧处，今既修堡，塞我来道。我众不得入内围猎，又不敢进抢，日食将焉用之？"[①]为了女真人的生计，王兀堂愿以儿子为人质，请求明朝在宽甸等地开设马市。四年（1576），六堡竣工，明廷在宽甸开市，"易盐米布匹"。当时，从开原到抚顺、清河、宽甸皆有关市。明朝开设马市是一举两得的事，"东夷"与汉人在互市中各取所需。可是，七年（1579）七月，明参将徐国辅的弟弟徐国臣及苍头军刘佐等把持关市贸易，压抑市价，并打死王兀堂部落的数十人。明分守使张崇功向上司奏报请求处罚徐国辅，同时派人告诫王兀堂，令其约束部落，如果遵守明朝的法令，将继续开放马市，不然当以大兵捣其巢穴。从此，王兀堂部绝迹于关市。

受到明朝边吏的欺压，王兀堂与赵锁罗骨、章金等换箭发誓，必掠明之边塞城堡，以发泄心中的怨恨。万历八年（1580）正月，王兀堂派人驰至明边，警告明官，若不开关抚赏，即进击宽甸、叆阳诸堡。明总兵李成梁认为王兀堂大不敬，率大军于三月初二日出边进剿。初五日，王兀堂分600骑兵两路迎击，一路奔叆阳堡，一路奔黄冈儿岭。两军交锋，互有伤亡。十三日，王兀堂部骑兵千余人，毁明边木栅，从永甸堡、十岔口涌入，一路上吹响螺号，呼喊声震天动地。李成梁指挥明军迎击。王兀堂部寡不敌众，弃旗鼓出塞。明军乘胜追击，直捣其山寨。王兀堂部精兵披甲上马，出寨鏖战明军，其余部众皆奔至山顶鼓噪 。两军拼战，杀气蔽空。是役，双方各有伤亡[②]。十月，王兀堂率千余骑再次进犯宽甸。明副总兵姚大节督军迎战，出边追击，攻破其寨堡。

①② 瞿九恩：《万历武功录》卷11，《东三边·王兀堂列传》。

王兀堂两次受到明朝重大打击，势力削弱，一蹶不振，从此销声匿迹。其后，在佟佳江流域再也没有强如王兀堂者出现。

海西部豪酋

海西女真分为哈达、叶赫、辉发、乌拉四部，其中哈达部与叶赫部地近明边，占据东北边疆通向明朝内地的贸易通道，得以很快发展起来，成为强部，其部落酋长称为“豪酋”，号令一方。自嘉靖中期至万历十年（1582），海西女真豪酋有哈达部的王忠、王台叔侄，叶赫部的逞加奴、仰加奴兄弟等。

王忠与王台，王忠为叔，王台为侄，叔侄二人先后为哈达部酋长。王忠、王台是明朝文献之称谓，而清代文献称王忠为旺住外兰、称王台为万。《清史稿》卷222中解释：“台”“万”音近，而王字的来历是“明于东边酋长称汗者，皆译为王某”，所以称王台。明嘉靖二十二年（1543），蒙古朵颜部欲犯明边，王忠获悉，通报明廷，因功升为都督，明廷令其约束各部女真。当时，在海西四部中敢与王忠争雄者，唯有叶赫部酋长祝孔革。祝孔革对明朝贡犯无常，成为边患。王忠受明廷之命，杀祝孔革，夺其敕书与季勒寨。明廷称赞王忠“甚恭顺”。王忠在世时，辽边在一段时期内比较安宁，明人认为女真无人敢犯辽边，皆是王忠效力看边的缘故。王忠凭借着控制贡道，集海西诸部敕书于一身，向明廷朝贡，绝不犯边，甚为忠顺，获得明朝的支持；又凭借明朝势力，约束各部，成为女真之长。大约在嘉靖三十年（1551）至三十七年（1558）之间，哈达部发生内乱，王忠被杀。其子博尔坤舍杀死仇人后，至绥哈城迎接兄长王台回哈达部。

王台掌管哈达部，仍实行对明朝的忠顺政策，当时有柴河堡女真头目“盗边”，王台率所部将该头目及其所掠一并献给明朝。嘉靖四十一年

（1562），开原边外夷人忽失塔盗边，王台擒之。明廷令“辅臣犒赏”王台。王台为明朝守边，绝不参与犯边活动。建州部王杲屡犯明边，多次邀其共同侵掠，皆被拒绝。并在王杲被明军追杀而投奔他时，将王杲并家人献与明朝，因功被明廷封为龙虎将军，晋升其二子为都督佥事，赐黄金20两，大红狮子纻丝衣一袭。

王台在最强盛时，所辖地域，“东尽灰扒、兀剌等江，南尽清河、建州，北尽仰、逞二奴，延袤几千里”，也就是说，其势力范围包括整个建州及海西女真地区，兴盛达到了极点。所谓物极必反，王台晚年，贪得无厌，利令智昏。上行下效，其部下“凡差遣人役，侵渔诸部，但见鹰犬可意者，莫不索取，得之，即于万汗前誉之，稍不如意，即于万汗前毁之”[①]。王台不察民意，唯听谮言，民不堪命，往往叛逃到叶赫，原先归附的各部也纷纷离他而去。万历十年（1582）七月，王台忧愤而死。

王台死后留有三子，兄弟三人为争夺继承权相互倾轧。叶赫部首领逞加奴、仰加奴兄弟乘机构兵，收复被掠的山寨，索要被抢走的敕书。哈达部昔日的强盛已不在，势力日渐衰落。

逞加奴、仰加奴为16世纪后期叶赫部酋长。叶赫部西邻蒙古，东临哈达部，南邻开原。据《清太祖武皇帝实录》卷1载：逞加奴与仰加奴的祖父祝孔革为塔鲁木卫都督佥事，曾控制敕书达700余道，后被哈达部酋长王忠杀害，所居季勒寨及700道敕书尽被王忠夺取。祝孔革死后，叶赫部势力衰落，受哈达部庇护。王台时，叶赫部与哈达部关系密切，仰加奴娶王台女儿为妻，又将妹妹温姐嫁与王台为妾，生子孟格布禄。逞加奴与仰加奴对王台虽然表面恭敬，心里却不忘杀祖之仇，暗中扩充势力，积蓄力量，等待时机。王台死后，诸子争位，逞加奴、仰加奴乘机出兵夺回季勒诸寨，又进一步筹划进攻

① 《清太祖武皇帝实录》卷1。

哈达部。万历十一年（1583），逞加奴兄弟借助蒙古和邻近的女真人的力量攻掠哈达，焚烧室庐，抢掠男妇、牛驴、盔甲，大获全胜。自此之后，又屡次出兵哈达。哈达酋长孟格布禄无力招架，屡战屡败。逞加奴、仰加奴势力大涨，又欲乘势掳掠辽边。

明朝为保全哈达部和明边的安全，派人招抚逞加奴、仰加奴，令其悔过自新，然后可以贡赏如常。逞加奴、仰加奴傲慢地说："必欲吾两人讲和，请以敕书，及把吉、把太、猛骨孛罗、三马兔一切悉以属我。不然，我虏中以强为霸，仇恨益深，唯有互相攻击，至击死，然后已。"①此后逞加奴、仰加奴更加跋扈，万历十一年（1583）十二月，二人率2000余骑，到开原镇北关，向明朝边官索要重赏，遭到拒绝。双方发生冲突，明军鸣炮，官兵闻声驰至，奋力斩杀逞加奴、仰加奴及其部属300余人，随后出兵追击关外的叶赫兵。早已在中固城待命的总兵李成梁听到炮声，也率精兵北进。明军在叶赫新寨斩杀俘获逞加奴兄弟兵千余人。当李成梁大军到达逞加奴兄弟山寨时，其残余部属纷纷出寨请降。于是，刑白马，歃血立誓："自今宁万死，不敢复入塞。"②在这次事件中，逞加奴、仰加奴被斩于开原城下，叶赫部受到重创。

自嘉靖中期至万历十年（1582）的近半个世纪中，女真豪酋王杲、王兀堂、王忠、王台、祝孔革、逞加奴、仰加奴等先后崛起，均在一定时期内约束女真多个部落，具有部落联盟性质。尤其是哈达部的王忠与王台叔侄，号令海西、建州女真各部，称雄长达40年之久。群雄并起，预示着女真族将走向统一的历史发展趋势，但由于明朝的强大，这些豪酋有如流星闪烁着耀眼的光芒在夜空中划过，迅速崛起，又迅速消失。历史在呼唤着一位伟大人物的出现，来实现女真民族的统一。王台死后的第二年，即明万历十一年（1583），建州部努尔哈赤崛起，揭开了女真统一大业的序幕。

①② 瞿九思：《万历武功录》卷11，《东三边·逞加奴、仰加奴列传》。

『三仙女』诞育始祖

“三仙女”的传说

在吉林省的东南部，与朝鲜接壤的地方，横亘着长白山。长白山主峰高耸入云，在云端托举着一个巨大的水潭，潭中的水清澈得如同一面镜子，映着蓝天、白云，这便是天池。天池的水湛蓝、深邃，没有一丝波澜，平静得仿佛一切已经静止，让人恍惚间回到了远古时代。

在长白山天池东侧50余里的地方，有一座山，名叫布库里山，山下有一湖泊，名为布勒瑚里（又写作布儿湖里、布尔和里），当地俗称圆池。湖的四周群山环绕，松柏掩映，鲜花盛开。传说努尔哈赤的始祖就诞生在这神秘的湖畔。在清太宗皇太极为其父纂修的《清太祖武皇帝实录》中，开篇即以浓重的笔墨描绘了祖先起源的神话：

满洲原起于长白山之东北布库里山下一泊，名布儿湖里。初，天降三仙女浴于泊，长名恩古伦，次名正古伦，三名佛古伦。浴毕上岸，有神鹊衔一朱果置佛古伦衣上，色甚鲜妍，佛古伦爱之不忍释手，遂衔口中，甫着衣，其果放腹中，即感而成孕。告二姊曰："吾觉腹重，不能同升，奈何？"二姊曰："吾等曾服丹药，谅无死理，此乃天意，俟尔身轻上升未晚。"遂别去。佛古伦后生一男，生而能言，倏尔长成。母告子曰："天生汝，实令汝为夷国主，可往彼处。"将所生缘由一一详说，乃与一舟："顺水去，即其地也。"言讫，忽不见。

其子乘舟顺流而下，至于人居之处登岸，折柳条为坐具，似椅形，独踞其上。彼时长白山东南鳌莫惠鳌朵里内，有三姓夷酋争长，终日互相杀伤。适一人来取水，见其子举止奇异，相貌非常，回至争斗之处，告众曰："汝等无争，我于取水处遇一奇男子，非凡人也。想天不虚生此人，盍往观之？"三酋长闻言罢战，同众往观。及见，果非常人，异而诘之，答曰："我乃天女佛古伦所生，姓爱新觉罗，名布库里英雄，天降我定汝等之乱。"因将母所嘱之言详告之。众皆惊异曰："此人不可使之徒行。"遂相插手为舆，拥捧而回。三酋长息争，共奉布库里英雄为主，以百里女妻之，其国定号满洲，乃其始祖也。

其实，这个神话并非清太宗或修史者杜撰，它早已在女真人居住的地区广泛流传。《旧满洲档》记载：天聪八年（1634）冬，清太宗派霸奇兰、萨穆什喀领兵收取黑龙江上游地区女真人，次年五月，带领俘获之人凯旋。在归附的人中有名曰穆克什克者，他向太宗讲述说：我的父祖世代生活在布库里山边的布尔和里池附近，我们那里没有档子（官方贮存的文件，清代称为档子），古来传说，在布尔和里池，有三个天女恩古伦、正古伦、佛古伦来此沐浴。最小的天女佛古伦得到神雀送来的果子，含在嘴里，吞到肚子里而受孕，生下博克里雍顺（布库里英雄）。他的同族便是满洲国，那个布尔和里池周围百里，距黑龙江有一百二三十里。我生了两个儿子后，从布尔和里搬走，迁到了黑龙江的纳尔浑地方居住。

《清太祖武皇帝实录》始修于天聪年间，完成于崇德元年（1636），显然，清太宗是移花接木，把在黑龙江地区女真人中流传的神话写进实录，将一个民族的起源说变成了本家族的起源说，其目的无非是宣扬祖先是天之所生，爱新觉罗家族的权力是神之所授。这不仅给自己的祖先戴上一层神圣的光环，也提高了正在与明朝进行争夺战的后金政权的权威性。

翻开史籍，我们会发现中国古代许多民族的起源说多有相似之处。如《史记·殷本纪》载："殷契，母曰简狄，有娀氏之女，为帝喾次妃。三人行浴，见玄鸟堕其卵，简狄取吞之，因孕，生契。"契便是建立商朝的商族人祖先。商族人兴起于黄河下游，与生息繁衍在黑龙江流域的女真人远隔千山万水，而民族起源说却如出一辙，始祖皆为女性，说明他们都经历了"只知其母，不知其父"的母系氏族时期，这也是人类共同走过的历史阶段。所谓"神雀"与"玄鸟"，不过是原始社会氏族或部落的图腾。

努尔哈赤六世祖先

揭开神话的神秘面纱，努尔哈赤的祖先出自女真的斡朵里部，有据可查者，是从孟特穆开始的。清太宗时，尊孟特穆为"肇祖原皇帝"。也就是说，追本溯源，努尔哈赤的祖先是由孟特穆开始，被尊为皇帝亦由孟特穆开始，再往前追溯，难以说清，只好用神话来表明祖先的神圣及历史的源远流长。

从孟特穆到清太祖努尔哈赤共计七世，其世袭简而要之，如下：

一世：孟特穆；二世（孟特穆四子由长及幼，以下皆如此）：阿古（阿谷、权豆）、充善（董山、童山、童仓）、秦羊、褚宴（绰颜）；三世（充善三子）：妥罗（脱罗、土老）、妥义谟、锡宝齐篇古；四世（锡宝齐篇古子）：福满；五世（福满六子）：德世库、刘阐、索长阿、觉昌安、包郎阿、宝实；六世（觉昌安五子）：礼敦、额尔衮、界堪、塔克世、塔察篇古；七世（塔克世五子）：努尔哈赤、穆尔哈齐、舒尔哈齐、雅尔哈齐、巴雅喇。

其中，清朝尊孟特穆为“肇祖原皇帝”，福满为“兴祖直皇帝”，觉昌安为“景祖翼皇帝”，塔克世为“显祖宣皇帝”。

孟特穆，又称猛哥帖木儿，在历史记载中确有其人，是元明之际建州女真中赫赫有名的人物之一。明永乐时期，受明朝招抚，孟特穆率领斡朵里部南迁到建州卫地，明朝授予他为建州左卫第一任指挥使。因受蒙古骑兵骚扰，孟特穆同族人再次迁徙，进入朝鲜境内阿木河地方，继续对明朝效忠，得到明朝的赏识，提升为建州左卫右都督。宣德八年（1433），开原三万卫千户杨木答兀“不奉圣旨，擅自搬移”到阿木河一带，孟特穆协同明军招抚杨木答兀属下的漫散人口，却不幸被“野人”射杀。

孟特穆遇害后，其弟凡察、子童仓率领族人历经艰辛，从朝鲜境内迁到辽东的灶突山下，与建州卫的李满住同住一处。灶突山即烟筒山，满语称“呼兰哈达”，今属辽宁省新宾满族自治县永陵镇。这里四面环山，中间是方圆20多里的平川，苏子河从烟筒山下流过，水量充足，浇灌着肥土沃野，适合农牧渔猎采集多种生产方式并存，同时，因为重重山岭阻隔，在军事上也有利于防守。清太祖努尔哈赤的祖先从遥远的黑龙江出发，走过漫长而曲折的道路，也付出了重大代价，终于迁到烟筒山下。这是具有历史性意义的搬迁，也是爱新觉罗家族的重大转折。从此他们在这里聚居发展，不断凝聚女真人，为满族的形成和清王朝的“龙兴”奠定了基础。

童仓率众迁到烟筒山下，明廷任命他为建州左卫都督同知，掌管左卫事。20年后，童仓与李满住的势力已经发展起来，经常率部到汉族居住区和朝鲜境内抢掠，引起明朝震怒。成化三年（1467），明朝出兵五万，朝鲜出兵一万，联合围剿李满住与童仓。联军分路进攻，来势凶猛，女真人难以抵挡，遭遇到“犁庭扫穴”。童仓投降，被押到广宁（今辽宁北镇境内）处死；李满住父子及属下数百人被杀[1]。建州女真以及爱新觉罗家族元气大伤，长期积累的财富和实力毁于一旦。童仓死后，其长子妥罗承袭建州左卫指挥使，在弘治年间，曾经先后五次赴京师朝贡。童仓的三子锡宝齐篇古任都指挥佥事，他是努尔哈赤的四世祖。锡宝齐篇古的情况在文字记载中难以寻见，其仅有一子，名为福满。

福满，努尔哈赤的曾祖父，在《清太祖武皇帝实录》中被称为“都督福满”。“都督”是职官名称，无疑是明朝赐封的。福满有六子，分居六处，称为“六王”，其中第四子觉昌安住在赫图阿拉，其他五兄弟的居所距离赫图阿拉近者数里，远者不过20里。

觉昌安，努尔哈赤的祖父，承袭建州左卫指挥使，颇具才智，带领家族奋力开拓。当时，有硕色纳、加虎两部族，恃其强悍，四处袭扰，六王也深受其害。觉昌安带领勇武善射的长子礼敦及族人，一举消灭了仇敌，成为苏子河以西200里以内的部落首领。觉昌安有五子，其中第四子名塔克世。

塔克世，努尔哈赤的父亲，也承袭过建州左卫的都指挥。

努尔哈赤的祖先：孟特穆—童仓—锡宝齐篇古—福满—觉昌安—塔克世，凡六世，所历200年。这个家族在200年间始终是明朝的臣民，世代相沿，承袭建州左卫官职，为明朝守边。

似乎是命运之神的指引，努尔哈赤的祖先们从黑龙江出发，历经艰险万难，走过漫长而曲折的道路，最终止步在明朝辽东边墙之外的赫图阿拉，为一代开国之君的诞育找到了一块“龙兴之地”。

①《明宪宗实录》卷50。

二十五岁含恨起兵

父、祖被害

明嘉靖三十八年（1559），在赫图阿拉的一户女真人家，一个男孩呱呱坠地。孩子一出生，就有一位长者预言说："满洲必有大贤人出，戡乱致治，服诸国而为帝。"[1]这个男孩就是清太祖努尔哈赤。

努尔哈赤是家里的长子，聪慧机敏，颇受父母喜爱，但不幸的是，10岁时，生母喜塔喇氏病逝，继母纳喇氏待其刻薄寡恩。父亲塔克世虽任建州左卫官职，但家里并不富裕，住的是茅草屋，院落以木栅为墙。塔克世共有5子1女，努尔哈赤作为长子，自幼便骑马跟随父亲到山林川泽之间围猎采集。

赫图阿拉地理环境优越，有肥田沃野，适合农业耕种；有群山绵延，林海茫茫，适合打猎、采集；有河流纵横，遍布林间谷底，适合网鱼。这里的女真人虽然已经过渡到以农耕为主的阶段，但是，传统的渔猎经济仍然占有

① 《清太祖武皇帝实录》卷1。

重要地位，跃马弯弓是他们的一项基本技艺。每到冬季，女真人成群结队进山围猎，爬冰卧雪，纵马驰骋，追逐野兽，吃干粮，饮雪水，少则二三日，多则十余日。努尔哈赤就是在这种环境中长大的。

明万历五年（1577），努尔哈赤已经19岁了，长得“凤眼大耳，面如冠玉，身体高耸，骨格（骼）雄伟，言辞明爽，声音响亮，一听不忘，一见即识”[①]。这一年，他迎娶了塔木巴颜之女哈哈纳札青为妻。成家后，分立门户，继母给予的家产很少。已成年的努尔哈赤挑起养家的担子，独自闯荡。他和同伴以及族人进入深山密林，刨挖人参，采集蘑菇、木耳、松子，射猎貂、猞猁等，获取其毛皮，再携带所获之物赶赴抚顺关马市进行交易，换取铁犁、铧子、铁锅、布匹、食盐等生产及生活用品。

抚顺关马市距离赫图阿拉较近，是努尔哈赤经常前往贸易的地方，他有时也远赴开原、辽阳等繁华城市贩卖人参、貂皮等土货。贸易的对象主要是汉人，其次是蒙古人。在贸易过程中，努尔哈赤了解了各民族的文化和历史，知晓了汉语和蒙古语，“好看三国、水浒二传，自谓有谋略”[②]。同时，他也熟知了辽东地区的山川形胜与道里险夷。丰富的生活经历使他开阔了眼界，增长了智慧，磨炼了顽强的意志，已经显示出不同常人的胆识与才智。

万历十一年（1583）二月，天降奇祸，努尔哈赤的人生轨迹由此发生了重大改变，以此为契机，他登上了历史的舞台。

先是建州豪酋王杲被哈达部王台绑缚交与明朝，后被明所杀。王杲子阿台、阿海分据古勒寨和莽子寨，互为掎角，相互策应。为了替父报仇，兄弟二人约叶赫部共同攻打哈达部，并屡屡劫掠明边。万历十一年（1583）二月，阿台又纠集大批女真部众，分路闯入明边，深入到沈阳城南之浑河。为

① 《清太祖武皇帝实录》卷1。

② 黄道周：《博物典汇》卷20，《四夷·附奴酋》。

了绑缚阿台，以绝祸患，辽东总兵宁远伯李成梁率明军出边塞百里，直捣古勒寨。此次出兵，女真人尼堪外兰为明军做向导。

古勒寨、莽子寨依山而建，地势险峻。李成梁分兵两路，自率大军攻打古勒寨，以辽阳一名副将为帅攻打莽子寨的阿海。古勒寨依古勒山而建，三面悬崖峭壁，人马不能行，唯有一面与外界相通，以重兵把守。明军用火炮攻打山寨，阿台带领族人殊死抵抗。古勒山炮声隆隆，火光冲天，箭矢如雨。就在两军激战之际，努尔哈赤的祖父觉昌安和父亲塔克世匆匆赶来。原来，觉昌安的孙女（长子礼敦之女）嫁给了阿台为妻。为救孙女，觉昌安父子进入山寨，劝说阿台投降，并要领出孙女，却遭到阿台拒绝。

明军攻打山寨两昼夜，损兵折将，未能攻克。李成梁恼羞成怒，要绑了尼堪外兰问罪。尼堪外兰害怕了，请求前去招抚，立功赎罪。他向山寨内喊话："天朝大兵既来，岂有释汝班师之理！汝等不如杀阿太（台）归顺。太师有令，若能杀阿太者，即令为此城之主。"[①]寨中有人信以为真，杀死阿台投降了。李成梁在古勒寨降顺后，不分男女老幼尽屠之。觉昌安和塔克世在混乱中也被明军杀害。

关于觉昌安父子遇害的经过，明清史料所载不同。明人著述如《建州私志》《东夷考略》认为，觉昌安、塔克世从征阿台，担任明军向导，死于兵火。而同为明人所撰《东夷奴儿哈赤考略》则载：阿台欲联合觉昌安，共同犯明，觉昌安不从，阿台将其扣留在古勒寨。当李成梁攻阿台时，塔克世去救父亲，在混乱中，觉昌安被烧死，塔克世被明军误杀。明人记载虽然细节不完全相同，但有一点是共同的，即觉昌安和塔克世忠顺明朝，并与李成梁关系密切。李成梁以其父子为向导，利用他们和阿台的亲戚关系，规劝阿台放弃抵抗，接受招抚，以期不战而胜，是合情合理的，因而也是完全有可能

① 《清太祖武皇帝实录》卷1。

的。而其后人不愿将祖宗曾助明军而叛阿台的史事传之于世，故而曲笔，记载为救亲人入寨被明军误杀。无论是哪种说法，努尔哈赤的父祖死于此役，并系误杀，是不争的事实。正是这次事件使努尔哈赤走上了复仇之路。

起兵复仇

闻听父、祖被害，努尔哈赤悲愤交加。他10岁丧母，祖父和父亲又死于非命，不报此仇，枉为大丈夫。他强压怒火，质问明朝边官道：“祖父无罪，何故杀之？”明边官答复说：“汝祖父实是误杀。”于是归还了尸体，另给30道敕书、30匹马作为补偿，又给都督敕书。努尔哈赤自知不能和明廷对抗，遂将满腔仇恨倾泻到做明军向导的尼堪外兰身上，他对明边官要求说：“杀我祖父者，实尼康外郎（尼堪外兰）唆使之也，但执此人与我，即甘心焉。”[①]明边官拒绝了他的请求，并说要帮助尼堪外兰在甲板地方筑城，让他成为满洲国主。努尔哈赤闻听此言，更是怒火中烧，决意靠自己的力量复仇。

万历十一年（1583）五月，努尔哈赤宣布以父、祖所遗13副铠甲起兵。是年，他25岁。此时，努尔哈赤的力量十分弱小。建州女真人听说明朝要扶持尼堪外兰，使他成为建州部盟主，便纷纷投靠尼堪外兰，甚至与努尔哈赤有着血缘关系的五祖子孙，也置骨肉亲情于不顾，对神立誓，欲杀努尔哈赤以归尼堪外兰。努尔哈赤明显被孤立，但他毫不退缩，争取一切可以争取的力量。当时，苏克素浒河部的萨尔浒寨主瓜喇，曾因尼堪外兰诬告，受到明抚顺将官的惩治。瓜喇弟弟诺米纳为此怨恨尼堪外兰，他串联本部内三名小酋长商量，决定投奔努尔哈赤。四人来见努尔哈赤，向他提出归附的条件，即莫视他们为“编氓”，而应视为“骨肉手足”。努尔哈赤毫不犹豫地答应

①《清太祖武皇帝实录》卷1。

了，于是双方对天盟誓，约定日期，联合进攻尼堪外兰。不料，努尔哈赤的三祖索长阿子龙敦跑去挑拨诺米纳的弟弟鼐喀达说：“今大明尚欲助尼康外郎筑城于甲板，令为满洲主，况哈达万汗又助之，尔何故顺淑勒贝勒（努尔哈赤）耶？”[①]鼐喀达将此言告于诺米纳，诺米纳于是背弃盟约，并未在约定日期带兵与努尔哈赤会合。刚刚建立的联盟遭到了破坏，努尔哈赤毅然决然地率领其他合作者向图伦城进发了，寻找尼堪外兰复仇。

图伦城，据《盛京吉林黑龙江等处标注战迹舆图》标示，其位置在苏克素浒河与浑河汇合处东南。图伦城主尼堪外兰闻讯后没敢交战，携带妻儿逃到甲板城躲避。努尔哈赤抵达图伦城，一举攻克了城寨。这是他第一次独自用兵，虽然兵不满百人，铠甲仅13副，战役规模不大，但是首战告捷，这对于他而言无疑是个巨大的鼓舞。

同年八月，努尔哈赤再次率兵攻打甲板城。不料，诺米纳却暗中派人向尼堪外兰通风报信，尼堪外兰自知不敌，弃甲板城，逃到抚顺关，想进入辽东边墙之内躲避，却遭到明朝边官的拒绝。正在尼堪外兰与明边官交涉之际，努尔哈赤追赶过来，望见此情形，误以为是明军前来援助尼堪外兰，于是退兵扎营。是夜，有尼堪外兰的部下前来投奔，说明了真相，努尔哈赤为此十分恼恨诺米纳。

这时恰好诺米纳兄弟派人来转告努尔哈赤说：“浑河部夯家并甲孔木二处，不许侵犯，其东加与把里达二处，乃吾仇敌，尔若攻破与我则已，不然吾当阻其边路，不容尔行兵。”对此，努尔哈赤十分恼火，决定先用计谋除掉诺米纳。他当即表示同意诺米纳的要求，但条件是要与诺米纳联合出兵攻打巴尔达城，并让诺米纳先出兵。诺米纳不肯，这正中努尔哈赤的下怀，他说：“尔既不攻，可将盔甲器械与我兵攻之。”[②]诺米纳不知是计，将兵器

①②《清太祖武皇帝实录》卷1。

都给交了努尔哈赤。于是，努尔哈赤轻而易举地捉住了诺米纳兄弟，下令处死二人，然后收复了萨尔浒城。尼堪外兰被努尔哈赤追击，此时，明朝不但不相助，还阻止他进入边内。先已归附的部族见他大势已去纷纷离开，众叛亲离的尼堪外兰携妻子、亲属逃到浑河北岸的额勒浑城。

万历十四年（1586）七月，努尔哈赤又向额勒浑城发起进攻，这是他起兵的第四个年头，此时已先后统一了临近的苏克素浒河部、董鄂部和哲陈部，实力大增，拥有了一支千人左右的精干队伍。努尔哈赤率军星夜奔驰，直抵城下，发起猛攻，城克，寻遍全城，却不见尼堪外兰的踪影。还在攻城时，有40余人骑马自远处而来，见状未及进城便掉头而逃。其中一人身穿青绵甲，头戴毡帽，努尔哈赤误以为是尼堪外兰，来不及招呼他人，便单身纵马闯入人群中厮杀，全身中箭伤30处，其中一箭射中胸部一侧，穿透了肩膀，他毫不畏惧，带伤奋战，连续射死9人，刀斩1人，余者畏惧逃走。当得知尼堪外兰已经逃入明边后，努尔哈赤捉住城内受箭伤的6名汉人，将箭再深深地插入身体，命令他们戴着箭向明朝传信："可将仇人尼康外郎送来，不然我必征汝矣。"明朝遣使来说："尼康外郎既入中国，岂有送出之理，尔可自来杀之。"努尔哈赤怀疑地说："汝言不足信，莫非诱我入耶？"使者又说："若不亲往，可少遣兵去，即将尼康外郎与汝。"[①]努尔哈赤于是命戒沙带40人前往明边。尼堪外兰见到戒沙等人，惊慌失措，想登上一座高台躲避，但台上的梯子早已被明军撤走，他无路可逃，束手就擒，被戒沙捕杀。

努尔哈赤以其父祖13副遗甲起兵，凭借着胆识和才智，历经三年的艰苦征战，终于如愿以偿，仇人授首。怨仇已报，但是，他没有就此停下前进的脚步，更重要的使命推动着他继续向前奋进。

① 《清太祖武皇帝实录》卷1。

统一建州五部

明初形成的建州卫、建州左卫、建州右卫长期共处于一个经济区域内，无论生产生活方式还是阶级结构皆相同或相似。正处在奴隶制社会阶段的女真人，为了维护和争取更大的利益，需要联合起来，形成更强大的力量。在努尔哈赤起兵之前，就有王杲、王兀堂等先后崛起，号令一方，在一定时期内实现了建州的局部统一，并因此享有很高的威望。女真各部走向统一是历史发展的趋势，努尔哈赤正是乘势而上，开始了统一建州女真的大业。

到16世纪末，原“建州三卫”经过分化组合，已经融汇成建州五部——苏克素浒河部、浑河部、完颜部、董鄂部、哲陈部与长白山三部——鸭绿江部、朱舍里部、讷殷部。各部中又有巨族各据城寨，小族自主城堡，“各臣其民，均有城郭”[1]。

① 福格：《听雨丛谈》卷1。

攻打邻近城寨，扫除复仇障碍

努尔哈赤在追杀尼堪外兰的过程中已经开始对邻近城寨主动出击，最初用兵旨在清除他复仇道路上的障碍。

万历十二年（1584）正月，努尔哈赤讨伐李岱，攻打兆佳城。恰逢大雪，天寒地冻，努尔哈赤领兵星夜赶路，北风呼啸，大雪飞扬，山高路险，人马难行。有人打起了退堂鼓，主张回师，努尔哈赤说："李岱系我同姓，乃忍引他人害我，我岂甘心？"[①]遂督军继续前行，凿山为磴，鱼贯而上。李岱事先得到消息，严守以待。努尔哈赤指挥攻城，大将额亦都身先士卒，飞身登城，其他将士紧随其后，兆佳城"即时克之"。李岱被捉后，努尔哈赤念其为同族，免死而养之。

六月，努尔哈赤又伐萨木占，攻其所居之马尔敦山寨。事情的起因是努尔哈赤的妹夫噶哈善被其继母之弟萨木占杀害，噶哈善素与努尔哈赤关系亲密，自起兵伊始便追随其左右。努尔哈赤闻讯后，悲愤交加，披甲跃马，引弓疾驰，抢回噶哈善尸体殓葬，并发誓要为其报仇。马尔敦寨修建于山顶，山势陡峻，易守难攻。努尔哈赤率400兵直驱马尔敦山下，命战车在前，步兵随后，向山上进攻。山寨上巨石、箭矢、檑木齐下，如疾风骤雨般。战车被毁，将士们缩首不敢再攻。努尔哈赤奋勇当先，躲在木桩后射一箭，正中头目纳申的面部，又接连射中四人。连攻三天，至第四日夜，乘守卫者疲惫松懈之机，努尔哈赤领兵赤脚攀崖而上，终于攻取城寨，杀死萨木占，为妹夫报了仇。

九月，进攻董鄂部。起因为董鄂部众酋长们商议进攻努尔哈赤以报旧

① 《清太祖武皇帝实录》卷1。

仇，但因发生内乱，计划告吹。努尔哈赤闻讯后，决定乘其内乱之际主动出击。诸将对取胜没有把握，努尔哈赤坚持说："我不先发，倘彼重相和睦，必加兵于我矣。"[①]于是，率兵500前往攻打董鄂部首领阿亥。阿亥聚集兵力400人，关闭城门抵御。努尔哈赤派人将城悬楼及城外房屋全部烧毁，然后攻城，眼看城要被攻克，忽然天降大雪，于是下令停止进攻，向后撤退。努尔哈赤命令士兵们先行，他亲自带12人埋伏于烟火笼罩之处。城内人误以为努尔哈赤已退兵，遣兵出城。努尔哈赤突然跃出，与敌人战在一处，奋力拼杀，击退众人，斩首4人，获甲2副而返。此战役虽未攻克城寨，但显示了努尔哈赤的胆识和智慧，也给董鄂部以打击。

主动出击，为整合建州而战

如果说，努尔哈赤之前出击邻近城寨是为清除复仇道路上的障碍，那么，他出击翁郭洛城则表现出强烈的征服欲望。努尔哈赤与翁郭洛城人并无怨仇，却只因完颜部一个小酋长孙扎秦光滚曾被翁郭洛人所擒，他请努尔哈赤为其报仇雪耻。努尔哈赤暗想："吾既兴兵至此，当乘兹以蹂躏一方。"于是在万历十二年（1584）九月，突然夜袭翁郭洛城。孙扎秦光滚的侄子戴杜素来与叔叔不和，暗中通风报信。努尔哈赤赶到翁郭洛城时，城中早已严阵以待。攻城开始，双方箭矢如雨。城之悬楼及城外房屋被点燃，大火熊熊燃烧。努尔哈赤登上城外一座屋顶，正欲借着火光向城内射箭，不料却被城内神射手鄂尔果尼偷袭，一箭正中他的头部。箭矢穿透头盔而刺入头颅，他一手将箭拔出，血流不止。他不顾伤痛，连射数箭，城中人应声倒下。城内另一人罗科借着浓烟的掩护，暗发一箭，射中努尔哈赤的脖颈，箭镞穿透

① 《清太祖武皇帝实录》卷1。

了锁子甲，直刺入肉中，他抬手再将箭拔出，因箭有双钩，扯下两块血肉。众人见状，争相要登房扶他下来。他制止说："尔等勿得近前，恐敌知觉，待我从容自下。"他一手捂着血流如注的伤口，一手拄着弓子，从屋顶下来后，扑到两个人的肩上，昏厥过去。夜里，努尔哈赤数度昏迷，血流不止，众人只得弃城而归。

努尔哈赤养好伤后，再次出兵翁郭洛，一鼓作气，攻下城寨。俘获鄂尔果尼和罗科后，众人皆要求处死两人，努尔哈赤却说："二人射我，乃锋镝之下各为其主，孰不欲胜。吾今释而用之，后或遇敌，彼岂不为我用命哉。此等之人死于锋镝者尤当惜之，何忍因伤我而杀之也！"[①]他不但没有杀鄂尔果尼和罗科，还授二人为牛录额真，厚养之。努尔哈赤气度恢宏，惜才如命，于此可见一斑。

随着军事上不断取得胜利以及实力的迅速增强，努尔哈赤的思想也为之一变，他有了更远大的目标，开始自觉地为整合建州女真而战。

万历十三年（1585）四月，努尔哈赤的兵锋指向了哲陈部。哲陈部大大小小的部落分布于浑河上游地区，位于苏克素浒河部之西。努尔哈赤及其弟穆尔哈齐领兵500，向哲陈部进发了。正遇浑河大水，努尔哈赤只留下80人，余者皆令返回。因嘉哈酋长苏枯赖虎潜送消息，托漠河、章佳、巴尔达、萨尔浒、界凡（又写作界蕃）五寨合兵800，在界凡、浑河直至南山布阵以待。努尔哈赤派出的哨探侦得敌情，扬鞭策马飞奔回来报信，却走错了路。在未得到探报的情况下，努尔哈赤领兵继续前行。正在行进间，敌兵忽然出现，面对十倍于己的对手，五祖之孙扎亲和桑古里吓得解下甲胄，交给别人，掉头想跑。努尔哈赤怒斥道："汝等在家，每自称雄于族中，今见敌兵，何故心怯，解甲与人？"说完，举起大旗，呐喊着，催马向前疾驰。穆尔哈

① 以上见《清太祖武皇帝实录》卷1。

齐等4人紧随其后。临近阵前，见敌人按兵不动，4人下马，步射向前，直冲入敌军，奋勇杀死20人。对手乃乌合之众，见努尔哈赤等人气势凶猛，不敢抵挡，渡浑河而逃。努尔哈赤稍事休息后，重整铠甲，继续追击，又斩杀45人。战斗结束，收兵回营，努尔哈赤兴高采烈地说："今以四人败八百众，实天助之也。"[①]狭路相逢勇者胜，勇敢是努尔哈赤的重要品质，也是他在诸战役中取胜的重要原因之一。

万历十五年（1587）六月，努尔哈赤又率兵伐哲陈部的阿儿太，攻取山城，杀了阿儿太。七月，再派大将额亦都统兵攻打哲陈部的巴尔达城。夺城之战异常激烈，额亦都身先士卒，身受重创，毫不退缩。《清史列传》卷4有如下记载：

> 丁亥年八月，命（额亦都）督兵取巴尔达城，至浑河，河涨不能涉，以绳联军士，鱼贯而渡。夜薄其城，率骁卒先登，城中兵猝惊起拒，跨堞而战，飞矢贯股，著于堞，挥刀断矢，战益力，被五十余创，不退，卒拔其城而还。

额亦都身负重伤，凯旋，努尔哈赤迎之于郊外，设宴慰劳，将所俘获之物悉数赐予额亦都，又赐予"巴图鲁"（汉意"勇士"）称号。经此战役，哲陈部灭亡。

努尔哈赤四面出征，凡攻必克，声望大振，实力大增，远近部族相继前来归附。有酸（地名）地酋长率部来归，其子费英东骁勇善战，足智多谋，被任命为大臣。又有董鄂部酋长克辙之孙何和礼（又写作何和理），也率本部兵马归附，努尔哈赤将长女嫩姐嫁给他，授为大臣。雅尔古酋长胡喇虎率

① 《清太祖武皇帝实录》卷1。

军民来归，其子扈尔汉少年英发，努尔哈赤收其为养子，赐姓觉罗。这些人在日后追随努尔哈赤东征西讨，赞画机要，倾心效力，成为他的左膀右臂。

万历十六年（1588）九月，努尔哈赤攻克完颜城，杀其酋长岱度墨尔根，完颜部灭亡。

至此，建州部所属的苏克素浒河部、浑河部、完颜部、董鄂部、哲陈部，或兼并，或招徕，基本上整合为一。正所谓："环满洲而居者，皆为削平，国势日盛。"[①]努尔哈赤自万历十一年（1583）五月起兵复仇，至十六年（1588）九月，共计五年有余，整合了建州五部，迈出统一女真事业的第一步。他从最初的兵不足百人，甲仅13副，发展到拥有数千人的军队；从只占赫图阿拉方圆十余里，到拥有整个建州之地，事业发展速度之快，可谓惊人。

努尔哈赤起兵始于复仇，而当复仇之火燃起，便不能停下前进的步伐。当时处在奴隶制发展阶段的女真社会，各部落奴隶主为争夺奴隶、土地和财富，进行兼并战争，是司空见惯的事，这也是努尔哈赤前进的真正动力。复仇不过是为起兵提供了一个契机，并在他前进的过程中起着激励作用。所以，他起兵复仇的过程也就是开始统一的过程。这种为统一而进行的战争具有进步意义，他把分散的、互不统属的建州女真各部落整合为一个整体，为新的民族共同体——满洲民族的形成创造了条件。

自元灭金以来，女真人沉寂了200余年，到16世纪末，他们终于复兴，重新登上中国的历史舞台，并创造出比先辈们更加辉煌的业绩。

① 《清太祖武皇帝实录》卷1。

大战九部联军

海西四部发难

努尔哈赤完成对建州五部的整合之后，开始向长白山三部——鸭绿江部、讷殷部、朱舍里部用兵。鸭绿江部在董鄂部东南，因居鸭绿江沿岸而得名，部落势力较弱。万历十九年（1591），努尔哈赤派兵攻打，一举攻克，将其并入建州。

建州的崛起，早已在女真社会内部引起强烈反响，尤其是海西女真诸部酋长，他们对建州实力的快速增长和向外扩张兼并既感到不安，又不服气，首先是叶赫部酋长布寨与纳林布禄派人前往建州，向努尔哈赤索要土地和人口。

万历十九年（1591）正月，叶赫使者来到建州的佛阿拉城，向努尔哈赤提出要求说：

> 乌拉、哈达、叶赫、辉发、满洲，语言相通，势同一国，岂有五主分建之理？今所有国土，尔多我寡，盍将额尔敏、扎库木

二地，以一与我！

面对叶赫来使的无理要求，努尔哈赤断然拒绝，并斥责说：

我乃满洲，尔乃扈伦，尔国虽大，我岂肯取？我国即广，尔岂得分？且土地非牛马比，岂可割裂分给？尔等皆执政之臣，不能各谏尔主，奈何靦颜来告耶！[①]

叶赫的要求遭到了拒绝，使者无功而返。纳林布禄和布寨心中恼火，便找来哈达、辉发两部酋长商议，决定三部同时遣使再次到建州，共同向努尔哈赤施加压力。

使者们到达建州，努尔哈赤设宴迎接，以礼相待。但来者不善。席间，叶赫部的图尔德蛮横地威胁说：昔日向你索要地不给，令你投顺又不从，倘若两国结下怨仇，只有我兵能践踏你的领土，你兵敢踏入我们的领地吗？努尔哈赤闻听此言，勃然大怒，挥刀断案，厉声喝道：

尔主弟兄，何常与人交马接刃，碎烂甲胄，经此一战耶？昔孟革卜卤（孟格布禄）、戴鄯叔侄自相扰乱，如二童争骨，尔等乘乱袭取，何故视我如彼之易也？尔地四周果有边垣之阻耶？吾即昼不能往，夜亦能至彼处，尔其奈我何，徒张大言胡为乎？昔我父被大明误杀，与我敕书三十道，马三十匹，送还尸首，坐受左都督敕书，续封龙虎将军大敕一道，每年给银八百两，蟒段

① 《清太祖高皇帝实录》卷2。

十五匹，汝父亦被大明所杀，其尸骸汝得收取否？[①]

见努尔哈赤发怒，使臣们不敢再言语。努尔哈赤却怒气难消，将所言写成书信，派人送到叶赫。叶赫贝勒纳林布禄见威胁不能使努尔哈赤就范，决定付诸武力。

古勒山激战

其实，建州与叶赫、哈达两部早已缔结姻亲。万历十六年（1588）四月，哈达部酋长王台的孙女，由哥哥歹商护送到建州，与努尔哈赤成亲；同年九月，努尔哈赤又娶了纳林布禄的妹妹，她就是清太宗皇太极的生母孟古姐姐。这种姻亲实则是一种政治联姻。努尔哈赤与两部通婚结亲，旨在与海西女真保持和平友好的关系，以便集中力量统一建州诸部，这也是远交近攻的策略；同时哈达、叶赫与努尔哈赤通婚的目的则是要笼络这个新生人物，借以在当时的政治格局中壮大自己的力量。但是，当努尔哈赤把统一逐渐扩大到建州以外时，叶赫等部有些坐卧不安了，他们不能再坐视不管，而要采取行动。首先派人前去威胁，索要土地、村寨，未能奏效后，便决定采取军事手段打击努尔哈赤。

万历二十一年（1593）六月，叶赫贝勒布寨、纳林布禄纠合哈达部、乌拉部、辉发部兵马，夺取了建州的户布察寨。努尔哈赤闻讯后领兵追击，进入哈达境内。是夜，他命步兵埋伏在中途，自带少量人攻取哈达之富尔家奇寨。在返回时，哈达兵紧追不放，努尔哈赤想要把对方引进埋伏圈，于是令兵前行，独自断后以诱敌。哈达兵逼近，一个骑兵冲在最前面，举刀向努尔哈赤砍来，紧随其后的三人并马助战，围攻进击。就在千钧一发之际，努尔

① 《清太祖武皇帝实录》卷1。

哈赤回身拉弓搭箭，越过马头，一箭正中对方马腹，马受惊而逃。后面三人趁努尔哈赤发箭之机，一起扑杀过来。努尔哈赤发出一箭，射中其中一骑，马仆倒在地，人也摔下来。倒地者正是哈达部酋长孟格布禄，其随从冲过来，把马给了孟格布禄，二人落荒而逃。这次努尔哈赤只带了骑兵3人、步兵20余人，与哈达追兵激战，斩12人，获甲6副、马18匹而返[①]。

海西四部此次出击并未取得预期效果，又被努尔哈赤追击，孟格布禄险些丧命，终于他们恼羞成怒，一场大战即将爆发。

九月，海西四部又联合嫩江蒙古科尔沁、锡伯、卦尔察、朱舍里、讷殷五部，共计九部，合兵三万，兵分三路，扑向佛阿拉（今辽宁新宾境内）。

这是自努尔哈赤起兵以来遇到的最严峻的威胁和考验，尽管他不乏以少胜多的战例，但是，面对如此众多的敌人还是第一次，此战役关系到他所建立的事业的成败和其部众的生死存亡。

得知大军压境，努尔哈赤镇定自若，派哨探侦察敌情。哨探在夜幕中行至浑河附近，见河北岸联军声势浩大，兵营中灶火如繁星般密集，惊慌失措，飞报敌情。时近五更，努尔哈赤唯恐惊扰城中之人，便传谕诸将，待天明时出兵，布置完后便回家就寝。妻子富察氏看着酣然入睡的努尔哈赤，心生疑惑，觉得不安，便推醒他问："今九国兵马来攻，何故盹睡，是昏昧耶？抑畏惧耶？"努尔哈赤淡然地回答说：

畏敌者必不安枕，我不畏彼，故熟睡耳。前闻夜黑（叶赫）兵三路侵我，来期未得，我心不安，今日已到，我心始定。我若有欺骗处，天必罪我，我当畏之。我承天命，各守国土，彼不乐

①《清太祖武皇帝实录》卷1。

我安分，反无故纠合九部之兵，欺害无辜之人，天岂佑之？[1]

说完又睡了。

次日早饭后，努尔哈赤率领将士们谒庙拜神，请求天地万物神祇保佑战胜九部联军。然后，领兵至托索寨。他站在渡口，命众人解下防护手臂和脖颈的装备，轻装上阵。行至扎喀关，守将奈虎、山坦报告说：“夜黑兵辰时已到，围加哈关，见势不能克，往攻黑机革城，敌兵甚多。”是夜，从叶赫营逃来一人，详细报告联军兵数：叶赫贝勒布寨、纳林布禄领兵一万；哈达贝勒孟格布禄、乌拉贝勒布占泰及辉发贝勒拜音达里领兵一万；蒙古科尔沁贝勒翁阿岱、莽古、明安与锡伯、卦尔察合兵一万，共计兵三万。众人闻听皆大惊失色，斗志顿减。努尔哈赤却胸有成竹，劝大家不要惊慌，向众人宣布作战方略：第一，占据险要，诱敌来战，以逸待劳；第二，专打头目，联军为乌合之众，只要伤一二头目，众人必乱而败走；第三，集中兵力，并力一战。将士们领会了战略战术，顿时信心大增。

第二天天刚亮，努尔哈赤领军向黑机革城进发了。此时，联军还在攻打黑机革城。努尔哈赤的军队到达后，没有马上与联军交战，而是占据对面的古勒山，分兵布阵。努尔哈赤命大将额亦都率精骑百人上前挑战。联军果然放弃攻城，转身迎战额亦都。额亦都佯败，且战且退，联军追至古勒山下隘口，包围了古勒山，并力杀来，三万兵马，势如潮涌。额亦都突然调转马头，率精锐奋力反杀过来，击斩数人，联军的前锋向后退去。叶赫贝勒布寨被额亦都激怒，策马挥刀，突入阵中，忽然，他的马被木椿绊倒，努尔哈赤手下一个名叫武谈的士卒迅速出击，一跃而上，骑在布寨身上，一刀结果了他的性命。正如努尔哈赤所料，见布寨被杀，纳林布禄惊叫一声，晕厥倒地。

① 《清太祖武皇帝实录》卷1。

叶赫兵见状皆号啕大哭，急忙救起纳林布禄，裹住布寨尸体，调转马头，夺路而逃。其他贝勒也心胆俱丧，不顾其兵，四散而走。科尔沁贝勒明安“马被陷，弃鞍，赤身体，无片衣，骑骣马”[1]，落荒而逃。努尔哈赤抓住战机，指挥山上骑兵和山下伏兵如猛虎般冲向联军阵营，人嘶马叫，惊天动地，箭矢如雨，直杀得联军人仰马翻，横尸遍野。又乘胜追击，直追到哈达境内。

第二天，战斗已经结束，士兵带来一名俘虏。努尔哈赤问道：“尔何人也？”那人叩首答道：“我乃兀剌（乌拉）国满太之弟布占太，今被擒，生死只在贝勒。”努尔哈赤颇感意外，心中暗喜，没想到俘获了一位重要人物。他斥责道：“汝等会九部之兵欺害无辜，天厌汝等。昨日布戒（布寨）已经杀死，彼肘若得汝亦必杀矣。今既来见，岂肯杀汝？”接着又说：“生人之名胜于杀，与人之名胜于取。”[2]于是给布占太松绑，赐给猞猁狲裘衣，留在佛阿拉恩养。努尔哈赤这样做显然是把布占太作为人质，用他来要挟乌拉部，防止其与叶赫等部再度联合。

这次激战史称“古勒山之役”，建州兵大获全胜，斩九部联军4000人、获马3000匹、盔甲1000副。

努尔哈赤在孤立无援的情形下，独战九部联军，以少胜多，“满洲自此威名大振”[3]，远近慑服。战后不到一个月，努尔哈赤又招抚了朱舍里部。随后，蒙古科尔沁贝勒明安遣使到建州，表示友好。在他的影响下，蒙古各部贝勒、台吉纷纷向努尔哈赤靠拢，遣使示好。此战役改变了建州和海西双方的力量对比，建州女真从此日益走向强盛，海西四部却受到重创，走向衰落。经此一战，努尔哈赤更加坚定了战胜海西的信心，此后，他便将统一的目标指向了海西四部。

①③《满洲实录》卷2。

②《清太祖武皇帝实录》卷2。

灭哈达、辉发两部

古勒山大战，是努尔哈赤第一次与海西叶赫、哈达、乌拉、辉发四部整体进行较量，他大获全胜，大大增强了进一步统一海西的决心。

攻灭哈达部

在海西四部中，哈达部距明之开原城最近，凭借着占据女真与明朝贸易的交通要道，最先发展起来。万历初年，哈达部酋长王台善于驾驭部众，势力强大，又恭顺明朝，得到明朝支持，一度成为海西四部盟主。王台死后，哈达部陷入内乱，当王台第五子孟格布禄继任酋长时，势力已大减，盟主的地位被迅速崛起的叶赫所取代。在古勒山战役之后，哈达更是一蹶不振。

万历二十五年（1597），也就是古勒山战役之后的第四年，海西四部酋长再次联合，共同遣使到建州，这次不是索要土地，而是请求与建州重建和平友好的关系，他们对努尔哈赤说："因吾等不道，以至于败兵损名，今以后，吾等更守前好，互相结亲。"努尔哈赤接受了四部的示好，杀牛设宴，招待四部贝勒。为了表示和平友好的诚意，他们按照女真的古老习俗郑重举行仪式，宰白马、刮骨，设酒一杯、肉一碗、血与土各一碗，对天地盟誓。四部相继盟誓说：“自此以后，若不结亲和好，似此屠牲之血，蹂踏之土，剐削之骨而死。如践盟和好，食此肉，福寿永昌。”随后，努尔哈赤说：“汝等应此盟言则已，不然，吾待三年，果不相好，必统兵伐之。”[①]

万历二十七年（1599），叶赫出兵哈达，欲吞并之。哈达贝勒孟格布禄力不能敌，为了生存，不得已向建州求助，并提出把自己的三个儿子送到佛阿拉作为人质。孟格布禄的求救，为努尔哈赤出兵海西提供了极好的机会和理由，他旋即派大将费英东、噶盖率2000兵出征，支援哈达。

建州出兵援助哈达，叶赫贝勒纳林布禄感受到了威胁，他使用离间计，通过明朝开原通事（翻译）致书孟格布禄。在信中称：如果孟格布禄交出建州二员大将，杀死建州兵，赎回做人质的儿子，他将送给孟格布禄想要的女子，两部重修旧好。孟格布禄权衡利弊，答应赴开原与叶赫谈判。努尔哈赤闻讯，十分气恼，决定发兵讨伐哈达。

万历二十七年（1599）九月，努尔哈赤统大军征哈达。其弟舒尔哈齐争当先锋，努尔哈赤让其领1000兵先行，行至哈达城下，哈达兵出城迎战，舒尔哈齐胆怯，按兵不动。努尔哈赤怒吼道：“汝兵向后！”说罢，自己率兵冲向前，环城而攻。激战数日，终于城陷，大将扬古利活捉了孟格布禄。孟格布禄匍匐着来见努尔哈赤，努尔哈赤将自己的貂帽及豹褂赐给他，不杀而养之。哈达部所属各城寨尽数被招抚，降民编入户籍，带回建州。

孟格布禄住在建州，努尔哈赤本想把女儿嫁给他，但他却和努尔哈赤身边的“嫔御”私通，又与噶盖谋逆。事情泄露，孟格布禄与噶盖及私通女一并被处死。哈达部被吞并，孟格布禄被处死，消息传到明廷，明神宗很不满

① 《清太祖武皇帝实录》卷1。

意，这不符合明朝对女真人“分而治之”的政策。他责问努尔哈赤：“汝何故破哈达，掳其人民？”并命努尔哈赤送孟格布禄的儿子武尔古岱回哈达复国。努尔哈赤此时不愿和明朝对抗，于是表示遵从宣谕，释放武尔古岱及其部民返回哈达。努尔哈赤迫于明朝的压力，让哈达复国，但他岂能甘心就此放弃哈达！他把女儿莽古姬嫁给武尔古岱，双方成为翁婿关系，这样哈达部就不得不受努尔哈赤的控制。

夺取哈达也是叶赫多年的愿望，哈达复国后，叶赫又联络蒙古进攻哈达。努尔哈赤上奏明廷说：“吾已从命令吴儿户代（武尔古岱）还国矣，今夜黑国率兵屡次侵掠，何故以吾所获之国，受制于夜黑？”明廷对此置若罔闻。其时，哈达部发生饥荒，向明朝乞粮，遭到开原守将的拒绝，只好用妻子、奴仆、牲畜交换粮食，苟延残喘。努尔哈赤乘此机会再次攻取了哈达，收其部众，夺其牲畜和敕书。延续了60余年的哈达统治自此永绝。

一战而亡辉发

攻灭哈达部为努尔哈赤兼并整个海西女真打开了缺口，下一个目标将会是谁呢？兼并哈达后，建州与叶赫、乌拉的矛盾日趋尖锐，军事冲突时有发生。为避开实力比较雄厚的叶赫和乌拉，建州军的兵锋指向了辉发部。

辉发部东、南两面邻建州，西邻哈达与叶赫，北接乌拉。辉发城建于辉发河畔险要之地扈尔奇山上，即今吉林省辉南县朝阳镇东北35里处。辉发辖境较为广阔，仅次于乌拉，境内多高山密林，河流纵横，物产丰富。但由于处在建州、哈达、叶赫、乌拉四强之间，难以发展，实力较弱。万历初年，辉发部贝勒王机砮死，其长子先于他去世，孙子拜音达里发动政变，杀掉七位叔叔及其家属，继任贝勒。拜音达里的行为激起了族人和部民的忿恨和恐惧，为避免受迫害，纷纷逃往叶赫，叶赫则予以收留。拜音达里慑于叶赫部的强大，不敢索要逃众，但心中却十分痛恨。

辉发部一直以来在建州和叶赫之间摇摆不定，朝秦暮楚。在万历二十一年（1593）九月的古勒山战役中，拜音达里听从叶赫的号召，出兵3000人协同征讨建州。九部联军战败后，他认识到了建州的强大。万历三十五年（1607），辉发内部局势不稳，拜音达里的贝勒地位受到威胁，他将七大臣之子送到建州为人质，换取建州对他的支持。于是，努尔哈赤派兵1000人至辉发，帮助拜音达里镇压了反叛者，辉发部的秩序得以稳定。

叶赫看到辉发与建州联系密切，如此发展下去，将会对它造成威胁，于是再次使用离间计，遣使至辉发，对拜音达里承诺，如果辉发撤回送往建州的人质，叶赫就返还辉发逃来的部众。拜音达里信以为真，从建州撤回七大臣之子，转而交给叶赫为人质，但叶赫却背弃承诺，并未遣返辉发的逃众。拜音达里知道被欺骗了，便再次投向建州，派使者到建州，对努尔哈赤说："我曾为叶赫纳林布禄所诳，今欲永赖聪睿恭敬汗为生，请将尔许常书之女适与我。"拜音达里为与建州建立更紧密的关系，请求努尔哈赤将答应许给常书之子的女儿赐给他。为拉拢辉发，努尔哈赤答应了他的要求，而拜音达里却又迟迟不来迎娶。努尔哈赤遣使到辉发质问拜音达里："尔既请娶我女，何又如此变心？"拜音达里解释说：我的儿子在叶赫为人质，待他们回来，我就去迎娶，与你合谋[①]。之后，拜音达里修筑三层城垣以自固。叶赫见辉发与建州关系破裂，于是送回人质。拜音达里自恃城垣坚固，与建州绝亲。

努尔哈赤受到戏弄，心中恼恨，他以辉发"兵助叶赫""背约不娶"为由，于万历三十五年（1607）九月，亲率军队进攻辉发城。在出兵之前，他已选派百余精兵扮成商人，分批混入辉发城内。到攻城时，里应外合，一天便攻克了山城。城破，杀拜音达里父子及其兵，将部民迁至建州，辉发灭亡。

① 参见《满文老档》卷1。

四战乌拉

海西四部在短短几年之内，已亡其二，剩下叶赫和乌拉两个强部，两部不能同时进攻，仍要实行各个击破的战略，而攻取哪个皆非易事，努尔哈赤最终决定先取乌拉。

乌碣岩大战

乌拉部历史悠久，它与哈达为同祖同宗，共同的祖先纳齐卜禄曾居于松花江海西之地，其后在明成化、弘治、正德年间数度南迁。传至第四代都勒希时，部族内乱，都勒希三弟速黑忒带领家族的一支迁到开原广顺关外，居住在哈达河（今清河）流域，修建城寨，是为哈达部始祖。都勒希再传三代，至布颜（又作补烟）时，势力日益强盛，在嘉靖四十年（1561），布颜“尽收兀喇（乌拉）诸部，率众于兀喇河洪尼处，筑城，称王”[1]，形成乌

① 《清太祖武皇帝实录》卷1。

拉部。乌拉部强盛时，疆域十分辽阔：东邻朝鲜，南接哈达，西为叶赫，在海西四部中，其疆域最广，部众兵马最多。因它距离建州最远，故而在古勒山大战前，与建州较少发生联系与冲突。

古勒山战役爆发时，布颜孙满泰（又作满太）已继承贝勒，其弟为布占泰（又作布占太）。兄弟二人在叶赫的号召下，率兵加入九部联军，遭到重创，布占泰被俘。努尔哈赤将其留在佛阿拉恩养，实则是做人质。在布占泰被扣留的三年时间里，满泰欲以马百匹赎还其弟，努尔哈赤不答应。乌拉只好在建州与海西其他三部的角逐中，基本保持中立，不敢轻举妄动。

万历二十四年（1596）七月，乌拉内乱，满泰父子被杀。努尔哈赤派兵护送布占泰回乌拉，并帮助他成为贝勒。次年十二月，布占泰为表达感激之情，将妹妹呼奈送到建州，嫁给了舒尔哈齐。二十六年（1598）十二月，布占泰又携带厚礼前往建州，由努尔哈赤做主，娶了舒尔哈齐的女儿额实太。努尔哈赤另赏盔甲50副、敕书10道。二十九年（1601）十一月，布占泰将兄满泰之女阿巴亥送到建州，嫁给努尔哈赤为妃。同时，努尔哈赤又将舒尔哈齐的另一个女儿娥恩姐嫁给布占泰。在布占泰回到乌拉后的短短几年中，建州与乌拉双方往来不断，多次联姻，关系显得非常亲热。

建州、乌拉的关系表面上看似亲密，私下里却是各怀心腹事。努尔哈赤的目的是为笼络布占泰，本着远交近攻的战略原则，牢固与乌拉的联盟，以图进攻哈达、辉发和对付叶赫。而布占泰则是野心勃勃，处心积虑地力图振兴乌拉，但是又知道自己实力不足，只好借助建州势力，同时，他又暗中联络叶赫，与之秘密结盟。

终于，建州与乌拉在向图们江地区扩张的过程中发生利益冲突，双方皆不肯退让。在图们江两岸散居的女真人，他们被称为“藩胡”，既不属于建州，也不属于海西。努尔哈赤向这一地区用兵，已经触及乌拉的势力范围。布占泰不甘心把这一地区让给建州，遂于万历三十一年（1603），用兵于图们江一带，将夹江而居的大多数女真人收服为乌拉所属。这种利益争夺，最终使双方关系破裂，于是在四年后，爆发了第一次大规模军事冲突，即乌碣岩之战。

万历三十五年（1607）春，东海女真瓦尔喀部所属斐悠城城主策穆特赫到建州谒见努尔哈赤，表达了自己要归顺努尔哈赤的想法，他说："吾地与汗相距路遥，故顺兀剌国主布占太贝勒，彼甚苦虐吾辈，望往接吾等眷属，以便来归。"[①]斐悠城城主要背弃乌拉而投建州，却又担心乌拉阻拦，于是请求建州派兵前往接应。努尔哈赤得信后很高兴，命其弟舒尔哈齐、长子褚英、次子代善与大将军费英东、扈尔汉、扬古利等率兵3000，前往斐悠城接应。从派出的将领可以看出努尔哈赤对此事非常重视，也许他已经预见此行会遭到乌拉的拦截。

舒尔哈齐一行顺利到达斐悠城，招抚了四周屯寨约500户，然后令费英东、扈尔汉等率300兵护送先行返回。先行队伍行至乌碣岩（今朝鲜境内钟城附近）时，忽然出现乌拉兵1万人，拦住去路。两军众寡悬殊，费英东与扈尔汉急忙将所带人口转移到山上，以兵百名看守，然后一面派人驰报后继的众贝勒，一面率200兵占山列营，与乌拉兵相对峙。第二天，乌拉兵来战，费英东、扈尔汉率众人奋力拼杀。乌拉兵见对方来势凶猛，畏惧后退，渡河登山扎营，失去了乘对方势单力薄而取胜的机会。

傍晚，舒尔哈齐、褚英、代善率全部人马赶到，一夜未战。次日，褚英、代善动员将士们说："布占太曾被我国擒捉，铁锁击颈，免死而主其国，年时未久，布占太犹然是身，其性命从吾手中释出，岂天释之耶？尔勿以此兵为多，天助我国之威，吾父英名夙著，此战必胜。"[②]众人齐呼："吾等愿效死力！"遂奋力渡河。褚英、代善各自领兵500，分两路向山上

①②《清太祖武皇帝实录》卷2。

冲，直冲入乌拉军营，驰突厮杀，从中午战至日落，越战越勇。乌拉兵溃不成军，四处逃散，死伤惨重。朝鲜《李朝宣祖实录》卷209对此战役记载如下："老（努尔哈赤）、忽（布占泰）两军，大战于江边。忽兵不能抵敌，其北走之状，如天崩地裂。侦探人得闻忽贼大败，尽弃器械马匹，奔忙逃遁，死伤不知其几许。老兵则仍留战场，散遣军马，收拾忽兵遗弃杂物。"

是役，乌拉兵虽数倍于建州，却是乌合之众，将帅失于谋略和勇气，以致溃不成军，兵被斩3000人，损失马5000匹，甲3000副[①]。这场战役史称"乌碣岩大战"，是建州与乌拉第一次发生正面军事冲突，建州兵以少胜多，取得重大军事胜利，此战役更加鼓舞和坚定了努尔哈赤夺取乌拉的信心与决心。

攻取哈达所属城寨

万历三十六年（1608）三月，为报复布占泰在乌碣岩拦截建州兵，努尔哈赤派长子褚英、侄子阿敏统兵5000，向乌拉进军，攻打乌拉部东南的宜罕山城（今吉林龙潭山山城）。该城守军毫无防备，建州兵突至，迅速发起猛攻，一举攻克，杀死千余人，将居民及财物一并掠回建州。待布占泰闻讯赶来救援时，建州兵已撤离，他登上山岗，遥望建州兵军容甚盛，正浩浩荡荡南行，意识到目前自己还不是努尔哈赤的对手。

乌拉与建州两次军事交锋，皆以失败告终。此时，建州已兼并哈达、辉发两部。布占泰感到事态严重，不能继续以军事手段对抗建州，只有暂时缓和与建州的矛盾，同时加强与叶赫的联合，等待时机。九月，布占泰带着礼物到建州，向努尔哈赤赔罪，并请求努尔哈赤将亲生女儿嫁给他，说："若

①《清太祖高皇帝实录》卷3。

得恩父之女与我为妻，吾永赖之。”[1]努尔哈赤将计就计，把自己的第四个女儿穆库什嫁给了他。而事后布占泰又向叶赫下聘礼，要娶努尔哈赤所聘的布寨之女，又用骲箭射努尔哈赤的侄女娥恩姐。努尔哈赤闻听后暴怒，认为布占泰是在侮辱自己，决定亲征乌拉。

万历四十年（1612）九月二十二日，努尔哈赤统军三万自赫图阿拉出发，二十九日抵达乌拉境内，在乌拉河西岸，张黄盖、吹喇叭、打鼓、敲锣前进，沿途连克鄂佛罗、宜罕山城、鄂谟、逊扎泰、郭罗、金州六城，然后在金州城扎营。隔岸相望，距乌拉城西门二里。乌拉兵昼则出城，对垒河边，夜则入城歇息，双方相持了三天。努尔哈赤并不急于攻城，而是派兵四处焚烧庄稼。见此，五子莽古尔泰与八子皇太极沉不住气了，请求渡河进攻。努尔哈赤劝导说：“欲伐大木岂能骤折，必以斧斤伐之，渐至微细，然后能折。相等之国，欲一举取之，岂能尽灭乎？且将所属城郭尽削平之，独存其都城，如此则无仆何以为主，无民何以为君？”[2]

努尔哈赤将乌拉部比喻为大树，不能骤折，要一斧斧砍，终有折断之时。努尔哈赤实践着他的“伐大树”思想，将所得六城尽行拆毁，焚其房屋粮谷。

到了第四天，布占泰见势不妙，只好乘舟到河中，叩头请求建州兵熄灭焚粮之火，撤退围城之兵。努尔哈赤披甲，乘白马，走到水齐马胸的河中，愤怒地谴责布占泰说：

> 布占太！先擒汝于阵中，已死之身吾养之，释为兀喇国主，仍以三女妻之，今欺蔑皇天后土，背七次盟言，掳吾所属虎哈卫二次，又欲强娶吾已聘夜黑之女，又以骲箭射吾女，吾将女嫁汝

①②《清太祖武皇帝实录》卷2。

异国，原为匹偶，曾令汝以骲箭射之乎？若吾女所为不善，当来告我，天生爱新觉罗人，曾被谁责辱，汝试言之，百世以前汝或不知，十世以来汝岂不知？倘有之，则汝射之为是，我兵之来诚非，若其无之，尔何故射吾女？此受辱之名，我将匿之于心乎？抑将徒抱于九泉乎？语云：宁销其骨，莫毁其名。吾非乐于举兵，闻射吾女，故亲举兵来。[1]

努尔哈赤历数布占泰的罪状，布占泰极力狡辩，声称是他人进谗言。努尔哈赤命布占泰送儿子及大臣之子到赫图阿拉做人质，然后统领大军返回，留下1000兵驻扎，监视布占泰的动向。

建州两次出兵乌拉，攻其所属城寨，掠其人口与财物，既打击了乌拉，又探明了乌拉的实力。努尔哈赤对吞并乌拉已胸有成竹。

灭亡乌拉

数月过去，布占泰对努尔哈赤提出的条件置之不理，相反还计划将儿子及大臣之子送到叶赫为人质，又幽禁了努尔哈赤和舒尔哈齐的女儿。

万历四十一年（1613）正月，努尔哈赤不顾严寒，再次统兵三万征讨乌拉。此行，次子代善、侄子阿敏及大将费英东、何和理（又作何和礼）、额亦都、安费扬古、扈尔汉等皆随行，军容之盛，大有一举吞并乌拉之势。布占泰也亲率三万兵马，越过伏尔哈城，列阵以待，准备决一死战。两军对垒，努尔哈赤情绪高昂而激烈，大声说："蒙皇天眷助，吾自幼于千百军中，孤身突入，弓矢相交，兵刃相接，不知几经鏖战，今既欲战，即当

① 《清太祖武皇帝实录》卷2。

战。”[①]诸将士闻听进战，皆欢呼雀跃，喊声如雷，震动天地。布占泰也率兵步行，列阵以待。两军相距百步，建州兵亦下马进战。只见两军之矢如疾风卷雪，杀气冲天。努尔哈赤率先冲入阵中，将士们勇气倍增，无不以一当十。乌拉兵被冲乱阵势，抵挡不住，溃败下来，兵败如山倒、如堤溃，十损之六七，余者抛戈弃甲，四散而逃。建州兵乘胜进夺乌拉城门，代善、安费扬古身先士卒，竖云梯登城，建州兵如潮水般涌向城门，很快，先锋军夺门而入，城陷。

建州兵一鼓作气夺下乌拉城。努尔哈赤随后在众人的簇拥下登上城墙，坐在西门城楼之上，两旁树起了建州的旗帜。此时布占泰尚不知城破，带领百余人奔城而来，及至近前，见努尔哈赤端坐在城楼上，大惊失色，转身就逃。代善领兵杀来，布占泰不敢对战，奋力冲出重围，落荒而去，仅以身免，投奔叶赫[②]。

是役，建州军破敌三万，斩杀万人，攻占乌拉城。乌拉部始建于永乐初年，经200余年，传九代，至此灭亡。

战斗结束，乌拉部所属城邑全部归建州所有。努尔哈赤夺取乌拉，如虎添翼，北通黑龙江，东进东海诸部，畅通无阻。昔日海西四部，如今已灭三部，唯剩叶赫独存，夺取叶赫指日可待。

① 《清太祖武皇帝实录》卷2。

② 《满文老档》卷2，癸丑年正月十七。

二

建立『大金』政权

1599年创制满文

努尔哈赤统一大业蓬勃发展，内政外交事务日益增多。此时，对内外的文移往来出现一种局面："凡属书翰，用蒙古字以代言者十之六七，用汉字以代言者十之三四。"[①]给明朝和朝鲜的文书，由汉人龚正陆用汉文书写；对内发布政令，则先由龚正陆用汉文起草，再翻译成蒙古文发布。之所以如此，缘于当时女真人没有自己的文字。

创制文字

追溯女真人的历史，上至周秦时期的肃慎、汉魏的挹娄、南北朝的勿吉、隋唐的靺鞨，直至宋、辽、金、元及明代的女真人。在金代女真人之前，皆无文字。公元1115年，完颜阿骨打建立大金政权，与邻国交好，用契丹字。阿骨打深深感受到没有文字带来的诸多不便，于是指示完颜希尹创制

① 福格：《听雨丛谈》。

了文字，其后熙宗亦制文字。完颜希尹所制文字被称为女真大字，熙宗所制文字被称为女真小字。女真字是仿照汉字的字形，使用契丹文的文法，结合女真语而制成的，是一种方块字。随着金亡元兴，蒙古族成为统治民族，在女真地区，蒙古文逐渐取代了女真文，至明中叶，女真人已基本上不晓女真文了。

努尔哈赤起兵十年后，兵力已发展到万余人，掌握数量如此巨大的军队，他已经远不是一般意义上的女真部落首领。其实，早在万历十五年（1587），努尔哈赤就在佛阿拉筑城“自中称王”了。此时，他的事业正处在蓬勃发展之中，没有本民族文字对内政外交造成很大困扰：其一，公文使用蒙古字或汉字带来诸多不便。例如，女真社会内部往来的书信、公文、告示等皆用蒙古文书写，但能看懂蒙古文的只是少数人，于是还需要再找人将蒙古文翻译成女真语讲给大家听。这无疑对推行内政造成不便。其二，没有自己民族的文字而借用其他民族文字有损于“王”的形象。其三，女真社会的发展以及人们的社会生活也越来越需要有与自己语言相一致的文字。没有文字已成为事业发展的障碍，面对这样的障碍，努尔哈赤一定会排除掉，如同清除妨碍复仇与统一的其他绊脚石一样。

明万历二十七年（1599）二月，经过深思熟虑，努尔哈赤发布命令，让巴克什额尔德尼和扎尔固齐噶盖创制文字。

额尔德尼和噶盖受命制定文字，二人颇感为难，表示说：“我等习蒙古字始知蒙古语，若以我国语编创国书，我等实不能。”努尔哈赤反问说：“汉人念汉字，学与不学者皆知；蒙古人念蒙古字，学与不学者亦皆知；我国之言写蒙古之字，则不学蒙古语者不能知矣。何汝等以本国言语编字为难，以习他国之言为易耶？”额尔德尼、噶盖回答：“以我国之言编成文字最善，但因翻编成句，吾等不能，故难耳。”二人对编制文字一时不知从何处入手。努尔哈赤提出具体方案说：“写阿字下合一妈字，此非阿妈（父也）乎？厄字下合一脉字，此非厄脉（母也）乎？吾意决矣，尔等试写可也。”[①]

努尔哈赤提出的创制文字方法，简而言之，就是借用蒙古文字记录女真语语音。现代语言学理论认为，女真语和蒙古语同属于阿尔泰语系，二者在语音、语法、词汇方面有诸多相同或相似之处。努尔哈赤精通蒙古语文，正是知晓这两种语言具有的共性，才使他决定参照蒙古文创制自己民族的新文字。当然，同样精通蒙古语文的额尔德尼和噶盖领略了努尔哈赤的意图之后，茅塞顿开，发挥他们的聪明才智，着手编制文字。创制文字这项伟大的工程用了多长时间，史籍未见记载，有学者推测当在八九年内完成了创制[②]。新创制的文字被后人称为“满文”，为了与天聪年间达海改进的有圈点满文区别开来，又称之为“无圈点满文”或“老满文”。

满文是拼音文字，有元音字母和辅音字母，辅音字母与元音字母相拼组成音节，一个或多个音节构成一个文字。书写方法是从上而下，从左至右，直行书写，字形矗立高耸。清史馆纂修《国语志》，奎善在卷首撰《满文源流》一文，文中写道：

> 文字所以代结绳，无论何国文字，其纠结屈曲，无不含有结绳之意。然体制不一，则又以地势而殊。欧洲多水，故英、法诸国文字横行，如风浪，如水纹。满洲故里多山林，故文字矗立高耸，如古树，如孤峰。盖造文字，本乎人心，人心之灵，实根于天地自然之理，非偶然也。

① 《清太祖武皇帝实录》卷2。

② 佟永功：《满语文与满文档案研究》。

奎善对文字的比喻生动形象，也道出了文化与地理背景是紧密相关的。

在努尔哈赤创制文字之时，尚有强大的海西四部与建州对峙，在众多女真领袖中，唯有努尔哈赤具有远见卓识，认识到文字的重要性，文字的创制反映出他作为政治家的胸怀和远大抱负。同时，创制文字也使建州女真走在了历史的前头，成为女真社会中遥遥领先的一部分。

满文的创制，解决了没有文字对内政外交所造成的诸多不便与困扰，这自不待言，更主要的是它对不久之后清王朝的建立以及满洲民族的形成和发展，意义都是巨大的。文字是人类文明的重要标志之一。新文字的创制及其在女真社会中的推行使用，使得女真人从古老的原始状态中脱离出来，快速形成了本民族的文化，并以迅猛之势向前发展，这大概是努尔哈赤始料未及的吧。文字又是民族之间互相区分的重要标识，全民族共同掌握、使用同一种语言文字，这是形成民族共同心理的必要条件之一。正是因为有了满文，以它为纽带，极大地增强了正在走向统一的女真民族的凝聚力，这是除文字之外任何其他力量所无法企及的，她使满洲民族的形成变为现实，使满洲成为区别于同一时代的其他民族，也不同于古老女真族的新的民族共同体。满文的出现，是后来形成满族文化的一个不可替代的标志。

满文创制者额尔德尼和噶盖

满文的创制固然是努尔哈赤首倡，但具体实行者额尔德尼和噶盖也功不可没，尤其是额尔德尼，在受命创制文字后不久，噶盖获罪被处死，额尔德尼独自完成了满文创制的使命。

噶盖，姓伊尔根觉罗氏，世居呼纳赫，跟随努尔哈赤创业，亦文亦武，功绩卓著，授职扎尔固齐（理事大臣），“位亚费英东”，曾是努尔哈赤的心腹大臣之一。噶盖素与哈达部贝勒孟格布禄交往密切，就在受命创制满文的同一年，孟格布禄谋逆，事情泄露被处死，噶盖受牵连并坐死罪。

额尔德尼，满洲正黄旗人，姓纳喇氏，世居都英额，努尔哈赤起兵后前来归附。他明敏聪慧，兼通蒙古、汉文，尤以蒙古文见长，每遇努尔哈赤出征蒙古诸部，即跟随左右，以知晓风土人情及语言文字，传宣汗谕、递送文书，获得了“巴克什”称号。满语“巴克什”，汉译为“博士”“读书之人”，清入关前，以此称号赐予文臣中才学卓著者。在噶盖获罪被杀后，额尔德尼一人“遵上指授，独任拟制”[①]，完成了满文的撰制任务。随后又以满文记录努尔哈赤的活动，形成“档子”，即后人所称的《满文老档》。它成为我们今天研究清前史、满族史的重要文献。额尔德尼文武兼备，跟随努尔哈赤出征，屡立战功。天命三年（1618），后金军攻取抚顺后凯旋，明总兵张承荫领兵出广宁来追。额尔德尼和诸将还击，败其众，斩张承荫，战后叙功，授男爵。天命五年（1620），额尔德尼被告发接受朝鲜送的绢，并私藏所获之珍珠、东珠及金，被努尔哈赤处死，时年43岁。额尔德尼虽然因微罪被处死，但是他创制满文的功绩是被后人充分肯定的。清太宗皇太极即位后，对额尔德尼给予高度评价，他曾对文馆儒臣们说：“额尔德尼遂遵谕编成满书。我国初无满字，额尔德尼乃一代杰出之人。”[②]额尔德尼制满文，其首创之功不可没。

顺便说到，额尔德尼创制的文字，受主客观因素的限制，存在一些缺陷，主要表现在两个方面：一是识读困难，如“t”“d”不分，“k”“g”“h”不分；二是不能准确音译出某些汉字。天聪时期，文臣达海对满文进行了改制，使之臻于完备。改制后的满文被称为“新满文”或“有圈点满文”。

① 《清史列传》卷4，《额尔德尼传》。

② 《清太宗实录》卷1。

两座“阿拉”城

“阿拉”是满语“ala”的音译，意为“山冈”“大阜”。努尔哈赤在进入辽东之前，曾经修筑过两个山城，作为军事与行政的大本营，即佛阿拉城与赫图阿拉城。

佛阿拉城

万历十五年（1587），努尔哈赤已基本上统一了建州。随着财富增加，部众增多，形成了以努尔哈赤及其弟舒尔哈齐等为首的新的军事贵族，其权势、地位、利益等皆发生了巨大变化。显然，原来狭小、简陋的居处与新形势已不相适应，需要按照新格局、新规制营建新的城垣、房舍；同时，努尔哈赤的统一事业继续向前发展，寻找一处战略要地，修建一座能攻能守的城寨也是军事斗争的需要。于是在这一年正月，努尔哈赤始建新城寨——佛阿拉城。

佛阿拉（亦称费阿拉），满语读作“fe ala”，“fe”汉意为陈旧，

"ala"汉意为山冈，后人称佛阿拉城为"老城"，位于今抚顺市新宾满族自治县永陵镇二道河子村。

关于佛阿拉城所处的地理位置和地形，《满洲实录》卷2载：

> 太祖于硕里口呼兰哈达下东南河二道，一名嘉哈，一名硕里加河，中一平山，筑城三层，启建楼台。

该城建筑在山谷间的大平冈上，南依哈尔撒山，东假鸡鸣山，西望烟囱山，唯有北面向平原，地势开阔，有嘉哈河与硕里加河从城下流过，向北汇入苏子河。依山傍水是女真人选择居住地的传统。

城的建筑规模与规制，在康熙朝《盛京通志》卷1中有如下载述：

> （城）周围十一里零六十步，东、南二门，西南、东北二门。城内西有小城，周围二里一百二十步，东、南二门。城内东有堂子，周围一里零九十八步，西一门。城外有套城，自城北起，至城西南止，计九里零九十步，西、西南、北、西北四门。

《盛京通志》中描绘的内城、外城、套城就是《满洲实录》中所谓的"筑城三层"。清朝官方文献对佛阿拉城的记载过于简略，难以窥其全貌。记载最翔实的是朝鲜人申忠一所著的《建州纪程图记》。万历二十三年（1595），建州女真人越境采参，被朝鲜边将所杀。努尔哈赤要报复，朝鲜为缓和紧张关系，惩办了边将，同时派南部主簿申忠一送文书至建州修好，一并侦察虚实。申忠一在佛阿拉逗留10余天，回国后，将其一路所经绘制成两幅纪程图长卷，并将所见所闻记述于图后，进呈给朝鲜国王。其中，尤其对佛阿拉城做了详细记述。根据他的描述，我们可以还原佛阿拉城如下：

外城，城周10里。城墙先以石筑，上数3尺许排布椽木，又以石筑，上数3尺又排布椽木，如是而终。高可10余尺，内外皆用黏泥涂抹。墙底部宽四五尺，上顶部宽二三尺。无雉堞、射台、壕子。城门用木板制成，没有锁钥，门闭后，以木横张。城门上设敌楼，以草为盖。外城内居住着诸将及族党，约300余家。

内城，城周2里许。城墙的修筑与外城同，但是有雉堞与隔台。城门亦同外城，但无门楼。自东门过南门至西门，城上设候望板屋，而无上盖，设梯上下。内城为亲近族类居住，有百余家。

内城内又设木栅，栅内是努尔哈赤的居所，分为东、西两院。西院有房屋6栋，共20余间，是处理政务之“殿”，其中有客厅和行廊，最大的行廊为8间。客厅供努尔哈赤处理公务、会客和祭祀之用，行廊是议事和宴饮之所；东院有房9栋，共20余间，是努尔哈赤及其家人居住之处。东、西两院的屋顶或盖以灰瓦，或覆以茅草，墙体或抹草泥，或涂石灰。这座宅院已不同于集居住、饮食、会客于一室的民宅，在建筑和使用上有了明确的区划，略具中原宫殿“内寝外朝”的规划，可视为清（后金）早期宫殿的滥觞。

外城外，环四面而居者皆军人，共计400余家。城内泉井只有四五处，且源流不长。所以在冬季，城内之人伐冰于川，运入城内，朝夕不绝。昏晓击鼓三通，别无巡更、坐更之事。外城门闭，而内城不闭[①]。

显然，在佛阿拉内外城的居住位置是按等级分配的，努尔哈赤居于中心，由内而外依次分布着他的兄弟子侄、近亲族人、诸将、族党、士兵，共计800余户，近5000人。从建筑材料看，主要是石块、泥土、草木，反映出创业初期的艰难状况。内城墙上设有雉堞、隔台及候望板屋，每日昏晓击鼓三通，说明佛阿拉城已不是一般意义上的村寨，而是军事城堡，是一座大军

① 根据［朝鲜］申忠一《建州纪程图记》整理。

营。

努尔哈赤在佛阿拉居住了16年。在这里，他接受了明朝授予的“建州都督佥事”“龙虎将军”等官爵，从这里出发，先后8次到北京朝贡；在这里，他策划和组织了军事行动，统一了建州女真各部，大败九部联军，兼并海西女真的哈达、辉发等部；在这里，他“定国政”，建军队，制满文，开创了女真人（满族）的新天地，为建立国家政权奠定了坚实的基础。

随着统一事业的蓬勃发展，佛阿拉城也不能满足努尔哈赤的需求了。首先，其面积狭小，三面环山，难以向外扩展，容纳不下日益增加的人口；其次，城内水源不足，冬日里要伐冰于川，运入城内。随着人口、马匹的剧增，水源成为重要问题。努尔哈赤决定放弃佛阿拉城，要在他的出生地赫图阿拉再修筑一座更大的新城。

赫图阿拉城

赫图阿拉是满语“hetu ala”的音译，“hetu”汉意为横，“ala”汉意为冈，合起来的意思为横冈，在佛阿拉城北8里处。

万历二十九年（1601），大批夫役始建赫图阿拉内城，到三十一年（1603）完工。努尔哈赤迁入新城后，为庆祝新城竣工，3次宰杀牛羊，犒劳筑城夫役。之后继续修筑外城，于三十三年（1605）全部告竣，又先后5次犒赏夫役，宰杀牛羊，庆祝新城告竣。

赫图阿拉城建筑在山谷间平原南端的一块巨大的台地上，远远望去犹如人工造就的大舞台。其地理环境十分优越，三面环水，一面靠山。东有皇寺河，西有嘉哈河，北邻苏子河，水量丰沛，成为天然的护城河；南依险峻的羊鼻子山。除南面背靠山峰之外，其余三面皆为开阔地，视线无遮挡，一览无余，极有利于军事侦察瞭望。

建成后的赫图阿拉城，分内、外城，布局严整，设置齐全，体系趋于完备。根据当地学者实地考察，具体情况如下：

外城，城的平面略呈圆角方形，南北长1352米，东西宽1335米，周长5230米。其东北、北、西三面紧邻河岸，于平地筑墙；南面紧靠山峰，墙起于半山腰，沿山势修筑。城墙仍然采用佛阿拉城的“木石杂筑”法，墙之下部内外两侧用石片垒砌，中间夯土；上部在夯土层上横置圆木1层，再夯土1尺余，再置圆木或石片，如此垒至顶部。据实测，墙基宽4.2米，墙体宽3.9米。

内城，内城因山势建于横冈上，地势南高北低。城墙南北长512米，东西宽551米，城周2027米，修筑方法与外墙同，只是在城墙顶部用青砖垒砌垛口。城基宽10米，顶部宽2米，城墙现残存高度4～6米。墙外有马道绕城1周，马道宽约4米。关于城门数量，史载不一，今学者实地考察，确认为4门，即北门、东门、南门及东南门①。

新城建好后，又陆续增建佛寺、玉皇庙、十王殿等七大庙。努尔哈赤熟读《三国演义》，信仰关羽，在内城南门西侧修建了关帝庙，以供拜祭。天地神祇及佛、道教在城中皆有定位，表明了努尔哈赤及女真人的信仰，为建立政权做好了精神上的准备。

令人称奇的是，在内城有一眼泉井，井水甘甜爽口，无论有多少人马饮用，水位常年几与井口平，一口井供应全城人畜饮用，人们称赞其曰：“千军万马饮不干。”此泉井已历近400年，至今水量仍未减少，供周围百余家使用。

在赫图阿拉城，人们按照等级及职业分区居住。《筹辽硕画·东夷考》载：“内城居其亲戚，外城居其精悍卒伍，内外共居人家约两万余户。北门（内城）外侧铁匠居，专制铠甲；南门外弓人、箭人居之，专造弧矢。”按

① 以上详见傅波主编：《抚顺地区清前遗迹考察纪实》。

上述记载，以每户5口人计算，全城人口可达10余万，可以想见赫图阿拉城的规模相当可观！

赫图阿拉城的建筑质量、工艺水平及在规制上已远远超过佛阿拉城。房屋由原来的泥草房改为砖瓦结构。在佛阿拉城时，努尔哈赤与其弟舒尔哈齐的房屋建筑风格几无差别，而在赫图阿拉城中，努尔哈赤的“金銮殿”及其居所使用的瓦当和滴水，上面雕刻着虎面、牡丹、番莲等纹饰，尤其是莲花空心砖和莲花滴水均为其他建筑所不见，汗权之尊已经鲜明地体现在房屋建筑上。出于军事防御的需要，城墙增设雉堞等设施。城中修建了堂子、庙宇、八旗衙门等设施，这一切都显示出努尔哈赤的事业已经进入了一个更高的发展阶段。

努尔哈赤率其部众在赫图阿拉城居住了18年，在这期间，扩建八旗，完善了军事组织；灭乌拉与叶赫两部，基本上完成对东北女真人的统一；建国称汗；宣布与明朝决裂，走上了与之抗衡的道路，并取得了具有历史意义的各大战役的胜利，为清王朝的诞育奠定了基础，为其后世子孙的辉煌前程开拓了胜利的道路。正缘于此，天聪八年（1634）四月，清太宗皇太极尊赫图阿拉为“天眷兴京”，这里既是满族的崛起之地，又是清（后金）朝的“龙兴”之地。

创建八旗

八旗是清朝特有的旗人组织形式，集军事、行政、生产诸职能为一体，它是努尔哈赤在统一女真事业发展进程中，结合本民族的特点逐步建立起来的，成为后金立国的基石。

八旗制度起源于女真古老的狩猎习俗。在狩猎时，为获得大型及更多猎物，女真人习惯集体围猎，在围猎时有组织、有秩序地行进，因此规定：出猎时，每人出箭一支，10人为一组，以一人为总领，各按规定方向行进，不准错乱。总领称为“牛录额真”，牛录是满语“niru”的对音，汉意为箭；额真是满语“ejen”的对音，汉意为主，牛录额真合译为箭主。早在12世纪初，金太祖完颜阿骨打时，就把女真人的狩猎组织模式引入军事组织建设中，创建了猛安谋克制度，即以300户为一谋克，以10谋克为一猛安。努尔哈赤利用本民族的狩猎习俗，继承先人的猛安谋克制度而创立了八旗制度。

创建八旗是努尔哈赤在统一女真的进程中逐步完成的，其过程是先有牛录，再建四旗，最后扩展为八旗。

编建牛录

搜索《清太祖武皇帝实录》，“牛录”一词首见于甲申年（万历十二年，1584），是年九月，努尔哈赤攻打翁郭洛城，被城中神射手鄂尔果尼和罗科射伤，伤愈后攻取该城，俘获鄂尔果尼及罗科，对两人不仅不杀，且“赐以牛禄之爵（属300人）”。说明此时，牛录是建州军队中的官名。努尔哈赤起兵之初，兵不足百，随着对建州诸部的兼并，军队人数快速增长，但军队的组织形式不见记载，直至万历十七年（1589），他已经统一了建州五部，朝鲜人见其军队分为四个兵种：“一曰环刀军，二曰铁锤军，三曰串赤军，四曰能射军。”[①]也就是说，建州此时的军队是按种类分编的。那么，何时开始变为以旗为编制单位的呢？万历二十一年（1593），建州兵与九部联军大战于古勒寨，努尔哈赤布阵，令“诸王大臣等各率固山兵，分头预备”[②]。“固山”是满语“gūsa”的音译，汉意为“旗”。据此可知，此时，努尔哈赤已把士兵编入各旗，即以旗作为军队的编制单位，各旗的旗帜颜色不同。二十三年（1595），朝鲜人申忠一到佛阿拉，见到建州军队：“旗用青、黄、赤、白、黑，各付二幅，长可二尺许。”[③]此时，建州军队数量有多少呢？二十四年（1596），朝鲜翻译官李亿礼陪同明朝官员余希元到佛阿拉，努尔哈赤隆重列兵远迎，朝鲜《李朝宣祖实录》卷73记载的具体情形如下：

距建州城三十里许，于老乙可赤农舍，老乙可赤兄弟领骑兵三四千迎接。余希元于马上举手相揖后，下马设酌，行三杯酒，

① 《李朝宣祖实录》卷23，宣祖二十二年七月丁巳。

② 《清太祖武皇帝实录》卷1。

③ ［朝鲜］申忠一：《建州纪程图记》。

即起身；行到二三里，骑兵四五千左右成列随行。行到十五里，步兵万数，分左右列立道傍者，至建州城而止。

李亿礼沿途看到的建州兵约有2万人，这应该不是建州军队的全部，换句话说，建州军队数量此时至少在2万人以上。万历二十九年（1601）初，灭哈达部，军队数量必然会有大量增加。是年，努尔哈赤对其军队进行改革，以牛录为基层组织进行整编。《清太祖武皇帝实录》卷2载：

是年，太祖将所聚之众，每三百人立一牛禄厄真管属。前此凡遇行师出猎，不论人之多寡，照依族寨而行。满洲人出猎，开围之际，各出箭一枝（支），十人中立一总领，属九人而行，各照方向，不许错乱，此总领呼为牛禄厄真，于是以牛禄厄真为官名。

此次牛录改革，若以当时3万人计，可编成100个牛录。牛录改革为以后的八旗制度打下了基础，无论努尔哈赤组建八旗满洲或，还是后来皇太极创建八旗汉军、八旗蒙古，皆以300人立一牛录，为八旗的基础组织。

创建八旗

八旗是在原有四旗的基础上编建的。关于四旗创建的时间，《清太祖武皇帝实录》与《钦定八旗通志》等书皆语焉不详，只是在记载扩建八旗时，追述“初设有四旗，旗以存色为别，曰黄、曰白、曰红、曰蓝”[①]。其实，四旗的形成有个发展变化的过程。最初应是努尔哈赤和舒尔哈齐兄弟二人各领一旗。之

① 《钦定八旗通志》卷1，“旗分志一”。

后，努尔哈赤长子褚英领有增编的一旗，次子代善获父亲分得的国人，被组编到舒尔哈齐的旗中，是为三旗。万历三十七年（1609），舒尔哈齐与子阿敏以擅离家园，独霸一方之罪被囚禁，并被剥夺了一半部属诸申[1]。两年后舒尔哈齐去世，阿敏被释放，获赠一些诸申，编为一旗。同时，代善属众另编一旗。至此形成四旗，即努尔哈赤领黄色旗，褚英领白色旗，阿敏领蓝色旗，代善领红色旗。而《大清会典则例》记载四旗建立的时间是万历二十九年（1601），即在牛录改革的同时建四旗，显然有误。四十一年（1613），褚英因谋逆罪遭幽禁，两年后被处死，他所领白色旗归努尔哈赤第八子皇太极统领[2]。

万历四十三年（1615），努尔哈赤已兼并海西四部中的三部，即哈达、辉发、乌拉，唯叶赫仅存。在征伐海西的同时，又出兵东海女真，俘获大量人口，也有东海女真部落主动前来归附。这样原有四旗已不能容纳大量新增的部众，于是，努尔哈赤在原有四旗基础上又增设四旗，共为八旗。具体而言，增添的四旗旗帜，是在原有四色旗帜周围镶边，黄、白、蓝三色旗镶红边，红色旗镶白边，形成8种不同的旗帜。原黄色旗帜称为整黄旗，即整幅黄旗，习称正黄旗；镶红边的黄色旗帜称为镶边黄旗，习称镶黄旗，其他皆如此。至此，正黄旗、镶黄旗、正白旗、镶白旗、正红旗、镶红旗、正蓝旗、镶蓝旗合为八旗。努尔哈赤自掌两黄旗，其余六旗皆由其子侄为旗主领有。

旗是女真人户口与军事编制的最大单位。努尔哈赤在组建八旗的同时规定：每300人设一牛录额真，5牛录设一甲喇额真，5甲喇设一固山额真，每固山额真左右设两梅勒额真。按照规定，每旗由牛录、甲喇、固山（旗）三级组织构成。一牛录有300人；一甲喇有5牛录，计1500人；一旗有5甲喇，计7500人；八旗共约计6万人。实际上，有的牛录未达到300人定额，所以努尔

① 诸申：是女真的另一种译写形式，这里指女真人。

② 参见杜家骥：《八旗与清朝政治论稿》第一章。

哈赤在建八旗时所拥有的军队数量约在五六万之间。八旗创建时的官职名称皆为满语，其中，甲喇为“jalan”的音译，汉意为草节、竹节之节，是承启固山额真与牛录额真之间的官职；梅勒为“meiren”的音译，汉意为两侧、副手，梅勒额真即副（旗）主。清人关后，在顺治十七年（1660），原满语官名改用汉语称呼，牛录额真称为佐领，甲喇额真称为参领，固山额真称为都统，梅勒额真称为副都统。

努尔哈赤创建八旗之初，编入八旗者除少量汉人和蒙古人之外，主要是女真人，故后来称之为满洲八旗。

八旗的职能

八旗自创建之始就集军事、行政管理、生产诸职能为一体。

首先，八旗具有组织军事作战职能。努尔哈赤对八旗出征作战做出明确而严格的规定，如《清太祖武皇帝实录》卷2载：

> 行军时，若地广，则八固山并列，队伍整齐，中有节次。地狭，则八固山合一路而行，节次不乱。军士禁喧哗，行伍禁纷杂，当兵刃相接之际，披重铠执利刃者，令为前锋。披短甲善射者，自后冲击。精兵立于别地观望，勿令下马，势有不及处，即接应之。预画胜负谋略，战无不胜，克城破敌之后，功罪皆当其实，有罪者即至亲不贯，必以法治；有功者即仇敌不遗，必加升赏。

八旗兵崇尚勇武，善于骑射，辅之以严明的奖惩制度及纪律约束，使得这支军队攻则争先，战则奋勇，威如雷霆，势如风发，每遇战阵，一鼓而胜。

其次，八旗具有行政管理职能。牛录、甲喇、固山是军事编制单位，也是户口编制单位，编入八旗之人户，称为旗人。固山额真、甲喇额真、牛录额真既是军事长官，又是行政长官，掌管行政、司法等诸事务。以牛录为例，牛录额真是牛录长官，其下设岱子（副手）2人、章京（办事员）4人和噶珊拨什库4人（村领催）。凡涉及本牛录、本村屯登记户籍、勘查田亩、分配财产、收缴赋税、摊派劳役、料理婚丧、排解纠纷等事务，皆由牛录额真及其所属旗官处理。同时，一个宗族往往编在同一个牛录，所以牛录额真通常又是宗族族长，要管理本宗族事务。牛录又是基本的司法组织，牛录额真有调解、裁断和审结本牛录案件的权力。随着司法制度的逐步发展完善，牛录额真仅负责一般民事纠纷，重大或刑事案件交由各旗的理事官审理。

最后，八旗具有组织生产职能。八旗制度下的部众，“无事耕猎，有事征调，战胜分俘受赏。人自为兵，人自为饷，无养兵之费，故用无不给”[①]。每当遇有战事出征，旗人自备武器与马匹，战事结束，则回家农耕兼以收拾兵器。如此，国家没有过重的军费负担。所以牛录额真又是生产的组织者。努尔哈赤在组编八旗后，即规定：“兵的甲胄、弓箭、腰刀、枪、大刀、鞍等东西如果不好，牛录额真降职。如在手中的诸物全都完好，军马肥壮，牛录额真提升。”[②]随着战事的增多，八旗兵逐渐成为职业军人，尤其是入关后，八旗组织的生产职能日渐减弱。

努尔哈赤创建八旗，选择了一种适合本民族发展的社会组织形式。八旗制度成为后金（清）立国的基石，也是清朝带有根本性的社会制度，直至清亡，方告结束。

创制满文、修筑都城、创建八旗，努尔哈赤已经为建立政权做好了一切准备工作。

① 魏源：《圣武记》卷1。

② 《重译满文老档·太祖朝》，乙卯年。

五十八岁称汗

建国称汗

努尔哈赤自万历十一年（1583）起兵，至四十四年（1616），已经浴血奋斗了三十多年。他在这30余年的时间里统一建州女真，兼并海西女真的哈达、辉发、乌拉三部，唯存的叶赫部亦是危如累卵，出兵招抚东海女真，女真大部已被统一。疆土日广，人口剧增，定制度、制满文、筑都城、建八旗，万事俱备，只等待着建国称汗的这一天！

万历四十四年（1616）正月初一，是中国传统的节日。这天，赫图阿拉分外热闹，张灯结彩，人来人往，洋溢着节日的热烈气氛，尤其在内城，更是聚满了人，原来这里正在举行努尔哈赤称汗登极大典。虽然“金銮殿”不过是三间青砖灰瓦房，但登基仪式却非常隆重。八旗诸王率众臣齐聚殿前，按八旗方位排列站立两旁，努尔哈赤升殿后，居中面南而坐，于是众王臣皆跪。八旗贝勒出列至前，跪呈表章。努尔哈赤身边站立的侍卫阿敦、巴克什额尔德尼走上前，接过表章，额尔德尼立于努尔哈赤左侧，高声诵读表章，赞颂他的功德，宣布拥戴他登汗位。诵读完毕，努尔哈赤起身离座，焚香，率诸王臣出衙门，向天行三叩头礼，转身再升殿，接受诸王臣各代表本旗叩贺新年。

努尔哈赤在众人的朝贺声中登上了汗位，宣布建立国家，国号大金（史称后金），建元天命，是年58岁。卒后，庙号太祖。

努尔哈赤自25岁起兵，本着由近及远、先弱后强的原则，栉风沐雨，浴血奋战，攻克一个又一个城寨，兼并一个又一个部落。大大小小的胜利不断累加，鼓舞着他前进不止，也渐怀“射天之志”，向建国称汗一步步地迈进。

在建元称汗之前，努尔哈赤对内外的称谓随着统一女真进程的发展也在逐步发生着变化。

史载：早在万历十五年（1587），努尔哈赤在佛阿拉建城后，即“定国政，凡作乱、盗窃、欺诈，悉行严禁”[①]。显然，这是后人美化他业绩的夸大溢美之词，当时他起兵只有4年，只是兼并了邻近的几个建州小部落，为整顿佛阿拉社会秩序，以部落首领的身份下令禁止偷盗、作乱而已，还谈不上“定国政”。

两年后，努尔哈赤已经完全统一了建州五部，他一面接受明朝赐封其为都督佥事，一面在佛阿拉称王。在朝鲜平安兵使的书状中说“老乙可赤则自中称王，其弟则称船将”，又说努尔哈赤“胁制群胡，从令者馈酒，违令者斩头”[②]。显然，此时努尔哈赤在建州内部已经称王，建立了至尊的王权。

万历三十一年（1603），迁入赫图阿拉新城，城内外部众10万余人，努尔哈赤已经灭掉海西的哈达部，威名远扬，部分东海女真也前来归附。是年十一月，他致书朝鲜边将，自称“建州等处地方国王”。

① 《满洲实录》卷2。
② 《李朝宣祖实录》卷29，二十二年（1589）七月丁巳。

自万历二十一年（1593），蒙古科尔沁部明安贝勒参加九部联军，在古勒山被建州打败后，翌年便与喀尔喀五部诸贝勒遣使到建州通好，此后，蒙古各部长期遣使往来不绝。三十四年（1606），蒙古贝勒恩格德尔引领喀尔喀五部使臣到赫图阿拉谒见努尔哈赤，尊努尔哈赤为“昆都仑汗”。汗是古代鲜卑、突厥、蒙古等民族对其统治者的称号。这为努尔哈赤登上汗位做了舆论方面的准备。

从“自中称王”到对外称“建州等处地方国王”，再到“昆都仑汗”，最后登上“天命汗”之位，水到渠成。

建国称汗，和明朝一争高下，取代明朝而君临天下，是努尔哈赤怀有的远大志向和奋斗目标。

天命七年（1622）初，后金占领明之辽西重镇广宁，命辽西汉民迁居辽东。四月，后金下达一份文书，警告汉人：“勿存明国长久、我存一时等无趣之念。”随后阐述了一番王朝兴替的道理：

以大为小，以小为大，乃自古以来循环之例也。昔夏桀帝为恶无道，成汤兴起于七十里之内，而得桀帝之业。商纣王荒淫无道，文王兴起于百里之内，而得纣王之业。秦始皇非为无道，汉高祖于泗上亭揭竿而起，而得秦始皇之业。大辽天祚帝强令我金太祖帝起舞，因未从而欲杀之，太祖帝愤而兴兵征之，遂得大辽帝之业。赵徽宗因纳金帝所征大辽叛臣张觉，索之不与，故而兴师，获赵徽宗、赵钦宗父子二帝，发遣至白山东之五国城。蒙古成吉思汗来朝时，金末代帝见其相貌不凡，欲行杀害，成吉思汗兴师征讨，而得金帝之业。明万历帝荒淫无道，干预界外他国之事，颠倒是非，逆理妄断，遂遭天谴。天鉴我汗公正，并以南京、北京、汴京，原非一人独据之地，乃诸申、汉人轮换居住之地也。[1]

在这份文书中历数自夏商周至元朝，朝代更迭多缘于前朝之“无道”，有道者取替无道者是历史发展的必然，从而演绎出，如今以我公正的汗取代荒淫无道的万历帝是顺应天理，并强调中原之都城不是哪一个人独占之地，而是诸申（女真）与汉人“轮换居住之地”。从中可以看出，努尔哈赤的志向绝非只做女真人的汗，后金自从和明朝开战以来，攻城略地，也绝不仅限于占有山海关之外，而是要在中原和明朝一决高下。

制度与法制之始基

太祖努尔哈赤称汗时，政权体制和管理机构尚在建设中，具有浓郁的女真民族古老遗风和氏族社会后期军事民主制的残余。《满文老档》记载：在努尔哈赤称汗的前一年就已经“遴选审理国政之公正贤能之人，派八大臣，继派四十名审事官，不食酒肴，亦不贪金银。每五日集诸贝勒大臣入衙门一次会议，公断是非，着为常例”[2]。在当时女真社会中，努尔哈赤是最高统治者，其下有各旗领主贝勒各主本旗事务，随着事务日益繁多，又选出八大臣及40名断事官。这些人每5天入衙门一次，共同协议军政事务，审理诉讼，公断是非。一般而言，举凡后金的军政大事，由汗与八旗诸领主贝勒、大臣议定；一般性政务由“诸贝勒会议”商议，再由汗定夺；审理刑事案件，小罪由八贝勒共议后，审判完结，大罪上报给汗，最终由汗裁决。

对于犯罪者的惩治，没有成文的法律可依据，传统习俗和努尔哈赤的

① 《满文老档·太祖》第41册，天命七年四月十七日。

② 《满文老档》第4册，乙卯年十月。

临时决定就是诸臣审罪理刑的依据，所以具有很大的随意性。后金将士在征战掳掠的过程中，私藏财物现象屡禁不止，这是努尔哈赤最痛恨的，惩罚也很严厉。天命四年（1619）六月，攻陷开原城，所获财物收之不尽，军马驮之不完，又用所获之马、骡、驴及牛车驮载，仍有剩余。事后，努尔哈赤命人搜检隐匿财物者，结果查出汗之族弟卦尔、子汤古岱贝勒、固山额真费英东、固山额真博尔晋侍卫、梅勒额真西拉巴侍卫、五牛录额真图勒昆等藏匿金银、绸缎、蟒缎、牦牛角、毛青布、翠蓝布、貂皮等物。努尔哈赤非常生气，怒斥这些贝勒、大臣们说："念尔等领兵在外，管束众人，身受劳苦，故每于用兵皆以大臣之名分，犒赏颇优也。如此当众宣誉赏赐，尚不满足矣。"[1]随后下令将所藏匿财物及受赏之物尽行籍没，分给那些未隐匿财物、廉洁公正的大臣及属下之人。又对其他隐匿财物者进行体罚：微贱者窃大物，黥其耳鼻；窃其次者，射骲箭十；窃小物者，掴脸十次。六年（1621）九月，参将雍舜在夺取辽东时私藏所掠财物，众人审理此事，定其死罪。努尔哈赤闻听，免雍舜死，却以"夫偷盗，妻为何不劝阻"为由，处死雍舜妻。当时对罪人的体罚还带有原始色彩，如鞭打、刺耳鼻甚至碎尸等，令人毛骨悚然。虽然在天命六年宣布"废除刺鼻耳之刑"，但是积习难改。七年（1622）正月，伊兰奇牛录的工匠茂海奸污编户汉人妇女，论罪处死，碎尸八块，每旗分一块，悬挂示众。二月，叶赫的诺木洪牛录有13人盗马15匹，被处以"各鞭一百，刺了鼻耳"的刑罚。八年（1623）五月，巴克什额尔德尼被告发私藏金子、东珠等财物，定罪当死，额尔德尼夫妻二人被杀，其亲友被牵连者受鞭刑及刺耳鼻等惩罚。额尔德尼早在万历二十七年（1599），受努尔哈赤之命创制文字，并用所制文字记录努尔哈赤的"一切善政"，是努尔哈赤的近侍文臣，深得器重，却因藏匿财物罪被无情地处死。法律法规不健全、不完善，更多

①《满文老档》第10册。

使用习惯法，这是原本文化相对落后的民族初建政权时期的一个特征。

努尔哈赤奋斗30余年，驰骋南北东西，浴血奋战，终于建国称汗，为清朝的诞生开创了新纪元；同时也标志着一个新的国家政权在东北地区建立起来，从此成为和明朝相对抗的政治军事集团，明朝乃至中国的命运及前进方向发生了改变。

五大臣襄理国政

在努尔哈赤几十年的征战中，他的周围除了兄弟子侄之外，还聚集着一批骁勇善战、忠心耿耿的异姓大臣和军事将领，其中尤为功绩显赫的是费英东、额亦都、何和理、扈尔汉、安费扬古5人。他们在努尔哈赤起兵之初即来归附，东征西讨，出生入死，伤痕遍体，且赞画机要，襄理国政，倾心效力，深受努尔哈赤的信赖和倚重。清人昭梿在《啸亭杂录》卷2“五大臣”中载述：

国初太祖时，以瓜尔佳信勇公费英东、钮钴禄氏宏毅公额亦都、董鄂温顺公何和理、佟忠烈公扈尔汉、觉罗公安费扬古为五大臣，凡军国重务，皆命赞决焉。

信勇公费英东

费英东（1564—1620），姓瓜尔佳氏，世居苏完部（今吉林双阳），其父索尔果为苏完部酋长。万历十六年（1588），25岁的费英东跟随父亲率所部500户投归努尔哈赤，受到努尔哈赤的嘉奖，后授一等大臣，并将长子褚英的女儿嫁给他。

费英东弓箭娴熟，骁勇善战，临危不乱，具有大将风范。万历三十五年（1607）初，费英东、扈尔汉奉命随舒尔哈齐、褚英、代善等，统兵3000远行东海女真瓦尔喀部斐悠城，接应该城归附的500户部众。返回时，费英东和扈尔汉率兵300护送先行。行至乌碣岩，海西乌拉部首领布占泰派兵万人设伏拦截。费英东临危不惧，安排归附之众结营山巅，以兵百名护守，自率200兵与乌拉军各据山岭为阵，两军激战，相持不下。待褚英等率后续大军赶到，兵分两路沿山击杀乌拉兵，乌拉兵大败。天命三年（1618）四月，后金攻陷抚顺、东州、马根丹三城及附近台堡，还师时，明广宁总兵张承荫等率兵1万人来战。两军交锋，箭矢如雨，炮声如雷。费英东身先士卒，跃马挥刀冲锋在前。突然，所乘战马受惊，狂奔出阵，诸军停止不前。费英东临危不乱，竭尽全力，强拔马头，掉转回来，大呼进军，直冲明阵，大破明军。战后，努尔哈赤对费英东大加赞叹，称其为“万人敌也”[①]。

费英东不仅屡建战功，并且忠直敢言，具有理事才能，初归时努尔哈赤即命其佐理政事，授一等大臣，后授扎尔固齐，他听讼治民，理事公正。清太宗在追忆他时赞誉说：“扎尔固齐费英东见人之不善，必先自斥责而后劾之，见人之善，必先自奖励而后举之，其被劾者无怨言，被举者亦无骄色。”[②]组建八旗后，受命总领左翼四旗，授一等总兵官世职，世袭罔替。

天命五年（1620）三月，费英东去世，终年57岁。费英东追随努尔哈赤奋战30余年，“身先兵士，冲突坚阵，当其锋者莫不披靡”[③]，他“为人忠直，见国事稍有阙失，辄毅然强谏，毕智殚力，克输勇略，以佐成帝

①③《清史列传》卷4。

②《八旗满洲氏族通谱》卷1。

业”[1]。费英东以其功绩，被清皇室誉为“开创佐命第一功臣”。雍正九年（1731），加封号曰“信勇”，乾隆四十三年（1778），晋世爵为一等公。

宏毅公额亦都

额亦都（1562—1621），姓钮钴禄氏，世居长白山，祖父移居英崿岭。其幼年时，父母被仇杀，他没有叔伯兄弟，孤身一人，吃百家饭长大。13岁时为父母报仇，手刃仇人，为躲避追杀，投奔到嘉木湖（今辽宁营盘以东）的姑姑家，其姑父穆通阿是嘉木湖寨长，家境殷实。19岁时，额亦都与努尔哈赤在姑姑家相遇，两人交谈甚欢，十分投机。额亦都认为努尔哈赤胸怀大志，睿智勇武，是能解救苦难之人的真主，于是决定追随他干一番大事业。

额亦都在五大臣中，最以忠勇著称，自万历十一年（1583）努尔哈赤起兵追杀尼堪外兰，攻打图伦城伊始，额亦都每战皆在行间，冲锋陷阵，浴血奋战，无坚不摧。十五年（1587）八月，额亦都奉命率兵夜攻哲陈部之巴尔达城（今辽宁抚顺东南），在攻城时，突然一箭飞来，射穿额亦都的大腿，他忍住剧痛，挥刀断箭，继续进攻。此时，他已身受创伤达50余处，浑身上下鲜血淋淋，成了血人，极其恐怖。守城兵见此，惊恐万状，唯恐避之而不及，岂敢迎战。额亦都等人终于攻克城寨。战后，额亦都被赐予巴图鲁（勇士）称号。额亦都因功累官至总兵官、一等大臣，成为努尔哈赤开创基业的左膀右臂。努尔哈赤将族妹嫁给他为妻，后又将女儿许配给他。额亦都次子达启自幼被努尔哈赤收养在宫中，及长大，骁勇善战，深得努尔哈赤的喜爱，遂将女儿嫁给他，招为额驸。达启自恃战功卓著，身为额驸，日益骄纵，“遇皇子皆无礼”。额亦都对儿子的嚣张跋扈屡屡规劝，达启却置若罔

① 《清代碑传全集》卷3。

闻。额亦都担心他日久为患，一日，他找借口召集诸子会聚家中，席间，突然命众人捆绑达启，众人愕然，不知所措。额亦都厉声喝道：“天下有父杀子乎？诚以此子傲慢不驯，不除，他日必负国恩，而败门户。不从者，血此刃！”众人乃惧，引达启入室，用被子捂住，达启窒息而死。努尔哈赤闻讯，“嗟叹其为国远虑，忘己效忠”[①]。

天命六年（1621）六月十四日，额亦都病逝，享年60岁。额亦都年长努尔哈赤3岁，自努尔哈赤创业伊始即伴随左右，全力效忠，君臣二人情谊深厚。在额亦都病危时，努尔哈赤前往探视，他心生悲痛，老泪纵横。待额亦都入葬之后，又多次亲临墓地恸哭、悼祭。崇德元年（1636），额亦都被追封为宏毅公，配享太庙，陪葬在努尔哈赤的陵寝——福陵旁。

温顺公何和理

何和理（1561—1624），又作何和礼。姓董鄂氏，先世自瓦尔喀（今吉林珲春）迁至董鄂，以地为氏。努尔哈赤起兵后，听说何和理所部兵马精壮，于是以重礼招抚。万历十六年（1588），何和理率所部军民来归，努尔哈赤将长女东果格格许配给他，招为额驸，授一等大臣。何和理率部归附，对于起兵仅有5年的努尔哈赤而言意义重大，使努尔哈赤的实力顿增。

何和理归附后，即投身于统一女真大业当中，南征北战，建言献策。万历四十一年（1613）正月，努尔哈赤统兵马征讨海西乌拉部，何和理从征，率先攻占逊扎塔、郭多、郭谟3城（均在今吉林永吉东北）。十八日，布占泰率3万大军前来迎战。努尔哈赤见其气势强盛，应否出战，尚在犹豫中。何和理与褚英、阿敏等力主与之决战，劝谏说：“初恐布占太不出城，尚议

---

①《清代碑传全集》卷3。

计赚之，今彼兵既出，舍此不战，兴兵何为，厉兵秣马何用？布占太倘娶夜黑女，其耻辱当如何？后虽征之无益矣。今人强马壮，既至此，可与一战。”[①]努尔哈赤闻言不再迟疑，立即下令进兵。两军相距仅百余步，何和理与诸贝勒率先奋击，直冲敌阵，诸将紧随其后，大破乌拉兵，攻克其都城，乌拉灭亡。天命六年（1621），后金攻打沈阳、辽阳等城，何和理身在行间，指挥督战，著有劳绩，叙功，授予三等总兵官世职。编建八旗时，何和理及其所领四个牛录被编入四贝勒皇太极的正白旗下，八年（1623），又被拨入大贝勒代善的正红旗下。进入辽东地区之后，何和理被任命为都堂，管理辽东地方行政事务。

天命九年（1624）八月初十日，何和理卒，时年64岁。努尔哈赤获悉后，在宫中痛哭，哀伤地说：“佐吾创业诸臣，何无一人在后送我也！”[②]天聪年间，何和理被晋为三等公世爵。

忠烈公扈尔汉

扈尔汉（1576—1623），姓佟佳氏，万历十六年（1588），随其父扈喇虎率部众归附努尔哈赤，时年仅13岁。他聪明伶俐，深得努尔哈赤喜爱，被收为义子，赐姓觉罗。及扈尔汉长成，勇武机警，努尔哈赤命令他做随身侍卫。为报答抚育之恩，扈尔汉效力疆场，每战辄为前锋。

自万历三十五年（1607）始，扈尔汉屡次带兵征东海女真诸部，俘获人口、财物而归，因功被赐号“达尔汉辖”。“辖”或作“虾”，汉意为侍卫，“达尔汉”，汉意为首者。天命初，扈尔汉奉命查处越边挖参捕貂的辽

① 《清太祖武皇帝实录》卷2。

② 《清太祖武皇帝实录》卷4。

东汉民，屡有抓获斩杀，明朝边吏视其为心腹之患。六月，后金使者刚古里等11人赴广宁，被明广宁巡抚李维翰扣押，释放的条件是："把你们为首的达尔汉虾送来抵命，如果不这样就将酿成大事。"[①]努尔哈赤把扈尔汉视为心腹，岂肯答应。最终双方达成协议，努尔哈赤将后金狱中罪犯押至明边杀掉，换回刚古里等人。

同年自七月至十一月，扈尔汉又奉命同安费扬古率兵2000人，造船200艘，远征黑龙江萨哈连部。大军行至兀尔简河，扈尔汉率1400兵乘舟由水路进发，其余600马兵由陆路前进。大军水陆并进，攻取兀尔简河南北36村寨。十月初，渡过黑龙江，再夺取江北11村寨。随后，招抚黑龙江下游的使犬、诺啰、锡喇忻三路首领40余人，凯旋。之后，在与明朝的萨尔浒、开铁、辽沈等战役中，皆立有战功。他"每遇战阵，辄为前锋，茂建勋绩"，因功累加世职至三等总兵官[②]。

扈尔汉不仅作战骁勇，而且能言善谋，参与商议军国大政。但是，由于扈尔汉和汗家的特殊关系及其地位的重要，不可避免地卷入了汗室内部的权力之争。先是天命五年（1620），努尔哈赤的小福晋塔因查密告：代善与继母大福晋关系暧昧。努尔哈赤欲以大福晋窃藏财物治罪，下令搜查其住所。大福晋将3包财物藏在扈尔汉家里。财物被搜出，努尔哈赤杀了办事的奴婢，没有处罚扈尔汉，但是从此对他产生了不满。翌年十一月，扈尔汉弟达尔泰告发扈尔汉向诸贝勒索取财物，且盗取缎匹、财帛。努尔哈赤闻听大怒，训斥向扈尔汉行贿的济尔哈朗、斋桑古、岳托、硕托4人，又命4人披女人短袍，穿女人裙子，监禁三天三夜。没收扈尔汉全部财货，革去都堂职务，降为三等总兵官，停止参议政事[③]。扈尔汉从权力巅峰跌落，难以承受，抑郁

① 《满文老档》，天命元年六月。

② 《八旗通志初集》卷152，《达尔汉辖传》。

③ 《满文老档》第28册，天命六年十一月。

成疾，卧床不起。天命八年（1623）十月二十日，扈尔汉去世，时年48岁。以其子准塔袭一等副将职。

觉罗公安费扬古

安费扬古（1559—1622），姓觉尔察，世居瑚济寨（今辽宁新宾境内），安费扬古早年同父亲完布禄一起追随努尔哈赤。

在努尔哈赤起兵之初，安费扬古即追随其左右，攻城掠寨，作战勇敢。万历十一年（1583）八月，努尔哈赤的3位叔叔联合哈达兵劫掠瑚济寨，该寨已经归附努尔哈赤。当时安费扬古正在狩猎，听到消息，立刻带着12个人追击。当劫掠者在道旁瓜分财物时，安费扬古赶到，冲入哈达兵中，转眼间就将40余人砍倒在地，余者弃财物而逃。安费扬古截获被掠财物而返。数月后，安费扬古率兵征讨兆佳城，攻城时，城主李岱据城防守，箭矢石块如雨点般从城上飞下，安费扬古冲在最前面，身受数创，决不后退。士兵大受鼓舞，争先恐后地竖云梯登城，终于克城，活捉了李岱。在之后统一建州女真的过程中，安费扬古屡立战功。

万历三十九年（1611）七月，安费扬古跟随阿巴泰等率兵千人往征东海窝集部，攻克乌尔古宸、木伦两路。翌年正月，又随努尔哈赤攻打乌拉部。乌拉兵在城门前列阵抵抗。安费扬古率兵冒着如疾风骤雨般的箭矢，冲向对方阵营，两军混战，建州兵拼死搏战，乌拉兵渐渐抵挡不住，退入城中，紧闭城门不出。安费扬古又身先士卒攀城，城上石块箭矢飞下，他置生死于度外，不顾身体多处受伤，终于带领士兵登上城墙，将大旗插在了城门楼上。此时，后续大军赶到，如潮水般攻入城内，乌拉灭亡。

万历四十三年（1615），努尔哈赤建八旗，安费扬古隶满洲镶蓝旗。翌年，努尔哈赤建元称汗，置理政大臣5人，安费扬古位列五大臣之一。

天命元年（1616）七月，安费扬古与扈尔汉率2000兵征东海萨哈连部。至兀尔简河时，收服河南北36个村寨。此时正值黑龙江解冰期，江面上大大小小的冰块簇拥着、撞击着顺流而下。该如何渡河？众人正犹豫着，忽见江中出现一块宽60余步的巨大浮冰，给渡江带来极大便利。安费扬古见状，不禁道“此天佑我国也”，说着便策马跃上浮冰，士兵们也随之纷纷踏上浮冰，顺利过江，收服江北一个村寨，又招降使犬部诺啰、锡喇忻等寨。

天命年间，安费扬古虽然已是60岁之人，仍然驰骋在疆场上，在攻打开原、铁岭，夺取沈阳、辽阳等战役中，屡受重伤，皆立有显赫战功。努尔哈赤常称赞其鸷勇，赐号“硕翁科罗巴图鲁”，擢一等大臣，佐理国事。

天命七年（1622）七月，安费扬古卒，享年64岁。

五大臣皆在努尔哈赤创业初期来归，除扈尔汉年龄较小之外，其余4人与努尔哈赤年龄相仿。他们骁勇善战，足智多谋，忠心耿耿。其时努尔哈赤的子侄们尚年幼，起兵时，长子褚英只有4岁。于是志同道合的五大臣便成为努尔哈赤的左膀右臂，努尔哈赤与他们结为姻亲，分赐给他们大量土地、牲畜、奴仆、布帛等。五大臣跟随努尔哈赤四处征讨，浴血奋战，赞画机要，佐理国政，倾心效力，“始终尽瘁”。但5人皆先于努尔哈赤辞世，所以当何和理去世时，努尔哈赤不禁痛哭，说：“佐吾创业诸臣，何无一人在后送我也！”[①]

① 《清太祖武皇帝实录》卷4。

四业兴旺

从明初至明末，随着女真民族由北向南迁移，其经济形态也发生了根本性转变，即由原来的射猎采集经济逐渐过渡到农、工、商、畜四业兼而有之的经济形态。

农耕经济

建州、海西女真辗转迁徙至辽东边墙之外以后，这里的气候和土地适宜农业生产，加之比邻汉人和朝鲜两个农业区，所以农业经济很快发展起来。

明万历二十三年（1595），清太祖努尔哈赤已统一建州部。是年，朝鲜南部主簿申忠一赴建州递送文书，从朝鲜满浦西行30余里，过蔓遮洞“松桧参天”地区之西，直达赫图阿拉，他所经之处“无野不耕，至于山上亦多开垦”。土地肥沃者“则粟一斗落种，可获八九石”，土地贫瘠者“仅收一石”[1]。建州女真将平原、山地尽行开垦，连“仅收一石”的贫瘠土地也播种利用。足见土地得到充分利用，农耕非常普遍，与汉人几无差异。20多年后，即天命四年（1619）二月，后金与明朝爆发萨尔浒之战，朝鲜出兵助明，明军战败，朝鲜军投降。李民寏作为朝鲜军的幕僚随行，他在建州居住至翌年七月，目睹了女真人春耕秋收的全过程。据他所见，后金“土地肥饶，禾谷甚茂，旱田诸种无不有之”，秋收后“掘窖以藏，渐次出食，故日暖便有腐臭”[2]。用地窖储存粮食，至第二年春夏之季因气温高，地窖潮湿，余粮发霉变味，足见当时粮食产量已经相当高，才有余粮。

后金建立时，女真人的生产方式已发生根本性改变，由传统的渔猎采集转变为以农耕为主。发生这种转变的原因，除了受辽东农耕文化影响之外，与后金统治者，尤其是与努尔哈赤对农业的重视密切相关。

随着后金的发展，其人口的增加是数以万计、十万计乃至几十万计的。民以食为天，民众的生存，政权的维持，皆有赖于农业生产。努尔哈赤深悉此道理，他非常注重发展农业。

耕地是农业经济的基础。除充分利用内部土地之外，努尔哈赤在统一女真的进程中，又积极扩大耕地面积。万历三十三年（1605），辽东总兵李成梁迁徙宽奠等堡居民入内地，于是，努尔哈赤乘机占领鸦鹘关外、鸭绿江以西、宽奠以东张其哈喇佃子等处数百里耕地。不论女真强酋是被明军所剿，或是被努尔哈赤所灭，皆尽占其地，移民屯种，使耕地面积不断扩大，故史载：努尔哈赤“自捕杀王兀堂吞其地，遂与叆阳、宽奠为邻；自扑杀阿台，吞其地，遂北与抚顺、清河为邻；自戕杀猛骨孛罗，吞其地，又与开原、铁岭为邻；自擒杀金、白二酋，吞其地……遂及辽沈为邻”[3]。天命三年

① ［朝鲜］申忠一：《建州纪程图记》。

② ［朝鲜］李民寏：《建州闻见录》。

③《明神宗实录》卷512。

（1618）四月，努尔哈赤以“七大恨”告天伐明，其中第五恨是：“柴河、三岔、抚安三路，我累世分守疆土之众，耕田艺谷，明不容刈获，遣兵驱逐。”[①]可见努尔哈赤非常看重对耕地的占有和对粮食的收获。

劳动力和生产工具是农业发展的两大要素。在和明朝发生战争之前，女真人是农田上的主要劳动者。天命三年（1618），后金取抚顺城，得“人畜三十万”。此后，随着对明朝战争的不断胜利，尤其是进入辽沈之后，有越来越多的汉人供其役使，成为农庄里生产的主要承担者，而女真人的主要任务则转变为出征打仗。此时的情形是在海州、盖州、辽阳、沈阳“南北四百里，东西二百里，汉人内耕，夷人外卫”[②]。耕牛与铁制农具主要从汉族地区和朝鲜输入。在辽东马市，女真人买进的耕牛和农器数量非常大。如万历十二年（1584）三月，仅仅一个月，在广顺、镇北、新安等关贸易中，女真人购进耕牛430头、铁铧4454件[③]。耕牛与铁铧始终是女真人从马市购进的数额最大的两宗商品。

为提高粮食产量，保证粮食供给，努尔哈赤督课农耕，设仓积谷。他带领诸贝勒大臣巡视农耕，指令：种田“不要学尼堪（汉人）两次锄草，照我们旧例用手拔草，反复蹚地。如果学尼堪两次锄草，田沟将起硝”。规定牲畜踏坏农田，每匹罚银1两；牛群毁坏庄稼，牧人要鞭20。女真本无“谷库之制”，各家自存粮食，出征打仗自备粮食与军械。为解决粮食用度不足，努尔哈赤在赫图阿拉城东门外建仓廒区，共18窖，每窖七八间。命每牛录出10名男子和4头牛在空旷之地耕种，生产谷物储入公仓，一时“粮库充实”。[④]

经过二三十年的经营，后金的农业有了长足发展，实现粮食自给，并且

① 《清太祖高皇帝实录》卷5。

② 《朝鲜李朝实录·仁祖》卷7。

③ 《广顺镇北新安等关易换货物抽分银两表册》，载《满族历史档案资料选辑》。

④ 以上见《满文老档》卷52、卷3。

有所剩余，可以拿到马市上出售。

手工业

随着农业的发展，手工业也进入新的发展时期，种类全面且专业化，在赫图阿拉城北门和南门外，有专门的手工作坊，银、铁、革、木工匠皆有。努尔哈赤视这些工匠为国家的宝贝，他曾说："素称东珠、金、银为宝，何其为宝，寒者可衣乎，饥者可食乎。国中所养之贤人知人所不知，匠人能人所不能，彼等实为宝也。"[①]努尔哈赤把工匠看得比金银尊贵，反映出他对手工业的高度重视。女真人原无手工业，生产、生活用品靠战争掠夺和贸易输入。建立政权后，国人对手工业制品的需求量剧增，同时因后金和明朝发生战争，易市皆罢，贸易不通，所以发展手工业成为后金的当务之急。

女真人原本不晓得种植棉花和养蚕，只生产麻，故"女工所织，只有麻布"[②]，棉织品主要通过互市从汉人或朝鲜人处购买。天命元年（1616），后金开始养蚕并推广种植棉花。进入辽沈之后，辽南地区棉花的生产和汉人先进的纺织技术，使后金的纺织业有了快速发展。不仅生产棉麻布帛，而且还可以织锦刺绣，生产蟒缎、帛子、补子。天命八年（1623）二月十一日，努尔哈赤看到73名纺织技工织出的缎子、补子，非常高兴，称赞道："在没有织造的地方，如果织成蟒缎、缎子、补子，（那人）就是宝贝。"[③]当即下令奖赏这些工匠，无妻的给娶妻，给奴隶、衣食，免除贡赋、兵役，加以恩养。一个月后，汉人高建中等人因会织蟒缎、制金丝，按技艺水平分为三等，除为其娶妻，给奴隶、衣食、耕田、柴草之外，一等各给男侍仆5人，二

① 《满文老档》第23册。

② ［朝鲜］李民寏：《建州闻见录》。

③ 《满文老档》第45册。

等各给男侍仆4人，三等各给男侍仆3人，以供役使。努尔哈赤给工匠们优惠待遇，创造良好的工作条件，充分调动他们的生产积极性。在努尔哈赤恩养政策的鼓励下，棉麻等纺织品基本上能满足后金社会的需求。

冶铁业对于后金而言更为重要，从生产工具到生活用品皆离不开制铁，尤其是随着统一女真事业的发展和对明朝战争的进行，兵器用量大增，对铁的需求量日益增加，所以努尔哈赤非常重视炼铁及铁器制造。早在佛阿拉时，就已经开始炒铁、开金银矿，迁到赫图阿拉后，铁匠居于城北门外，专制铠甲。朝鲜人李民寏评价后金的手工业“惟铁匠极巧”[①]。进驻辽沈之后，充分利用辽东石城、沙井、清河等地原有的炼铁厂继续生产，向铁匠们征收贡赋，冶炼制造技术达到相当高的水平。明朝辽东经略熊廷弼与后金交战数年，对后金军使用的兵器非常了解，他认为：“以贼所造军器，刀能断铁，矢能透铠，即身穿重甲，犹惧难当，况露顶赤体空拳之人。”[②]除制造兵器之外，后金还生产农具。天命七年（1622）三月，都堂命萨尔浒的中军给新户汉人配耒耜，说“酌情发给我所铸造耒耜，倘有不足，往清河取之”。除治铁业之外，金、银、硫黄等产业也有长足发展。天命八年（1623）二月，筹划征收贡赋事宜，议定：淘金的600丁，一年征收金300两；炼银的10000丁，征收银30000两[③]。有万人专门从事炼银业，规模可谓不小。

其他如煮盐、陶瓷、车船等行业生产皆已形成一定规模。后金政权建立前后，手工业已经从农业中分离，手工业类型齐全，其中如炼铁技术已具有相当高的水平。因为后金和明朝的战争，马市关闭，在原来主要贸易通道断绝后，后金自己的手工业产品基本上可以满足自身的需求。

① ［朝鲜］李民寏：《建州闻见录》。

② 《熊襄民公经略疏牍》。

③ 《满文老档》卷45。

商品交换

商品交换主要是通过马市、朝贡和行商等途径，与明朝、蒙古、朝鲜进行贸易。

明朝为从蒙古、女真人手中换取马匹和土特产，也为方便这些少数民族对生活、生产用品的需要，在辽东与蒙古、女真交界处开设马市。明朝先后开设的马市有镇北关（开原北）、广顺关（开原东南）、新安关（开原西之庆云堡），三者合称为“开原三关”。开原城在明代被称为“极边”，西、北、东三面和蒙古、女真接壤。万历初年，应建州女真的要求，又开放抚顺、清河、叆阳、宽奠（甸）等处马市。马市一般每月开市两次，每逢开市之日，东北各地少数民族与汉人蜂拥而至。近者数十里，远者数百里乃至千里，为了不错过开市日期，人们提前数天甚至数十天动身。每次参加贸易的人数都达万人，多者数万人，男女老少，人头攒动，人声鼎沸。《全辽志》是这样描写马市繁盛的景象的：

累累椎髻捆载多，拗辘车声急如传。
胡儿胡妇亦提携，异装异服徒惊晌。
朝廷待夷旧有规，近城廿里开官廛。
夷货既入华货随，译使相通作行眩。
华得夷货更生殖，夷得华货即欢忭。

在马市上，女真人出售貂皮、人参、马匹、东珠、松子、蘑菇、蜂蜜等，购进汉人的牛、铧、锅、盐、布、针、剪等。牛与铧是女真人买进的大宗商品，马、貂皮、人参是卖出的大宗商品，尤其是人参使女真人获益颇丰。努尔哈赤起兵后，明廷官员为遏制其发展，使其就范，曾一度停止互市，致使建州女真在两年间腐烂的人参达10余万斤，损失重大。于是，努尔哈赤改革人参生产技术，变浸润法为煮晒法。《清太祖武皇帝实录》卷2载：

曩时卖参与大明国，以水浸润，大明人嫌湿推延，国人恐水参难以耐久，急售之，价又甚廉。太祖欲煮熟晒干，诸王臣不从。太祖不徇众言，遂煮晒，徐徐发卖，果得价倍常。

努尔哈赤将人参煮熟晒干，便于长久存放及远道运输，不必担心腐烂，购买者踊跃，建州女真获益数倍于以往。

朝贡也是女真人贸易的好机会。按照明廷规定，女真人定期至京师贡献人参、貂皮、东珠等物，朝廷回赏绸缎、布帛、银两。“贡”与“赏”包含了明廷与女真之间的政治隶属关系。除贡品之外，女真人还可将携带的土特产品在集市上出售，换取银两和所需用品。

女真人贸易原本是以物易物，至万历时期，银币在流通中已普遍使用。万历四十四年（1616），努尔哈赤建国称汗，建元天命，是年，仿明制铸铜钱。钱分为两种，汉文钱面铸有“天命通宝”4个字，背面无字；满文钱面左为“abkai”（天），右为“fulingga”（命），上为“han”（汗），下为“jiha”（钱）。满文钱略大于汉文钱，钱内外郭多不整齐，轻重薄厚有差异，较之后世所铸钱略显粗糙，但在今日看来，更具有古朴的味道。“天命汗钱”并未广泛流通，至天命十年（1625）五月，因“银子充足，不必使钱”而停止铸钱[①]。

商品贸易不仅解决了女真人生活所需，而且成为民族兴起及后金政权建

① 《满文老档》第65册。

立和发展的经济基础之一，正所谓：

> 太祖遂招徕各部，环满洲而居者，皆为削平，国势日盛。与大明通好，遣人朝贡，执五百道敕书，领年例赏物。本地所产有明珠、人参、黑狐、玄狐、红狐、貂鼠、猞狸狲、虎豹、海獭、水獭、青鼠、黄鼠等皮，以备国用。抚顺、清河、宽奠、叆阳四处关口，互市交易，照例取赏。因此，满洲民殷国富。[①]

畜牧业

畜牧业也是后金重要的生产部门。明万历二十三年（1595），朝鲜南部主簿申忠一送文书到建州，他见女真“家家皆畜鸡、猪、鹅、鸭、羔、羊、犬、猫之属”[②]。而“六畜惟马最盛，将胡之家，千百为群，卒胡家亦不下十数匹”[③]。

女真人以渔猎采集为主要生产方式，与之相适应，他们大量养马，以马代步，不仅男人长于骑马射箭，“女人之执鞭驰马，不异于男。十余岁儿童，亦能佩弓驰逐。少有暇日，则至率妻妾畋猎为事，盖其习俗然也”。马除了用以代步之外，也是马市上的贸易品之一，用马换取铁铧、盐、布等生产和生活用品。女真人的马匹不喂菽粟，以一人驱赶十余匹马，白天放牧驰骋于山野田间，晚上圈入围栏，围栏不蔽风雨寒暑。这样放养的马肥硕健壮，不惧寒暑，适应能力强，甚至“五六昼夜绝不吃草，亦能驰走”[④]。

努尔哈赤起兵之后，射猎所用的马转变为战马，它是将士们在战场上

---

①《清太祖武皇帝实录》卷1。

②［朝鲜］申忠一：《建州纪程图记》。

③④［朝鲜］李民寏：《建州闻见录》。

风驰电掣、所向披靡、取得胜利的重要保障。马匹饲养的数量大增，朝鲜人申忠一在建州见到“酋胡童尼求里家，养战马五十余匹”[①]。马也成为努尔哈赤征服女真各部的主要战利品，如《满文老档》第一册记载：丁未年（1607），建州兵大败乌拉兵，斩三千级，获马五千匹。努尔哈赤非常重视马匹的放养，常常检查马的肥羸，放养肥壮者受奖赏，羸弱者则要受鞭责。

不论是征服女真，还是进入辽东地区，每攻取一村寨或城堡，必俘获其人口和牲畜，动辄成百上千。尤其是随着后金政权的发展强大，邻近的蒙古各部相继归附，他们带来成群的马匹与牛羊。如天命六年（1621）四月初七日，蒙古巴林的杜愣贝勒属下98家来投后金，带来马50匹，牛410头，羊1000只。五月二十一日，喀尔喀蒙古贝勒卓里克图属下之5男3女1子携马13匹来投；囊努克贝勒之属下40户率子女牧群来投；又有30户携牧群自古尔布什处来投。十一月有巴岳特部蒙古男女47人，携羊47只、牛36头、车26辆、马1匹来投。此类记载在《满文老档》中俯拾皆是。

后金的畜牧业得到长足发展，马牛羊等牲畜数量庞大，努尔哈赤常将牲畜作为赏赐品，赏给子侄、功臣或归降之人。万历四十一年（1613），努尔哈赤斥责其长子褚英，追述曾经赐给他“国人五千户，牧群八百、银一万两”，但褚英“尚不知足”[②]。天命四年（1619）七月，开原城千总王一屏等人率领20余人来归，努尔哈赤很高兴，对6位千总除了赏银、缎、布帛之外，另外再赏每人牛马50头（匹）、羊百只、骆驼两头。仅此一次的行赏，共计用牛马300头（匹）、羊600只，足见后金所存牲畜数量之巨大。牲畜的数量自然是畜牧业发展的重要标志。

在农业、手工业、商品交换、畜牧业发展的同时，传统的渔猎采集经

① ［朝鲜］李民寏：《建州闻见录》。

② 《满文老档》第1册。

济仍然占有很大的比重，每到采捕季节，女真人成群结队，或策马扬鞭，在群山峻岭间捕猎貂、猞猁、鹿等；或撒网于江河，捕鱼采珠；或深入森林，挖人参、采蘑菇、拾榛子、收木耳。人参生长在湿润的丛林中，到了采参季节，女真人百十为群，深入密林，挖掘人参。在挖参前，先虔诚祷告，挖掘时，顺着参茎小心翼翼掘其根部，唯恐伤其根须。挖出后，放在河水溪流中洗净，用桦树皮包裹，再回到原地祷告。渔猎采集所得之猎物及土特产品，除留下少量自用之外，大部分成为朝贡贡品和马市上的商品。努尔哈赤深知渔猎采集之利，他把采参、捕貂、猎鼠之人与筑城、耕田者相提并论，要对他们“善养”[①]。

明朝后期，女真社会的生产力有了显著提高，尤其是在后金政权建立之后，努尔哈赤重视经济的发展，后金社会已经是农、工、商、畜四业并兴，多种经济形式并存。在此基础上，后金的经济实力不断增加，为政权的巩固和发展提供了经济保障。

① 《满文老档》第4册。

三

对明战争

SHUDU QINGSHI
QINGCHAO XINGQI

以『七大恨』伐明

后金政权建立时，明朝已经由盛转衰，“永宣之治”的辉煌早已经成为过去。神宗以久病亏衰之躯，高卧深宫之中，寻欢作乐，20余年不理朝政，却挥霍无度。朝廷之上党争不休，宦官专权。官场之中贪赃枉法，政治黑暗。在辽东，军官强占屯田，兵无粮饷，差役繁苛，多有逃散，军屯破坏，军备废弛。更有税监高淮万般克剥，敲骨吸髓，辽人“既缺其当与之月粮，又受此无名之征榷，当抵不过，穷极计生，遂率合营男妇数千人，北走投虏”[①]。辽人无以为生，只好投向后金。而与此同时，后金却潜滋暗长，暗自发展壮大。

清太祖努尔哈赤在统一女真的过程中，对明朝奉表称臣，定期进京朝贡。明廷以其“忠顺学好，看边效力”，晋升他为龙虎将军。万历二十七年（1599），建州军攻灭哈达，明廷闻讯，令其恢复哈达国。努尔哈赤表示遵从宣谕，服从了命令。努尔哈赤汲取先世的教训，在实力不足够强大时，

① 《明神宗实录》卷36。

绝不与明朝对抗，他所表现出的“唯命是从”蒙蔽了明廷。万历四十四年（1616），努尔哈赤在赫图阿拉称汗，明廷对此毫不知情，还是朝鲜探听到消息，向明朝报告：“奴酋僭号后金国汗，建元天命，指中国为南朝，黄衣称朕，词甚侮嫚。”[①]努尔哈赤建元称汗，标志着一个新的国家政权在东北建立，他要摆脱明朝统治，改变与明朝世代的从属关系。而明朝对此决不能容忍，双方的矛盾必然会上升到军事冲突，只不过是时间早晚以及谁先动手的问题。

伐明檄文——“七大恨”

天命三年（1618），后金与明朝的关系终于发生了根本性变化。是年二月，刚刚过完春节，努尔哈赤就对诸贝勒大臣们宣布：“吾意已决，今岁必征大明国。”[②]随后部署作战准备，砍伐树木，制造云梯，修整兵器，喂肥马匹，加强八旗兵的攻城训练。四月十三日，两万八旗兵集结在赫图阿拉，举行出征前的祭天仪式。努尔哈赤在告天文书中历数对明朝的“七大恨”，全文如下：

吾父祖于大明禁边，寸土不扰，一草不折，秋毫未犯，彼无故生事于边外，杀吾父祖，此其一也。

虽有祖父之仇，尚欲修和好，曾立石碑盟曰：大明与满洲皆勿越禁边，敢有越者，见之即杀，若见而不杀，殃及于不杀之人。如此盟言，大明背之，反令兵出边卫夜黑，此其二也。

① 王在晋：《三朝辽事实录》卷1。

② 《清太祖武皇帝实录》卷2。

自清河之南，江岸之北，大明人每年窃出边，入吾地侵夺，我以盟言杀其出边之人，彼负前盟，责以擅杀，拘我往谒都堂使者纲孤里、方吉纳二人，逼令吾献十人于边上杀之，此其三也。

遣兵出边为夜黑防御，致使我已聘之女转嫁蒙古，此其四也。

将吾世守禁边之钗哈（即柴河）、山七拉（即三岔）、法纳哈（即抚安）三堡耕种田谷，不容收获，遣兵逐之，此其五也。

边外夜黑，是获罪于天之国，乃偏听其言，遣人责备，书种种不善之语辱我，此其六也。

哈达助夜黑侵我二次，吾返兵征之，哈达遂为我有，此天与之也。大明又助哈达，逼令返国，后夜黑将吾所释之哈达掳掠数次。夫天下之国互相征伐，合天心者胜而存，逆天意者败而亡。死于锋刃者使更生，既得之人畜令复返，此理果有之乎？天降大国之君，宜为天下共主，岂独吾一身之主？先因糊笼部会兵侵我，我始兴兵，因合天意，天遂厌糊笼而佑我也。大明助天罪之夜黑，如逆天然，以是为非，以非为是，妄为剖断，此其七也。

凌辱至极，实难容忍，故以此七恨兴兵。[①]

这就是著名的“七大恨”伐明檄文，其内容都是努尔哈赤起兵以来和明朝之间发生的重大冲突。第一恨，父祖被明军杀害，是多年来积压在心头的仇恨。35年前，当父祖遇害时，25岁的他势单力薄，不敢向明朝兴师问罪，只能将满腔怨恨转移到为明军做向导的尼堪外兰身上。今天终于羽翼丰满，可以将积怨公开指向明朝了。第二、四、六、七恨，是谴责明朝偏袒哈达、叶赫，压制建州，该问题所指恰恰是明朝在东北的治边思想和民族政策。明

① 《清太祖武皇帝实录》卷2。

廷以女真“非我族类，其心必异”，对其实行分而治之的政策，力图让其处于分裂、分散状态，“犬牙相制”，各部落独立存在，不能凝聚成为一个整体，这样明朝的统治就不会受到挑战和威胁。第三、五恨是控诉明朝倚强凌弱，以大欺小，亦即民族压迫政策。

这“七大恨”是对明朝的声讨，也是对八旗将士作战的动员令，它激起了后金军与明作战的斗志和士气。

计取抚顺

首征大明的进攻目标就是明朝在辽东的抚顺千户所城（今辽宁抚顺）。选择抚顺的原因有两点：一是它的地理位置。抚顺地处辽东东部，西距沈阳中卫城约60公里，西南距辽东首府辽阳城约100公里。抚顺城的东面筑有边墙，边墙外，东行约100公里就是赫图阿拉。抚顺是辽阳以东的边防重镇，也是明朝与建州女真往来的交通要冲，后金要进入辽东，必须先取抚顺。二是努尔哈赤及女真人经常到抚顺马市贸易，对这里的山川、道路、城垣了如指掌。抚顺自然就成了后金攻打的第一个目标。

此战役是后金和明朝的第一次军事交锋，只可胜不可败，努尔哈赤决定智取抚顺。如何智取？《明神宗实录》卷568有如下记载：

> 先一日，奴于抚顺市口言：明日有三千达子来做大市。至日，寅时，果来扣市。诱哄商人、军民出城贸易，随乘隙突入。

明人王在晋，在抚顺城陷两年后任兵部左侍郎，后迁兵部尚书兼右副都御史，经略辽东。他在经略辽东期间，“广搜群议，博采奏章，集诸邸钞”，撰成《三朝辽事实录》，其中也做了类似记载：

四月十五日，奴儿哈赤计袭抚顺。佯令部夷赴市，潜以精兵踵后，突执李永芳，城遂陷。

清朝官修史书如《满文老档》等对此战役做了详细记载：四月十五日晨，努尔哈赤亲率大军趋抚顺，八旗兵列队而行，绵亘百里，旌旗蔽日。到了抚顺城外，派抓获的汉人到城里送信，威逼利诱守城游击李永芳投降，若出城投降便以女妻之，结为亲家，格外擢升，保全城中兵民，若不降则大兵攻入，城中军民必不能保。李永芳接到书信，身着袍服立于城南门上，声言投顺，拖延时间，暗中命令明军准备兵器作战。八旗兵竖云梯攻城，攻势猛烈。永芳自知寡不敌众，于是乘马出城投降。努尔哈赤传谕八旗兵克城后毋滥杀，城中归顺之人均加抚养。抚顺城下，又取周围的东州、马根丹及大小堡、台、屯共500有余。是夜，努尔哈赤驻跸抚顺城，第二天，后金军撤出，回到属境甲板安营。努尔哈赤将掳获人畜30余万编为千户，交由李永芳管理。若每户以6口计，共计6000人，所谓"人畜三十万"，绝大部分是牲畜。所掠财物及牲畜论功行赏分给了八旗将士们。二十一日，努尔哈赤留下4000兵拆毁抚顺城，以防明军卷土再来，自带大军班师。

抚顺城陷的消息传到广宁（今辽宁北镇），辽东巡抚李维翰大为震惊，急令总兵官张承胤领兵万人奔抚顺，出边追剿后金军。大贝勒代善、四贝勒皇太极奉命迎击明军。明军兵分三处，占据山险，掘壕列火器安营，连发火炮。八旗兵发挥骑射长技，列阵冲杀，箭矢如雨，冲入明军阵营。明军在铁骑的冲击下终于溃不成军，总兵张承胤与参将蒲世芳战死，三营皆破，生者十无一二，死者伏尸相枕。八旗兵大获全胜，获马9000匹，甲7000副，兵杖器械无算。

夺取抚顺城，并没发生激战，和张承胤率领的万名援军才是真正的交锋。以往，努尔哈赤统一女真各部，在交战中，双方使用的兵器均为刀、箭，是冷兵器交战。此战役，八旗兵第一次面对炮火，在炮弹的轰击下，勇往直前，毫不退缩，大获全胜。军队的战斗力很大程度上取决于兵器与斗志，看来，八旗兵的斗志或者说剽悍勇武的精神已经远远超过明军了。

李永芳是后金与明朝战争伊始投降的第一位明军将领，努尔哈赤把收降的1000户交给他管辖，又把第七子阿巴泰的长女嫁给他。永芳成为“额驸”，做了后金国的皇亲贵戚。值得一提的是，攻取抚顺时，俘获汉族生员一人，他就是范文程。当努尔哈赤得知他是读书人，又是宋朝名相范仲淹的后裔时，肃然起敬，吩咐诸子善待他。范文程堪称是治国的栋梁之材，他虽未受努尔哈赤重用，却深受清太宗、清世祖的信赖和倚重，为两朝谋划军国大政发挥了重大作用，被清朝列为开国元勋之一。

五月，后金再次出兵，夺取抚顺以北、铁岭以南的抚安、花豹冲、三岔儿等大小明军城堡10余座。

连续不断取得军事进攻的胜利，极大地鼓舞了后金军的士气。七月二十日，后金军再次发动夺取清河堡的战役。清河堡（今辽宁本溪境内）位于抚顺东南，是仅次于抚顺的边防重镇之一，主要防范对象就是建州女真。当后金军发起攻势时，参将邹储贤指挥明军凭大炮固守。明军从城上投放滚木石块，施放火炮，箭矢如雨。后金军前仆后继，冒死攻城，凿挖城墙，终于攻下城的东北角，涌入城中。城内两军混战，李永芳遥呼邹储贤，劝其投降。储贤拒降，大骂永芳，冲入阵中，战死。清河堡陷落，明军数千人皆死于战中。附近的一堵墙、碱场（今属辽宁本溪）两城军民闻讯弃城逃奔。后金军兵不血刃得两城，拆毁两城后，搜索城中财物，返回赫图阿拉。

抚顺、清河两次战役间隔3个月，史称“抚清之役”。

抚清之役是明与后金的首次交锋，以后金全胜而告终。八旗兵在战役中充分表现出了压倒一切的气势和勇武善战的战斗精神。后金旗开得胜，这极大地鼓舞了众将士们，原来在他们眼中的庞然大物——明朝并非不可战胜。

明朝在毫无准备的情况下，被后金打了个措手不及，极大地损伤了“天朝”的颜面。明王朝决不允许一个弱小的“东夷”的背叛和挑衅，更不能允许后金政权对他造成威胁，他一定要组织反击，消灭刚刚建立的后金政权。暴风骤雨即将来临，一场大决战已不可避免。

首次与明军大战

后金连陷抚顺、清河及其周围城堡，当败报接连不断传到北京时，朝野上下无不震惊。这是明朝统治东北二百多年来遭受到的最沉重打击，是明朝无法想象，更无法预料的事，也是不能容忍的事，势必要剿灭“夷酋”。一场大战即将爆发。

明朝调兵遣将

初接抚顺失陷的奏报，明神宗似乎没把问题看得很严重，以为不过是边塞的偶发事件，他例行公事似的发了一道圣旨：“狡虏计陷边城，一切防剿事宜引该地方官相机处置，军饷着上紧给发，其调兵应援，该部便酌议具奏。”[①]但实际情况远非明神宗想得那么简单，抚顺失陷绝非偶然事件，它是后金向明朝发起进攻的开始；要地方官“相机处置”和加紧发放军饷更是

① 《明神宗实录》卷568。

难事，辽东军饷已缺欠半年，在调兵之时，即便不能全额发放，也须发放一半，以解燃眉之急。对于如何筹得军饷，明神宗的答复是：内帑已空，所缺饷银，唯靠户部尽力筹措。明神宗懒得管事，把问题推给了户部。

当张承胤率师救援抚顺，全军皆没的消息传来后，明神宗才意识到辽左覆军殒将，“虏”势益张，边事十分危机，问题相当严重，有大厦将倾之感。他立即下达圣旨：命兵部选任总兵官一员，令其克期到任，料理军务；一切防御驱剿事宜，由督抚等官相机调动，务必限期歼灭，以奠封疆；征兵与筹饷等事，由户部、兵部等部门协商解决。明神宗这次下达的谕旨，比前次更严厉、具体，要求立即行动，不容迟疑。兵部尚书薛三才马上召集各部大员会议协商，大家很快达成共识，认为“夷酋”竟敢兴兵攻陷大明疆土，不容轻视，必须采取军事行动，刻不容缓，于是立即大举征剿赫图阿拉。

调兵遣将是发动战争的头等大事。当时，全辽东有6万兵力，除去守城堡、驿站者之外，能作战的只有2万余人。显然，以此极为有限的兵力不足以发动大规模军事进攻。兵部议定调兵10万，从福建、浙江、四川、山东、山西、甘肃、陕西等地共征调8万兵力；又咨文朝鲜，要求出兵，合力征讨。朝鲜王派元帅姜弘立、副元帅金景瑞率领13000兵，渡鸭绿江，到辽东集结；另外又向叶赫征兵3000人。明廷共征调多少兵力，各书所载不一。清朝官方文献称明军有20万，号称47万，明朝各方的说法也不同，王在晋在《三朝辽事实录》中，追述此次出兵总数为88550余。王在晋在这场战役之后的第二年任兵部左侍郎，他的记述应该是比较准确可信的。

在征调兵马的同时，朝廷确定由杨镐为主帅。杨镐，河南商丘人，万历八年（1580）进士，累次得以升迁。二十五年（1597）曾率军入朝鲜，援朝抗倭，遭遇惨败，被革职。时隔20余年，明廷以其熟习“边事”，再次启用他，任兵部右侍郎，经略辽东。明神宗对杨镐赋予重望，希望他能督军一举剿灭“边虏”，以奠封疆，所以赐尚方宝剑，授权杨镐，凡总兵以下各将官如不听命或犯军纪，可就地军法处置，先斩后奏[1]。

兵马未动，粮草先行，军需物资不能短缺。为了应急，一向爱钱如命的明神宗不得不拿出6万两白银，交给太仆寺购买战马。至于粮草、兵饷所需银两，明神宗却再也不肯从国库拿出银子，转而向全国加派。为支付在辽东用兵所需费用而加征的田赋，称为“辽饷”，以后又有剿饷、练饷，合辽饷，总称为“三饷”。这“三饷”的加征使得民不聊生，加剧了社会矛盾，激化了广大农民反抗明朝统治的情绪。“三饷”可看成是明亡的一大祸根，而“辽饷”实为祸首。

明廷经过数月的酝酿和筹备，终于粮草齐备。十万大军集结于辽东，兵部担心师久粮匮，催促杨镐尽快出兵。杨镐被催得惶惶然，一时竟“计无所出”，最终，他决定采取在援朝抗倭中失败的作战方案，即分进合击，把全部兵力分为四路，从不同方向进攻赫图阿拉，合围后金，将其一举歼灭。

萨尔浒激战

万历四十七年（1619）二月十一日，辽东经略杨镐、蓟辽总督汪可受、辽东巡抚周永春等会集于辽阳演武场，举行誓师大会。杨镐宣布军令，违者处斩。为显示军威，取尚方宝剑，当场将抚顺临阵脱逃的将领白云龙斩首示众。誓师后，大军兵分四路，向赫图阿拉进发。

四路军配备的主帅、兵力及进军方向如下：

沈阳一路，又称左翼中路，以山海关总兵杜松为主将，保定总兵王宣等为协助，又有一批都司、参将、游击如龚念遂、王浩等分领，以分巡兵备副使张铨为监军，统领2万多兵马由沈阳出发，经抚顺出关，从西面进攻赫图阿拉。

① 《明史》卷259，“杨镐”。

开原、铁岭一路，又称左翼北路，以总兵马林为主将，以开原管副总兵事游击麻岩等7人为将官，由开原兵备道佥事潘宗颜为监军，统领包括叶赫兵在内的2万余人自开原、铁岭出击，从北面进攻。

清河一路，又称右翼中路，以辽东总兵李如柏为主将，以辽阳管副总兵事参将贺世贤、管游击事都司张应昌等12人为将官，以分守兵备道参议阎鸣泰为监军，统领2万多兵马，从鸦鹘关出边，从南面进攻。

宽甸一路，又称右翼南路，以总兵刘綎为主将，都司祖天定、姚国辅等为其属将，海盖兵备副使康应乾为监军，统领包括朝鲜援军在内的两三万人，出宽甸，从东面进击。

明军四路出击，都奔向一个目标，那就是后金的都城——赫图阿拉。如果明军作战计划得以实现，后金将不复存在。因此，对后金而言，这场战争不失为命运之战、生死存亡之战；同样，若后金取得胜利，势必会迅速发展壮大，对明朝的存亡将会是严重的威胁。

自抚清之战后，努尔哈赤料到明朝不会善罢甘休，所以一直保持高度戒备，派出哨骑，搜集情报，整顿器械，操练兵马。自天命四年（1619）正月初二日始，即加紧备战，派次子代善率5000人驻防扎喀关，直接面对抚顺方向，抵御明军可能的进攻。二月中旬，再派出1万多人前往萨尔浒（今辽宁抚顺大伙房水库所在地）地方运石，运到临近的界凡山筑城，以加强后金的防御能力。为保证筑城人的安全，又派400兵前往界凡护卫。

向赫图阿拉扑来的四路明军，很快被后金的哨探发现，不断将信息汇报给努尔哈赤。努尔哈赤根据情报，做出冷静的分析。他与明军恰恰相反，没有分散兵力，四面迎击，而是采取了集中优势兵力各个击破的战略战术。他认为南路、东路、北路明军暂时不能威胁赫图阿拉，唯沈阳一路因路近便捷，而且兵力强，大抵是明军主力，威胁最大。他决定先破沈阳一路，再迎战其他几路。于是向诸王贝勒大臣们宣布他的战略战术：“凭尔几路来，我只一路去！”[1]

三月初一日，总兵杜松率领沈阳一路军进抵萨尔浒山下。此时，宽甸一路和开原、铁岭一路军因分别与朝鲜军、叶赫军会合，延误了时日，尚在途中；清河一路刚刚出清河鸦鹘关。只有贪功鲁莽的杜松军孤军突入。杜松分兵为二，一部留在萨尔浒山上布阵，另一部由其带领奔向吉林崖，攻打界凡城。此时在界凡城的后金骑兵只有400人，正在保护筑城的夫役，见明军攻来，迅速抢占吉林崖。明军向吉林崖发起攻击。代善、皇太极率八旗兵及时赶到，见情况危急，兄弟二人当即决定：右翼4旗攻打吉林崖明军，派1000兵抢登吉林崖，与山上骑兵会合，由山上向下冲击，同时山下骑兵向山上冲击，上下夹击明军；左翼4旗攻打萨尔浒的明军。正待发布命令，努尔哈赤赶到。他主张应全力攻打萨尔浒山上的明军，此军一败，攻向界凡城的明军自然丧胆。于是，从右翼抽调2旗，努尔哈赤亲率6旗兵向萨尔浒山上的明军发起攻击。明军排兵布阵，发炮接战。八旗兵仰面扣射，万箭齐发，箭矢如雨，铁甲骑兵奋力冲杀。炮声、呐喊声撼山震岳。很快八旗兵冲入明军阵营，铁骑纵横驰突，厮杀蹂躏，明军败下阵来，被四处追杀，横尸山野。攻下萨尔浒的八旗兵，挥师驰援吉林崖。在吉林崖，数倍于明军的八旗兵，自山上、山下铺天盖地地杀向明军，直战至夜幕降临，明军点燃火把，借着火光发射炮弹，却恰恰是以明攻暗，而八旗兵则是以暗攻明。两军酣战不止，渐渐地，炮声、呐喊声减弱，终于平息了，一场血战结束。明将杜松、赵梦麟、王宣皆矢尽力竭战死，全军覆没，明军的尸体漫山遍野，血流成渠，军器与尸体冲于浑河者，如解冰旋转而下。

萨尔浒的战役刚刚结束，后金大军北进迎战马林部。马林得知杜松兵败，急忙改变战略，转攻为守。他命开原兵备道佥事潘宗颜领兵在斐芬山结

[1] 傅国：《辽广实录》卷上。

营，游击龚念遂、李希泌领兵在斡珲鄂漠扎营，自己统兵据守尚间崖，三大军营各距三四里，形成“牛头阵”，既可各自为战，又可相互援战。马林没有料到自己又犯了分散兵力的错误。后金没有分兵三处进攻，依然使用“凭尔几路来，我只一路去”的战术。三月初二日，努尔哈赤与四贝勒皇太极统兵千人先打龚念遂军营，八旗骑兵冒着炮火奋勇冲击，冲入明军阵营，折其车，破其楯，明兵大败溃逃。四贝勒皇太极率众兵追击，龚念遂、李希泌皆阵殁。努尔哈赤不待皇太极返回，即疾驰尚间崖，与大贝勒代善、二贝勒阿敏、三贝勒莽古尔泰等各鼓勇疾进，八旗兵纵马飞驰，直冲明军大营。明军发鸟枪巨炮，排列接战，八旗兵冲突纵击，飞矢利刃，所向无前，明兵不能支，又大败逃走，八旗兵乘胜追击。明副将麻岩及大小将士皆阵殁，总兵马林仅以身免。死者遍布山谷间，血流尚间崖下，河水为之尽赤。努尔哈赤集合军士，驰往斐芬山攻打潘宗颜兵。明军在山上居高临下，以楯遮挡，连发火器，八旗兵冒死前进，仰山而攻，虽死者枕藉却仍缘山猛冲。终于两军短兵相接，明军寡不敌众，在后金骑兵的冲突、砍削下全军覆没。此路军有叶赫部援军，行至中固城（今辽宁开原境内），得知明军覆没，惊惶失措，迅速逃回。

后金获得第二场战役的全胜，即于当天夜里收兵回营。侦探报告东路和南路有两支明军正在向赫图阿拉方向逼近。努尔哈赤决定暂时放掉南路的李如柏部，集中兵力迎战东路的刘綎军。

三月初四日，大贝勒代善与四贝勒皇太极率八旗兵迎战刘綎军。前两路明军溃败，刘綎竟全然不知，仍在崎岖的山路间行进。皇太极与代善率领得胜之军，锐气正盛，一与明军接战，即勇猛攻杀。更富有戏剧性的是，代善兄弟俩派人携带缴获的杜松令箭，诈称明军，催促刘綎快速前进，与他会合。刘綎不知是计，加快了行军速度。行至阿布达里冈遭遇后金伏兵。伪扮杜松部明军的后金军混入明军内部，里应外合，将明军打得大乱，溃不成军，刘綎挥舞大刀战至最后，也死于乱阵之中。此路军中的朝鲜援军，在富察旷野与后金军相遇。见明军战败，则不战而降。

明军四路出师，三路覆没。杨镐驻沈阳，连得败报，气急败坏，心急如焚，急令南路的李如柏退兵。李如柏接到檄令后，急命撤退。后金牛录额真武理堪带领20哨骑在虎拦巡逻，见明退兵，在山上吹响螺号，装作召集大军的样子，明军顿时阵营大乱，竞相夺路而逃。武理堪等人呼噪着冲入，杀40人，获马50匹。明军在奔逃中慌不择路，相互挤踏，死千余人[①]。

这场大战，有4个主战场，因萨尔浒战场打得最激烈，规模最大，故史称此战役为“萨尔浒之战”。

萨尔浒之战，明军受到重创，四路军仅存一路，文武将吏死亡300余人，兵士死亡45800余人，军器物资如马匹、枪炮、粮饷等损失不计其数。双方胜败的原因很多，学界早有评论，这里想说的是，这场战役反映了明朝的统治已江河日下，进入暮年；后金大获全胜，充分表现出新生政权的勃勃生机，经此一战，后金不仅生存下来，而且迅速发展壮大。萨尔浒战役是后金（清）与明朝的第一次大决战，也是双方战争的转折点。清高宗弘历作《萨尔浒山之战书事》，评价此战役是：“明之国势益削，我之武烈益杨，遂乃克辽东，取沈阳，王基开，帝业定。”[②]

① 《清太祖高皇帝实录》卷6。

② 《清高宗实录》卷996。

夺开、铁两重镇

如果说，抚清之役是后金向明朝小试锋芒，那么，萨尔浒决战以少胜多，破明军近10万，则打破了明朝不可战胜的神话。上至努尔哈赤，下至八旗普通民众，比以往任何时候都充满了必胜的信念，势必再图更大的进取。努尔哈赤的目标是要夺取全辽，他曾告谕诸贝勒大臣们说："我必得辽，然后可以生活，你当以尽死于辽东城下为心。"[①]萨尔浒败报传至京师，举朝震骇，惊慌失措，无计可施，不能对控制辽东局势做出有力的举措。而辽东则更是一片混乱，"人心日益惊惶，开原商贾士民逃窜几半，宽、叆城堡奔溃一空"[②]。

天命四年（1619）六月初十，即萨尔浒战后三个月，后金对辽东北部的两个军事重镇——开原、铁岭发起进攻。

① ［朝鲜］李民寏：《建州闻见录》。

② 《明神宗实录》卷580。

夺取开原城

开原城（今辽宁开原老城）位于辽河中游东岸，历史悠久。元朝初年曾在黑龙江设置开元万户府，后移治所到黄龙府（今吉林农安），元成宗时改开元万户府为开元路。明洪武二十一年（1388），开元路治所迁到咸平府（今辽宁开原老城），为避讳，宰相刘伯温建议改“开元”为“开原”，这样既不变更原名之音，又不变其开拓、广阔之意。明代的开原城东与北两面比邻女真人住地，西北与蒙古相接，是明朝通使和控制“外夷”的门户，战略地位的重要性不言而喻。早在10年之前，后金政权尚未建立，熊廷弼巡按辽东，他就以敏锐的目光注意到了努尔哈赤的崛起必为辽东之患，他上疏朝廷建议：在开原增兵1500人，居中策应；在庆云堡（开原西南15公里）增兵1500人，或在静安堡，或在柴河堡增兵1000人，用以防范“奴众”向内地发动攻击[①]。可惜明廷对熊廷弼的建议未予采纳。

努尔哈赤统领4万八旗兵日夜兼程，奔赴开原，与此同时，使用声东击西之战术，遣小股部队抢掠沈阳周围，以吸引明军注意力，使其误以为后金军要进攻沈阳。六月十六日，后金军兵临开原城下。

明朝防守开原城的将领有：总兵官马林、副将于化龙、参将高贞等，推官郑之范署监军道事。守城的明军已长时间缺少粮饷，毫无斗志，战马也无草料，“一日而倒死二百四十九匹”[②]。马林在萨尔浒战役中侥幸得以逃脱，回到开原，却仍然毫无防范意识，当后金军兵临城下时，明军的战马还在城外草木茂盛处吃草，来不及收回。

① 《明神宗实录》卷459。

② 王在晋：《三朝辽事实录》卷1。

马林仓促应战，在城上布兵防守，在城外4门屯兵。八旗兵一部分推战车、竖云梯攻城，一部分进攻城外的明军。计划先破城东门，正在夺门时，攻城者已越城而入，城上明军四处溃散。城外明军见城破大惊，纷纷突围而逃，被八旗兵截杀殆尽。马林、于化龙、高贞等皆战死，郑之范早已在开战前就逃跑了。

在八旗兵攻城时，城中百姓为守节义，“人争缢死，屋无虚梁，木无空枝，至有一家全节，五六岁儿亦有缢死者”[①]。情景十分惨烈悲壮。

战斗结束，努尔哈赤在众人的簇拥下，登上城南门楼而坐，他举目远眺，明朝经营了200多年的开原重镇现在已经属于他了，开原以南的铁岭、沈阳、辽阳，他要一个一个地去攻打，不久的将来一定要尽取全辽。

攻克铁岭城

后金军攻打开原的消息传到铁岭，铁岭守将率3000兵前往救援。后金军得到哨报，迅速出战，迎击援军。明援军自知不敌，尚未交战，即掉转马头撤回。

从十六日到十九日，后金军在城中驻营3日，尽收城中财物、牲畜。城中军民10余万，被杀殆尽，逃出者仅千余人。后金军在撤退前，将城墙拆毁，城中房屋付之一炬。

攻克开原后，努尔哈赤命八旗兵在界凡筑城架屋居住，令士兵在明边外牧马。诸王臣请求回赫图阿拉休整，被努尔哈赤拒绝了，他解释说：“是非汝所知也，当此六月炎天，行兵已经二十日，自此归家，远近不等，或有二三日至者，或有居都城之东，三四日方至者，今天暑路遥，马匹何日得

① 《光海君日记》卷169。

肥，吾欲居界凡，令马牧于此也。早令之壮，八月兴师。”[1]界凡城在赫图阿拉西北60公里处，努尔哈赤担心返回赫图阿拉天热路遥，人畜疲乏，马匹在短时间内难以喂养肥壮。留居界凡，待再次“兴师”时，免去了百余里路程的劳顿之苦。看来努尔哈赤此时心里早已有了下一个进攻目标，那就是铁岭。

铁岭，明洪武二十六年（1393）设治于此，为铁岭卫指挥使司，它与开原同为“明季极边”，是一大边防重镇，置重兵戍守，比开原更繁华。万历初年，辽东明将李成梁祖居此地，与其子李如松、李如柏、李如桢、李如梅相继出任辽东总兵，掌一方兵柄，“劲卒数万，雄视绝塞”。史载：万历初年，辽东全盛，铁岭一卫世职至数百人，因城中皆官弁宅第，再无兵民居住之地，便以卫城狭窄，分处城外。铁岭“城郭十余里，编户鳞次，树色障天，不见城郭。城中妓女至二千余人，以数十香囊缀衫，以珠宝系袜带两端，一带之费至三四十金，数步外即香气袭人，穷奢极丽。每至傍晚，夹道皆弦管声……繁华反盛内地”[2]。尤其是李成梁家族势力雄厚，在城东门外建有别墅，称“万花楼”，台榭之盛，甲于一时。

万历四十七年（后金天命四年，1619），李如桢出任辽东总兵，他是李成梁的第三子，如桢虽然出身将门，却从未带兵打过仗，更不知如何用兵。辽东经略以他为铁岭人，令其守铁岭，不久又将其调驻沈阳。铁岭以参将丁碧等统兵戍守。

天命四年（1619）七月二十五日，五六万后金大军突然出现在铁岭城下。驻守城外各小堡的明军见状，急欲进城，有一半被后金兵拦截在外，四处逃散了。后金八旗兵布战车、竖云梯攻城北面。城中游击喻成名、史凤鸣、李克泰等令众军连放火炮，齐发矢石，力图阻止八旗兵靠近城墙。但八

① 《清太祖武皇帝实录》卷3。

② 王一元：《辽左见闻录》。

旗兵不惧炮火箭矢，蜂拥而上，前仆后继，拼死攻城，攀云梯而上，迅速攻破垛口，攻入城中。喻成名、史凤鸣、李克泰及士卒皆被杀。此时，李成梁已去世，其族人皆死于后金的刀箭之下，万花楼也被焚毁。至清初，人们还能“掘地数寸，即有刀镞、甲胄、骷髅诸物，处处皆然”[①]。

当天夜里，喀尔喀蒙古贝勒宰赛、巴克、巴雅尔图、色本等诸台吉约20人，领骑兵万余人来铁岭增援明军。他们埋伏在城外庄稼地里，及天亮，约有10人出城牧马，宰赛令射箭追杀。后金兵闻警追出城，急欲出战，又没得到努尔哈赤的命令，若不战，自己的人已被杀，不知如何是好，于是尾随其后而行。努尔哈赤得报，立即出城，责问诸将：“何为不战，可急击之。”努尔哈赤痛恨宰赛，因为他夺去了为代善所聘的叶赫女子，又与明朝订立盟约，联合攻击后金，故令诸将追杀宰赛。诸王臣得到命令，率兵追击冲杀，大败蒙古兵，直追至辽河，蒙古兵溺死、被杀者众多。宰赛及各酋长10余人被生擒，囚禁于铁岭的钟楼内。

诸王臣见捉到宰赛，皆惊异地说：“得擒宰赛，正应汗神梦也！”原来，在攻打铁岭前，努尔哈赤做了个梦，梦见天鹅鹚及群鸟往来翱翔，他网住一只白鹚，说：“吾捉得宰赛矣！”醒后，将梦说给后妃听，后妃们说：“宰赛为人如飞禽，何以捉之？”再说给诸王臣，诸王臣回答：“此梦主吉，盖天将以大有声名之人为吾国所获，故为之兆也。”[②]如今果然活捉宰赛，努尔哈赤梦想成真。

次日，努尔哈赤召见宰赛等人，宰赛行叩拜礼。努尔哈赤为分化蒙古和明朝的关系，使蒙古成为自己的盟友，没杀宰赛，把他及被俘之人全部释放。宰赛自然感激，从此以后与后金友好，合谋伐明。在攻克铁岭的同时，

① 王一元：《辽左见闻录》。

② 《清太祖武皇帝实录》卷3。

又解决了与蒙古的关系问题，这是努尔哈赤的意外收获，他心里高兴，在铁岭论功行赏，将所获财物、人口、牲畜尽数分给八旗将士，3日后大军凯旋。

在后金军向铁岭疾驰时，辽东总兵李如桢正在沈阳，后金军行至三岔儿堡，署铁岭游击李克泰派人飞报如桢。如桢却迟迟按兵不动，延至二十五日申时方抵达新兴堡，及会合贺镇守兵后才继续向铁岭进发，但铁岭已在是日辰时沦陷。如桢为报功，纵兵割后金死者179颗首级而还。事后，如桢以拥兵不救被下狱论死，崇祯时又被免死充军。

明朝失去开原、铁岭两大军事重镇，其在辽东的统治岌岌可危了。明人评价说："铁岭、开原，为辽重蔽，既并陷贼，则河东已在贼握中。"[1]后金夺得辽河以东地区指日可待了。

① 茗上愚公：《东夷考略·女直》。

克叶赫东、西两城

攻克开原、铁岭之后，开原以北的叶赫便孤立无援了，灭亡叶赫的时机已经成熟。

叶赫与建州错综复杂的关系

叶赫源自海西塔鲁木卫，后迁移至扈伦国所属张地，灭当地纳喇氏，因以为姓。明宣德二年（1427）迁到叶赫河一带建城居住，号称叶赫国。在祝孔革任酋长时，一度兴旺，与哈达部争衡，祝孔革被哈达部酋长王忠所杀，两部遂结下仇怨。至祝孔革孙逞加努、仰加奴时，叶赫部复兴。兄弟二人凭借叶赫山川之险，筑有两城，逞加努居西城，仰加奴居东城，皆称贝勒。叶赫所辖领地范围大体是：北界蒙古科尔沁、郭尔罗斯部，东北与乌拉部比邻，南接哈达部，东近辉发部，西南邻近明边重镇开原。相当于今之吉林省四平、辽源、公主岭、梨树、伊通、双阳、梅河口以及辽宁省北部的昌平、西丰、开原等部分地区，辖地广阔。叶赫东西两城坐落在今吉林省梨树县叶赫镇。在辖境内，其地理地貌大部分是由平原向东部山区过渡的半平原、半台地。从自然环境而言，可耕、可牧、可渔，同建州一样“屋居耕食，密迩边墙”[①]。也就是说，人口主要集中在辽东边墙之外，无论居住或耕作，与汉族无异。

逞加奴、仰加奴招抚诸部，势力强大。兄弟二人经常率两万余骑，逐水草于辽河上游，兴旺景象不言而喻。但是，二人对明朝叛服无常，抢掠明边，屡遭明军进剿，万历十年（1582），终于被明军设计擒杀。

逞加奴子布寨、仰加奴子纳林布禄分别继为贝勒，因参与哈达内部纷争，招致明军镇压。万历十六年（1588），李成梁率兵攻打叶赫东城，叶赫受到重创。数年之后，元气恢复。此时，哈达部势力已经衰落，叶赫由原来的反明转变为亲明，明朝也予以支持，叶赫遂成为海西四部的盟主。后组织九部联军攻打建州，布寨在古勒山下丧命，“素性刚暴”的纳林布禄因念兄仇，郁郁成疾而死。布寨子布扬古、纳林布禄弟金台石继为贝勒。此时，他们所面临的形势是：明朝在辽东的统治大为衰弱；而努尔哈赤正在迅速崛起，在兼并了哈达、辉发、乌拉后，一步步向叶赫逼近。

说起来，建州和叶赫的关系是错综复杂的。

首先是姻亲关系。早在努尔哈赤统一建州各部时，仰加奴就答应把小女儿许配给他，仰加奴死后，其子纳林布禄履行父亲的承诺，于万历十六年（1588）九月，把妹妹送到佛阿拉成亲，是为叶赫纳喇氏，名孟古姐姐。是年，努尔哈赤30岁，这位新娘年仅14岁，她以美丽、端庄、贤淑而深得努尔哈赤的宠爱，封为大妃，生下一子，即皇太极。三十一年（1603）秋，孟古姐姐病重，临终前思念母亲，努尔哈赤派人疾驰叶赫去接，但此时，建州与叶赫的关系已经破裂，纳林布禄断然不许母亲前往建州。孟古姐姐带着遗憾

① 《明经世文编》。

离去，终年29岁。在万历二十五年（1597），叶赫、哈达、乌拉、辉发四部与建州盟誓，金台石许诺将女儿嫁给努尔哈赤的次子代善，布扬古答应把妹妹许配给努尔哈赤为妃。努尔哈赤分别下了聘礼，但事后布扬古却悔婚，将妹妹嫁给蒙古喀尔喀部巴哈达尔汉之子莽古尔岱。努尔哈赤认为这是对他的侮辱，嫉恨在心。布扬古的这位妹妹就是努尔哈赤在“七大恨”中提到的叶赫女，史称“叶赫老女”。

其次双方是政治上的敌对关系。当努尔哈赤统一建州后，势力日长，领土日广。布寨与纳林布禄派使者前往建州索要土地，被拒绝后纠合其他部落，结为九部联军征讨建州，双方大战于古勒山，布寨被杀，结下怨仇（前已叙述）。10年后，努尔哈赤率兵进攻叶赫部，攻取张城、阿奇蓝2城7寨，掠去人畜数量2000有余。此举是因纳林布禄不许病危的妹妹与母亲相见，努尔哈赤为泄恨所为。以后10年，双方没有发生重大军事冲突，不是因为两者的关系有所改善，而是努尔哈赤忙于兼并哈达、辉发、乌拉，暂时停止了对实力强且有明朝支持的叶赫部的进攻。

万历四十一年（1613）初，乌拉灭亡，乌拉贝勒布占泰逃到叶赫，得到布扬古、金台石叔侄的庇护。建州3次索要，叶赫不从，这恰好给建州出兵提供了理由。九月六日，努尔哈赤统兵4万征叶赫。建州兵进抵张城、吉当阿城，毁其城，收其民。继而进攻乌苏城，城中人见建州兵人多势众，盔甲鲜明，不战而开门迎降。随后，又连下其他19城寨，收取百姓、财物而返。叶赫受到攻击，金台石和布扬古向明廷控诉：“哈达、辉发、兀喇已被尽取矣，今复侵吾地，欲削平诸部，然后侵汝大明，取辽阳为都城，开原、铁岭为牧地。”明廷派枪炮手1000人，携带火器，前往叶赫，帮助防守东、西两城，并警告努尔哈赤：“自今汝勿侵夜黑国，若肯从吾言，是存我体统，若不从吾言，后必有侵我之日。”[1]明朝态度强硬，立场鲜明，维护叶赫，努尔哈赤暂缓了对叶赫的攻击，他意识到叶赫身后有庞大的明朝支持，此时还不能和明朝公开对抗。于是，他亲往抚顺，投书抚顺游击李永芳，申明攻击叶赫的理由是悔婚、藏匿布占泰，实与明朝无涉。

叶赫见海西四部中的哈达、辉发、乌拉皆已被建州兼并，唯自己独存，若要不被兼并，只能投靠明朝这座靠山，依赖明廷的支持，所以，叶赫完全投向了明朝。后金天命四年（1619），在萨尔浒战役中，叶赫奉明廷之命，出兵助明攻打后金。

在建州与叶赫的关系中，联姻不过是政治结盟的需要，是二者关系中的次要方面，对立排他才是关系中的主要方面。在努尔哈赤统一女真的进程中，叶赫是最大的绊脚石，终究是要搬开的。

5年过去了，后金历经萨尔浒之战，开原、铁岭之战，战无不胜，攻无不克。如今，叶赫已远非后金的对手，而叶赫的靠山——明朝，事实已经证明也不过是一棵腐朽的大树，灭亡叶赫的时机成熟了，努尔哈赤要继续向前迈进，完成对海西女真的最后统一。

攻克叶赫东、西两城

天命四年（1619）八月十九日，努尔哈赤率贝勒诸臣，统大军向叶赫进发了。

后金军兵分两路，努尔哈赤督大兵攻打金台石据守的东城，代善、阿敏、皇太极、莽古尔泰四大贝勒率军围攻布扬古据守的西城。两路大军披星戴月，日夜兼程，尚未抵达叶赫境内即被哨探发现，飞报布扬古和金台石。

① 《清太祖武皇帝实录》卷2。

屯寨里的百姓闻听消息，或就近躲进城中，或避进山里。

二十二日晨，后金两路军分别进抵叶赫东、西城下。

贝勒金台石所据东城，又称叶赫山城，依山而建，坚固险要。瞿九思在《万历武功录》中描述东城：

> 其外大城以石，石城外为木栅，而内又为木城。城内外大壕凡三道，其中坚则一山特起，凿山坂，周回使峻绝，而垒石城其上。城之内，又为木城，木城中有八角明楼，则其置妻子、资财所也。上下内外，凡为城四层，木栅一层。其中控弦之士以万，甲胄者以千计，刀剑、矢石、滚木甚具。

东城地处险要，城防坚固，且城内有数以万计的控弦之士，攻打东城将会是一场鏖战。

后金军兵临城下，金台石和布扬古各自统兵出城，准备迎战，见后金军队旌旗剑戟如林，大兵压境，漫山遍野，前后不绝。两位贝勒见势大惊，不敢对阵，急忙命令叶赫兵入城坚守。

努尔哈赤指挥后金兵先毁栅城，再破外城。同时向金台石喊话，命其归降。金台石断然拒绝说："吾亦有手，岂肯降汝，惟有死战而已。"见其不肯降，努尔哈赤下令攻城。后金军拥楯登山，仰面而射，及至城下，一部分将士掘地凿墙，欲堕其城，另一部分推战车布云梯，蜂拥而上。叶赫兵居高临下，滚放巨石、大木、火药罐，一时间爆炸声、惨叫声、呐喊声在山谷间回荡，撼天动地。后金兵拼死不退，前仆后继，终于拆毁内城涌入。在城内又是一番混战，叶赫兵终不敌，四面溃散，各入其家。努尔哈赤传令：勿杀降者，于是，城中军民纷纷出降。

金台石携妻与子登上城中的制高点八角楼，后金兵将其团团围住，再劝降。金台石提出要见四贝勒皇太极。努尔哈赤遣人往西城传谕，皇太极疾驰而至。金台石望着从未谋面的外甥说：

吾观此子颜色，未得其父留养之善言，是欲赚吾下台杀之耳。吾石城铁门已失，今困于此台，战岂能胜？然此地是吾祖居，愿死于此。

皇太极劝慰道：

吾已在此，若下台，即带见父皇，杀之则死，宥之则生。昔汝等征伐六亲，屠戮欲尽者，岂肉可食而血可饮耶？吾遣人二三十次欲相和好，似乎战不能胜而欲求和，乃将吾使杀者杀、羁者羁，今汝丧身之祸已至，吾父若念此恶则戮之，若以我故而不究则生之矣。[①]

皇太极再三劝说，见金台石仍无降意，正欲转身离开，金台石又提出要见儿子德尔格勒。皇太极带德尔格勒来，德尔格勒劝说父亲："吾等战不能胜，城已陷矣，今居此台之上，更欲何为。盍降之？若杀则死，留则生。"言之再三，金台石仍不听。皇太极欲杀德尔格勒，努尔哈赤劝说："子招父降而不从，是父之罪也，其父当诛，其子勿杀。"又对皇太极说："此尔之兄也，当恩养之。"双方僵持已久，金台石妻见丈夫坚持不降，于是携幼子下楼台投降。金台石又拿起弓箭，身边随从也重整盔甲。见状，后金兵挥斧砍楼台。金台石点火自焚，刹那间，烈焰熊熊，金台石被烈火炙烤，疼痛难

① 《清太祖武皇帝实录》卷3。

忍，冲下楼台，被俘。努尔哈赤对金台石痛恨已久，令人将其缢死[①]。

东城被围时，西城的战斗也打得异常激烈、艰难。当布扬古闻听东城已破，顿时丧失了斗志，派人送信给代善，请求投降。代善带布扬古去见努尔哈赤，布扬古在叩首起拜之间，尚不肯屈服。入夜，努尔哈赤下令缢死了布扬古。同时，护卫叶赫的明朝游击马时楠及1000兵俱被杀。

叶赫部归降军民被带回赫图阿拉，成为后金属民，分配给房屋、田地、粮谷，无马者给马，妥善安置。

叶赫与建州相持长达近40年，至此灭亡，昔日繁盛的东、西山城只剩下依稀可辨的残迹，湮没在碧草荒径之中。60年后，清圣祖玄烨东巡，经过叶赫废城，感慨万千，赋诗咏道：

断垒生初草，空城尚野花。
翠华今日幸，谷口动鸣笳。[②]

叶赫灭亡，标志着努尔哈赤统一女真事业基本完成，同时也宣告明朝对东北女真人统治的终结。以灭叶赫为标志，“满洲国自东海至辽边，北自蒙古嫩江，南至朝鲜鸭绿江，同一音语者俱征服，是年诸部始合为一”[③]。一个新的民族共同体已经基本形成。

①③ 详见《清太祖武皇帝实录》卷3。

② 阿桂等纂修：《盛京通志》卷5。

沈、辽两城激战

后金攻克明之边防重镇开原、铁岭，又灭亡叶赫，接连取得军事胜利，这极大地鼓舞了士气，随后将军事进攻目标转向了沈阳、辽阳。

明辽东经略易人

明朝在萨尔浒之战中三路丧师，3个月后再连失开原、铁岭，辽东告警，朝廷上下人心惶惶。负有丧师辱国责任的杨镐被罢官，投入监狱。由谁来接任杨镐，扭转辽东之败局？经廷议，一致推选熊廷弼出任辽东经略。廷弼，湖北江夏人，万历二十六年（1598）进士，后任御史。他身材魁梧，身高七尺，有胆识，刚直不阿，知兵善射。三十六年（1608），出任御史巡按辽东。当时，辽东巡抚赵楫、总兵李成梁放弃宽奠等6堡，将6万民户内迁。廷弼疏陈2人罪状，他在辽数年，风纪大振，却因明廷党争案起，被罢官回籍[1]。10年后，当辽东危急时，廷臣和明神宗又想起了他，任命他为兵部右侍郎兼都察院右佥都御使经略辽东。廷弼在朝廷危难之际毅然赴任，奔赴关外。

辽东战事迭起，风声鹤唳，辽人多有逃亡。廷弼到辽东后，视察防务，召集流民，整顿兵备，筹集粮饷，设立祭坛，祭奠在抚、清、开、铁死难的军民，号召军民同仇敌忾，为国尽忠。在他的苦心经营下，辽东局势大为好转，人心趋于安定，守备大固。

接着廷弼上《敬陈战守大略疏》，提出新的战略：曰恢复，曰进剿，曰固守。请兵18万，在叆阳、清河、抚顺、柴河、三岔河、镇江诸要口处设置重兵，今日为防守，他日为进剿之备，无警就地操练，小警自为堵御，大敌相互应援。

观察到辽东局势发生变化，后金不敢轻举妄动，耐心地等待时机，并在为时机的到来做准备。在萨尔浒战前，已经在界凡筑城，战后，努尔哈赤将他的大本营迁到界凡。随后又修筑萨尔浒山城，并于天命五年（1620）再迁萨尔浒山城。从赫图阿拉到界凡再到萨尔浒，后金正一步步向辽沈逼近。

就在辽东形势初步好转之时，明朝统治集团内部发生了重大变化。万历四十八年（1620）七月二十一日，明神宗去世，其长子朱常洛即帝位，是为明光宗。明光宗即位一个月，吞红丸死于乾清宫。朱常洛长子朱由校即帝位，是为明熹宗。一个多月，“梓宫两哭”，两帝登极。明熹宗初立，党争激烈，朝政混乱。廷弼不仅战守大略难以落实，还遭到攻击。吏科给事中魏应嘉等人接连发难，奏他在辽一年，不出战，毫无建树。廷弼有口难辩，一气之下请求辞官，朝廷竟应允。廷弼再次离开辽东，归隐家乡。

明廷以袁应泰接替为辽东经略，应泰也是进士出身，但他“历官精敏强

① 《明史》卷259，“熊廷弼传”。

毅，用兵非所长，规划颇疏”[1]，终于铸成大错。乘明朝皇位更替、辽东经略易人之机，后金向辽沈发起了强大的军事进攻。

沈阳激战

天命六年（1621）三月初十日，后金八旗兵自萨尔浒城出发，携带大批攻城器具，浩浩荡荡，水陆并进，直奔沈阳。

沈阳，为渤海国时所设之沈州，元朝时更名为沈阳路，因其地处沈水（今浑河）之北（水北为阳）而得名。明朝改为沈阳中卫城，其大小相当于辽阳城的一半，为砖城，墙垣高广，壕堑深阔。《辽东志·建置志》记载：

> （城）周围九里三十步，高二丈五尺。池二重，内阔三丈，深八尺，周围一十里三十步；外阔三丈，深八尺，周围一十一里有奇。城门四：东曰永宁，南曰保安，北曰安定（后改镇远），西曰永昌。

沈阳城是辽阳的藩蔽，战略位置非常重要，此时，城内有总兵力约七八万人，由总兵贺世贤、副将尤世功统领。

驻守明军烽火台的士兵很快发现了后金军，立刻点燃烽火报警。贺世贤、尤世功闻警下令备战，在城外设置重重防御。在最外围的城壕设置陷阱，陷阱里插有尖桩，上掩浮土；城壕内，再挖壕，在壕内侧修栅栏1道；在栅栏内，又有2道深壕，壕内筑拦马墙1道；拦马墙内排列楯车和火炮；城上环列火器，分兵据守。防卫可谓周密严备。

[1]《明史》卷259，“袁应泰传”。

三月十二日，后金军兵临城下，努尔哈赤未敢贸然攻城，先派数十骑隔壕查探。武举出身的副将尤世功带着亲兵冲出，杀后金兵4人后返回。

翌日清晨，努尔哈赤再派骑兵挑战。总兵贺世贤带领千余人出城迎战。努尔哈赤定计，让诱敌的八旗兵装出不堪一击的样子，败走。贺世贤不知是计，紧追不放，进入埋伏地点，八旗兵四面合围，杀向贺世贤。贺世贤难以招架，且战且退，从东门退到西门，已身中数十矢，落马而死。努尔哈赤一面派精骑追杀贺世贤的部众，一面下令攻城。八旗兵挖土填壕，推楯车，竖云梯攻城。城上明军殊死抵抗，接连发炮，时间一长，因发炮过多，炮身炽热，装药即喷，失去了作用。八旗兵乘机蜂拥过壕，涌向东门。在城内，早时被贺世贤接收的蒙古兵叛变，砍断吊桥绳索，放下吊桥，八旗兵破门而入。尤世功率部退到西门，被团团包围，终于寡不敌众，奋战致死。城中七八万兵俱败，八旗兵绕城掩杀，覆尸如堆，沈阳城陷。

后金刚攻下沈阳城，有哨探来报："浑河南有兵至。"原来是明总兵童仲揆、陈策等统领1万川浙兵从辽阳北上增援沈阳。行至浑河，得知沈阳已陷，陈策下令还师，众将士却坚决请求进战。明军遂分为两大营，川兵渡河在桥北安营，浙兵留守桥南。明军手拿竹竿、长枪、大刀、利剑，身穿绵甲、铁甲，头戴绵盔、铁盔，摆出决战的态势。努尔哈赤命右翼四旗进攻川兵。双方展开激战，川兵顽强战斗，八旗兵也拼死搏杀，直杀得天昏地暗，川兵终因寡不敌众，致全军覆没，后金兵也死伤惨重。接着后金军渡河杀向浙兵，浙兵施放火器，后金兵死伤无算。直战至天黑，浙兵弹药已尽，力战而败，童仲揆、陈策皆战死。川浙兵虽战败，全军覆没，却极为壮烈。明称："自奴酋发难，我兵率望风先逃，未闻有婴（撄）其锋者，独此战，以万余人当虏数万，杀数千人，虽力屈而死，至今凛凛有生气。"[1]

① 《明熹宗实录》卷8。

沈阳城破，援军断绝，后金军在沈阳休整5天，努尔哈赤论功行赏，将俘获人畜尽数分给八旗将士。

辽阳城陷

三月十八日，努尔哈赤召集诸贝勒大臣，说："沈阳已拔，敌兵大败，可率大兵乘势长驱，以取辽阳。"[①]众人一致表示同意。于是大军浩浩荡荡从沈阳启程，向辽阳挺进。

辽阳历史悠久，战国时期，燕国在此设治，称辽东郡，称此城为"襄平"，汉唐以后称为辽东城，明称辽阳。在清政权建都沈阳之前，它一直处于东北的政治、经济、文化中心地位。辽东都指挥使司（简称辽东都司）治所在辽阳城，此外还有定辽中卫、定辽左卫、定辽右卫、定辽前卫、定辽后卫、东宁卫等卫治所，也皆在辽阳城。明代辽阳城为砖城，据《辽东志·建置志》载：

> （城）周围二十二里二百九十五步，高三丈三尺；池深一丈五尺，周围二十四里二百八十五步，城门九，左南曰安定，右南曰泰和，正西曰肃清，前东曰平夷，后东曰广顺，正北曰镇远，外北曰无敌，外东曰永智，外西曰武靖。角楼四座。

观其城门名字，即可见辽阳是座军事重镇，防御的对象是"东北夷"。自从后金警报频传，明朝一直在加强辽阳的防御能力。沈阳失陷后，辽东经略袁应泰立即采取紧急措施，将周围各堡兵力全部集结在辽阳城内，固守辽

① 《清太祖武皇帝实录》卷3。

阳城。

沈阳距辽阳不过百余里，后金军在十八日晚到达虎皮驿，城中军民早已闻风而逃，空无一人，大军就地安营过夜。明军哨探发现敌情，飞报辽阳城文武官员们说：“满洲大兵已取沈阳，援兵尽败，今又来攻辽阳，旌旗蔽日，漫山塞野，首尾不相见，至虎皮驿下寨。”[①]众官员们心惊肉跳，预感到大祸临头了。袁应泰下令引太子河水注入城壕内，沿壕布列火器，环城设置重炮，明军分段据守。

十九日中午，后金军抵达距离辽阳城东南不远处。当大队人马尚未完全渡过太子河时，明总兵李秉诚、侯世禄、梁仲善、姜弼等统兵5万，出城5里布阵，试图阻止后金军直接攻城。殊不知这正是努尔哈赤所期待的，八旗兵最擅长野外作战，可以充分发挥骑兵的骑射长技。努尔哈赤瞭望明军阵营后，下令攻打其左尾。皇太极坚决要求进战，努尔哈赤同意并派两黄旗兵助战。皇太极率两白旗兵奋力冲杀，明军放炮接战，八旗兵策马扬鞭，风驰电掣，冲入明军阵营，这时左翼四旗兵亦杀入，两相夹攻，明军大溃而逃。皇太极乘势追杀60里，直至鞍山驿始回。同时，袁应泰又派军队从西边武靖门出城，增援城外的明军，刚出城门，即遇两红旗兵，尚未交战，竞争相入城，人马自相蹂踏，死伤不可胜数。天已黑，后金收兵，在城南7里处安营。

二十日早晨，努尔哈赤对诸王臣说：“观绕城之水，西有闸门，可令左四固山（旗）兵掘之。东有水口，以右固山兵塞之。”然后他亲率右翼四旗兵布战车于城外以防卫，令八旗兵抬土运石堵塞河水入口。一会儿，左翼四旗兵来报：西闸口难掘，如夺桥而入可望成功。努尔哈赤回答：“桥可夺，试夺之，若得之，急来告我，吾当进攻此门。”[②]这时，袁应泰又派3万兵马出东门外布阵，排列火炮3层，向后金军发炮攻击。后金军在炮火中强渡壕

①②《清太祖武皇帝实录》卷3。

水，呐喊而进，两军酣战不退。后金援兵如潮水般源源不断，明军终于招架不住，向城内败退，后金兵乘势驱赶射杀，两军尸体填满城壕，壕水变赤。同时，左翼四旗正在夺西门桥，明军放炮射箭，后金军奋勇冲杀，推战车，竖云梯登城，夺下西城一面，占据两角楼，攻入城内。是夜，在城里，左翼四旗兵与明军在灯光、火光中通宵而战。

战斗已经进行到第三天，即二十一日黎明，右翼四旗兵也登城，八旗合兵一处，沿城追杀明军。袁应泰在城东北镇远楼督战，见城被攻克，遂纵火焚楼而死。分守道何廷魁携妻子投井死。监军崔儒秀自缢。总兵朱万良，副将梁仲善，参将王豸、房承勋，游击李尚义等，俱战死于乱阵之中。

辽阳城陷了，两千余年的古城再次易主，城墙上五颜六色的八旗旗帜在烟尘中飘扬。城中官民皆剃发归降，全城结彩焚香，门前贴黄纸书“万岁”牌。努尔哈赤乘轿，在众人簇拥下，在鼓乐吹打声中，进入辽阳城。城中道路两旁，官民俯伏，载道山呼“万岁”。

后金夺取辽阳之后，数日间，金、复、海、盖州卫悉传檄而陷。辽河以东地区，自辽阳以南直至沿海之东胜、长静、长宁、长定、长安、长胜、静远、镇北、镇江、汤站、草河、中固等大小几十城堡的官民，俱剃发投降。

后金在天命四年（1619）六月陷开原，七月克铁岭。六年（1621）三月连陷沈阳、辽阳及辽河以东大小70余城堡。在短短的一年多时间里，明朝在辽河以东的军事重镇尽为后金夺取，它在这一地区的统治土崩瓦解了，后金夺得全辽之半。

迁都城辽阳

如前所述，努尔哈赤在创业之初，修建了佛阿拉城，但当时尚未建国，所以它还不能算作后金的都城。随着统一女真事业的发展，弃佛阿拉再筑赫图阿拉城。公元1616年，清太祖努尔哈赤在赫图阿拉称汗，建元天命，赫图阿拉成为后金政权的第一座都城。

后金军事大本营的一再迁移

自从和明朝开战以后，努尔哈赤一直在考虑都城的搬迁问题。天命三年（1618）九月，他对诸王臣提议说："今与大明为敌，我国居处与敌相远，其东边军士途路更遥，行兵之时，马匹疲苦，可将马牧于近边地。西近大明国，于界凡处筑城。"[1]诸王臣认为有道理，议定后，始筑界凡城。努尔哈赤的提议是将界凡作为屯兵之所，界凡邻近明边，自界凡出兵征伐明朝，可

① 《清太祖武皇帝实录》卷2。

免去军士远途劳顿之苦。

界凡之地原是建州女真哲陈部的一个小山寨，界凡为满语，汉意为“河流交汇处”。它在赫图阿拉西北120里处，距沈阳百余里，距辽阳200余里，离抚顺则近在咫尺。努尔哈赤筑界凡城的目的很明显，后金取得抚清之役的胜利，极大地增强了进一步夺取辽东的信心。赫图阿拉距离明边较远，且被山岭沟壑所隔，行军不便，为从长计议，必须离开遥远偏僻的赫图阿拉，选择靠近明边而又交通便利之地建城居住。对这一点，朝鲜人李民寏看得很明白，他说：“今者弃其旧穴，移居者片（界凡），列筑坚城于中原之界，且耕且守，更出迭入，焚劫辽沈之间，殆尽无遗。闻近日将大举收掠禾谷云，此不过坐困之计也。”[①]李民寏在萨尔浒战后，在后金留居一年多，亲历了努尔哈赤移居界凡的全过程，对此事分析得十分深刻。

议定筑城后，即派出大批夫役，先营建基址，准备木石工料，因天气逐渐寒冷，工程暂停。

第二年二月，气温刚刚转暖，努尔哈赤就派出万余人到界凡运石筑城。不久萨尔浒战役爆发，工程再度中断。六月，夺取开原之后，努尔哈赤对诸贝勒大臣再次提出筑城的事儿，他问大家说：“吾等勿回都城，筑城界凡，治屋庐以居，牧马边境，勿渡浑河，何如？”贝勒诸臣持反对意见说：“不如还都，近水草，息马浓荫之下，沐之、饲之，马乃速壮；且使士卒归家，缮治兵杖便。”努尔哈赤知道众人没有理解他的意图，进一步解释道：“此非尔所知也。今六月盛夏，行兵已二十日矣。若还都二三日乃至，军士由都至各路屯寨，又须三四日，炎蒸之时，复经远涉，马何由壮耶？吾居界凡，牧马于此，至八月又可兴师矣。”[②]

① ［朝鲜］李民寏：《建州闻见录》。

② 《清太祖高皇帝实录》卷6。

努尔哈赤虽然口头上询问众人意见，其实，心中早已打定主意，以后要向辽东频繁发起军事进攻，为进攻之便，绝不可能再回赫图阿拉。他说服了众人，同月，界凡城修竣，迁来家眷，移驻界凡。界凡城在《盛京通志·城池志》中有记载：

界蕃城，（兴京）城西北一百二十里，在铁背山上。周围一里，东一门；又一小城，周围一百八十步，西一门。

朝鲜人李民寏在《建州闻见录》中描述界凡城："者片（界凡）城在两水间，极险阻，城内绝无井泉，以木石杂筑，高可数丈，大小胡家皆在城外水边。"

后金迁至界凡后，整休月余，即出兵攻克了铁岭，旋即又灭叶赫。

努尔哈赤在界凡城只居住了1年零3个月，于天命五年（1620）九月二十日，又迁至萨尔浒城。萨尔浒为满语"sarhū"之音译，汉意为"碗架子"，原属建州女真苏克素护部。该城建在萨尔浒山上，隔浑河与铁背山上的界凡城遥相对望。《盛京通志·城池志》载：

萨尔虎城，（兴京）城西一百二十里。内城周围三里，南与东各一门，西南、西北各一门。外城周围七里，四面各一门。

从界凡和萨尔浒两城规模上来看，界凡城因受地势所限十分狭窄，同时，城中绝无井泉，人畜饮水困难，故迁到界凡不久即开始修筑萨尔浒城。萨尔浒城在界凡西5公里，位于今辽宁省抚顺县李家乡竖碑村西北，距离辽东又近了一步。在萨尔浒城期间，后金发动辽沈之战，大获成功。战后，立即迁都辽阳。后金在萨尔浒城只栖驻半年。界凡和萨尔浒两城只不过是努尔哈赤不断向辽东靠近过程中的临时军事大本营。

以辽阳为都城

界凡和萨尔浒两城不能称之为都城，它们不过是后金在前行途中的两座军事行营。赫图阿拉是后金的第一座都城，那么，辽阳就是第二座都城，无论是城的地理位置，还是规制与大小，皆非以往各城所能相比。宫殿的建筑也不再是灰色，取而代之的是耀眼的金色。

天命六年（1621）三月二十一日，即攻克辽阳后的第三天，努尔哈赤就提出迁都，他询问诸臣说："辽阳乃天赐我者，可迁居于此耶，抑仍还本国耶？"众人皆认为应该返回本国，即回到辽东边墙之外。努尔哈赤却说：

> 若我兵还，辽阳必复固守，凡城堡之民，逃散于山谷者，俱遗之矣。弃所得之疆土而还国，必复烦征讨。且此处乃大明、朝鲜、蒙古三国之中，要地也，可居天与之地。[1]

努尔哈赤强调若弃辽阳，明朝必会再派兵固守，将来还要征讨；而且辽阳地处明朝、蒙古与朝鲜之中，实为战略要地。诸王臣被说服，一致同意迁都。于是，马上派人前往萨尔浒接后妃、皇子及众家眷。

辽阳城被一分为二，原城中的官民迁移到北城居住，南城作为后金诸贝勒王臣及八旗兵的居住区。四月五日，众眷属抵达辽阳。从此，明朝在辽东的政治、经济、文化中心变成了后金的都城。

第二年三月，努尔哈赤提出再筑新城，理由是：

① 《清太祖武皇帝实录》卷3。

辽阳城大，且多年倾圮，东南有朝鲜，西北有蒙古，二国俱未服，若释此而征大明，难免内顾之忧，必另筑城郭，派兵坚守，庶得坦然前驱，而无后虑矣。

诸王臣对修筑新城表示反对，认为筑城使民劳苦。努尔哈赤反驳道：

既征大明，岂容中止，汝等惜一时之劳，我惟远大是图，若以一时之劳为劳，前途大事何由而成？可令降民筑城。至于房屋，各建之可也。[1]

辽阳城年久陈旧，且经过这次战争，城墙已破败不堪，后金面临明朝、朝鲜、蒙古三大对手，努尔哈赤忧虑此城难以据守，所以提出修筑更加坚固的新城。当大臣们以"使民劳苦"为由反对建新城时，努尔哈赤批评他们是"惜一时之劳"，而他考虑的并非眼前利益，而是"前途大事"。从迁都到建新城，都反映出努尔哈赤深谋远虑，高瞻远瞩，具有政治家的胸怀和眼光。

新城建于辽阳城东的太子河畔，距老城4公里。城的规模是：

（城）周六里零十步，高三丈五尺，东西广二百八十丈，南北袤二百六十二丈五尺。城门八，与盛京城同东向者，左曰迎阳，右曰韶阳；南向者，左曰龙源，右曰大顺；西向者，左曰大辽，右曰显德；北向者，左曰怀远，右曰安远。[2]

① 《清太祖武皇帝实录》卷4。

② 《盛京通志·京城志》。

在筑城的同时，还修建了宫殿。宫殿建筑无论是质量还是工艺都有了飞跃性的进步。殿与宫皆筑于高台之上，这缘于女真人有择高而居的习俗，但二者截然分开，各成单元，殿为理政之处，宫为帝后生活之所。大殿为八角亭形，殿顶上铺黄绿两色琉璃瓦，琉璃瓦的釉面在阳光的照射下，折射出金色的光辉。在建筑纹饰上，采用了象征着帝王权威至高无上的龙凤图案。宫殿的建筑从布局以及材料的使用上，都显示出皇家宫阙的气派。后金称新城为“东京城”。

随后女真人“自萨尔浒迁户至辽东，自十一月初一日起第一族至，至十二月初十日方断。”[①]原居萨尔浒等处的女真人历时一个多月的时间，全部搬迁到了辽东。回顾女真人的迁徙历史，自元末明初即向南迁移，历经周折磨难，最终被一道边墙挡住了脚步。百余年来，他们试图越过边墙，皆以失败而告终。这缘于明朝的强大，也缘于女真人始终处于互不统属的分裂状态。如今，努尔哈赤完成了统一大业，把四处分散的女真统一在了一个政权之下，形成一个整体，他们凭借着骑射尚武的精神和坚不可摧的顽强意志，终于以武力摧毁了边墙，进入了以往以汉人为主的区域——辽沈地区。这是女真民族取得的重大胜利，但是，随之而来的是进入辽东之后，后金统治者要面对的一系列新问题。

① 《满文老档》第29册。

十三丁编一庄

后金迁都辽阳后，广大八旗官兵及其家属也迁至辽沈地区，他们离开原来的屯驻地，亦即离开了原有的庄园、耕地以及渔猎采集的山川，失去了经济来源。八旗兵丁在战争中要自备弓箭、甲胄、马匹以及粮食，所以经济来源是保持八旗战斗力的重要保障。如何安置广大的八旗官兵，如何解决他们的生计，成为迫在眉睫的问题。

天命六年（1621）七月十四日，努尔哈赤颁布谕令，内容如下：

海州地方拨田十万垧，辽东地方拨田二十万垧，共征田三十万垧，拨给我驻此地之兵马。至我百姓之田，仍在我地方耕种。尔辽东地方诸贝勒大臣及富家之田，荒芜者甚多。该荒芜之田，亦列入我所征之三十万垧田亩内。如不敷用，可取松山堡以内至铁岭、懿路、蒲河、范河、珲托河、沈阳、抚顺、东州、玛（马）根丹、清河、孤山等地之田耕种。若仍不足，可至边外耕种。往者，尔明国富人占地极广，雇人耕田，所获粮米食之不尽

> 而售之。贫民无田无粮，买粮而食，一旦财尽，即沦为乞丐。富人与其囤积粮谷以致朽烂，收集财物徒行贮藏，不如赡养乞丐贫民。如此，则鸿名相传，造福后世也。本年所种之粮，准其各自收获。今我清点田亩，平均每丁给粮田五垧、棉田一垧。尔等不得隐匿男丁，隐则不得其田也。嗣后，勿令花子乞讨，乞丐僧人皆给以田，勤加耕作。每三丁合种官田一垧，每二十丁，以一人充兵，一人应役。[①]

分析上段史料，可以得知：其一，谕令是下达给辽东汉人的，因此时女真人尚未迁入辽东，大规模的搬迁是在十一月份。其二，发布谕令的主要目的是向汉人征地，数额是30万垧，所征之地分给将要迁入辽东的女真人。其三，对辽东汉人进行计丁授田：平均每丁给粮田5垧、棉田1垧。其四，明确汉人对后金的义务：每3丁合种官田1垧，每20丁以1人充兵、1人应役。是年十一月，努尔哈赤再次谕令汉人："着二十人抽一人从军，其从军之人驻汗城。"[②]对女真人的土地分配是计丁授田，设"管田大臣"主管，分配的程序是先将土地分配给各旗，每旗再分给各牛录，每牛录再分给八旗兵丁，具体施行办法是：先将地亩划给各旗，每旗各派游击2人，每牛录各派千总1人，一同前往勘查测量田亩；每旗再分配给各牛录，由每牛录派章京1人率领前往，丈量地亩；每牛录再以每丁6垧分给八旗兵丁，兵丁在外戍守者，"可先使父兄速来，以记取尔等所分配之田舍，然后率子弟家人，妥为耕作及收获"[③]。初期的授田范围主要是在辽沈及辽南地区，由于所征地亩数不够分配，所以鼓励各牛录之人往抚顺、清河、开原、铁岭、柴河等边地耕种。

① 《满文老档》第24册。

② 《满文老档》第29册。

③ 《满文老档》第35、55册。

在为八旗兵丁授田的同时，也为八旗官员建立了庄园。八旗官员在原驻地皆有庄园，“自奴酋及诸子，下至卒胡，皆有奴婢（相互买卖）、农庄（将胡则多至50余所），奴婢耕作以输其主”①。进入辽沈之后，需要重建农庄，所以在计丁授田的过程中，八旗官员多占土地的事比较普遍。努尔哈赤也常赏赐庄园给有功之臣。如天命九年（1624）正月，赏给恩格德尔额驸、莽古尔岱7男丁之诸申庄子各两处，10男丁之汉人庄子各两处；赏囊努克、满珠西里、岱青、巴特玛4男丁之诸申庄子各一处，10男丁之汉人庄子各一处；赏门都达汉3男丁之诸申庄子一处，10男丁之汉人庄子一处②。

对汉人的计丁授田，在发布谕令后，并不见付诸实施的记载，也就是说没有真正实行计丁授田，原因是后金初入辽沈后对归顺汉人“未动房舍耕地，未侵家室什物，皆豢养之”③。令汉人“各安旧业”，即只要归顺，即可免遭杀戮，自守其田地家产，所以这些汉人有地耕种。

后金进入辽沈之初，对归降汉人实行编户，保持民籍，派汉官管理。但是，这与八旗“有人必八家分养之，有地必八家分据之”的八分制度相悖。在女真人看来，他们通过浴血奋战得到的一切，包括人口、牲畜、土地、财物等都是自己的战利品，应该归自己所有，以汉官辖汉民，只是刚刚进入辽沈实行的权宜之计。其实，努尔哈赤对汉官并不信任，即使对最早投降并招为额驸的李永芳亦如此。天命八年（1623）五月，传闻复州人要叛乱，努尔哈赤想派兵镇压，李永芳担心消息不实，建议暂不出兵。不料，努尔哈赤大怒，指责其心向着明朝，他严厉地申斥李永芳说：

> 故以尔之明帝为长，而以我为一时也。辽东汉人屡欲谋反，

① ［朝鲜］李民寏：《建州闻见录》。

② 《满文老档》第61册。

③ 《满文老档》第66册。

屡传密谋之书信，我每欲查抄之，因尔心向明，竟加谏阻。叛逃而往，尔心始快。一经发觉而诛之，则尔之心不适也。[①]

早在天命六年（1621）十一月，努尔哈赤就降谕：

倘汉人仍由汉官管束，则因其生性贪财而误国。今将河东汉人丁数均经清点，其分给诸申官员之人，可令诸申官员管之。凡不愿在汉官之下而愿来依附于诸申者，听其自便。[②]

这预示着将要取消民籍，把汉人统统纳入八旗之下。

由于后金实行民族压迫政策，汉人暴动、逃亡时有发生，民族矛盾日趋尖锐。于是，天命十年（1625）十月初三日，努尔哈赤下令对汉族缙绅及生员进行甄别，大肆杀戮，并将汉人计丁编庄，具体规定：

一庄编设男丁十三人、牛七头，庄头兄弟计入十三男丁之数内。将庄头带至沈阳，毗邻牛录额真家而住，二庄头之家住于一处。有事，则令二庄头轮番值班前往催办，诸申勿管之。庄头之名、庄内十二男丁之名及牛、驴之毛色，皆缮清单，交该屯章京，然后由前往之大臣造册带来。[③]

随后又补充：一庄给田百垧，其中20垧为官田，80垧供壮丁自用。

“计丁编庄”发布后，辽东汉人被编入田庄，按女真官员品秩被分配为

① 《满文老档》第51册。

② 《满文老档》第28册。

③ 《满文老档》第66册。

奴，使汉人直接隶属于八旗各牛录之下，成为八旗贝勒王臣的属人，于是，在辽东，没有了民籍，只有旗籍。

通过对女真人的计丁授田与汉人的计丁编庄，女真社会完成了由奴隶制向封建制的过渡，这是女真社会的巨大进步；但对汉人而言，其身份由原来的农民转变为农奴，则是一种倒退。

编庄后，汉人与女真人同处一屯，汉人每被侵扰，多有逃亡，加剧了民族矛盾，同时也阻碍了农业经济的发展。清太宗皇太极即汗位后，实行改革，恢复了部分汉人的民籍身份，实行女真与汉人分屯别居的政策，使民族矛盾得以缓解，经济得到发展。

四

进兵辽西

SHUDU QINGSHI
QINGCHAO XINGQI

两昼夜 血战西平堡

后金欲谋广宁城

后金自天命三年（1618）四月征抚顺，至天命六年（1621）三月攻克辽阳，用三年时间占领了辽河以东地区。辽东失陷，造成辽西一片混乱，“河西军民尽奔，自塔山至闾阳二百余里，烟火断绝”[1]。明朝举国震惊，廷臣筹划应对之策，众人皆主张固守辽西，若辽西不守，则山海关不保，京师便危在旦夕。而要固守辽西，广宁是关键。

广宁城（今辽宁北镇境内），背靠医巫闾山，南向大海，西邻锦州，东隔辽河与辽阳相望，是辽沈通往山海关的咽喉要地。明洪武二十三年（1390）设置广宁卫，以总兵官抚镇，遂成辽西一大军事重镇。明代的广宁城是在旧城遗址上修筑的砖城，以后又几度展扩。据《辽东志 · 城池志》载：经扩展后，城周围一里；池深一丈五尺，宽二丈；城门五：东曰永安，

① 《明史》卷259。

东南曰泰安，西南曰迎恩，西曰拱镇，北曰靖远；角楼四座：正北曰镇朔，东南曰柔远，西南曰望京，正西曰迎秀。广宁卫、广宁左卫、广宁右卫、广宁中卫四卫镇守总兵皆驻广宁城内。辽阳失陷后，辽东巡抚，都察院户部分司、分巡道也移驻广宁，足见广宁战略地位之重要。

明廷确立了固守广宁以保辽西的战略方针，任命王化贞为广宁巡抚。那么由谁来担任辽东经略，总揽山海关外的防务？有人又想起了解任在家的熊廷弼，认为他是最合适的人选，明熹宗也谕部院说："熊廷弼守辽一载，未有大失，换过袁应泰，一败涂地。"[①]他一面令吏部调查惩治弹劾熊廷弼的人，一面下诏恳请廷弼赴任。廷弼不计较个人荣辱与得失，以国家大局为重，再次临危受命。明天启元年（1621）五月十八日，廷弼到京"陛见"，六月一日上疏抗金保辽的"三方布置策"：一是以广宁为中心，集中主要兵力，凭坚城固守，沿辽河西岸修筑堡垒，驻兵防守；二是于天津、登州、莱州各置舟师，袭扰辽南半岛沿海地区，击其侧背，迫使后金回师内顾，从而收复辽阳；三是经略驻山海关，居中节制，以一事权。明廷任命廷弼为兵部尚书兼都察院右副都御史，驻山海关，经略辽东。七月初一日，在朝廷举行完隆重的饯行礼之后，廷弼带着明熹宗赐予的尚方宝剑离京赴任。

此时，巡抚王化贞正在广宁招集逃散的明军，已得万余人防守辽河，同时联络蒙古，寄希望于得到察哈尔部林丹汗40万大军的援助，又臆断以李永芳为内应。他上疏"愿以六万人进战，一举荡平"后金[②]，保证至"仲秋八月，可高枕而听捷音"，口出狂言。熊廷弼则反对进战，主张坚守防御，他认为蒙古不可靠，李永芳亦不可信。于是，经略与巡抚意见相左，一个主战，一个主守。而明廷"业已兵属王，又以尚方属熊，王握兵而不制令，熊

① 《明熹宗实录》卷9。

② 《明熹宗实录》卷18。

制令而不握兵”[1]。十几万大军掌握在王化贞手中，熊廷弼虽有尚方宝剑在手，却徒有经略虚名，而无经略实权。对于“经抚不和”，廷臣们意识到必坏封疆大事，应在二人中留取一人。

就在明廷九卿科道会议争议经略与巡抚的去留时，5万后金铁骑已经渡过辽河，兵指广宁了。

天命七年（1622）正月十八日，努尔哈赤率贝勒、大臣及众兵，离开辽阳，顶着刺骨的寒风，踏着积雪，过辽河，向西挺进。后金在夺得辽沈之后，即为攻打广宁做准备。天命六年（1621）三月，努尔哈赤派八旗兵前往三岔河侦察。辽河在流经海州西35公里处形成三岔河，过河西北行百余里即是广宁，明朝视此河为广宁天险，派兵防守。后金兵侦察的结果是桥已被拆毁，河面上没有一条船。至五月，李永芳已经在黄泥洼集结舟师，六月，又在张义站集结兵力。但后金军暂时没有进攻，努尔哈赤在忙于迁都后的诸项事宜。待辽沈局势已定，在探知辽西经抚不和之后，遂率9万大军向广宁发起了进攻。

血战西平堡

大兵压境，巡抚王化贞仓促布兵应战，以重兵坐守广宁，以总兵刘渠领两万人守镇武堡，总兵祁秉忠领万人守闾阳，副总兵罗一贵领3000兵守西平堡（今辽宁盘山境内）。

西平堡是广宁的前哨，后金军渡辽河，首先要攻取的目标就是西平堡。二十日，后金军包围了西平堡，努尔哈赤命人向城中喊话，劝守城将士投降，见无回应，便派兵到城下邀战。守城参将黑云鹤不听劝阻，策马出城迎

① 傅国：《辽广实录》卷下。

战，兵败，退回城中。二十一日晨，黑云鹤再次领兵出城应战，被八旗兵团团围住，他拼力厮杀，因寡不敌众，力竭被斩于马下。明军再无人敢出城应战，紧闭城门。李永芳命人举旗至城中，游说罗一贵投降。罗一贵怒骂道："岂不知一贵是忠臣，肯作永芳降贼乎！"说完，斩来使，登城上，举旗反招降李永芳。李永芳大怒，下令攻城。八旗兵拥车持盾，仰面箭射，如潮水般从四面八方冲向城池。罗一贵婴城固守，站在城墙上指挥明军施放火炮，在炮火的猛烈攻击下，八旗兵死伤累累，积尸与墙平，却前仆后继，不肯退却，三次将要破城，三次被击退。激战中，忽然一箭飞来，正中罗一贵的眼睛，罗一贵用手捂住眼睛，鲜血从指缝儿间流下，他不能再指挥战斗了。此时，城中火药已尽，城外尚无援军，罗一贵知道城不能守，向北跪拜说："臣力竭矣！"[①]说完挥刀自刭仆地身亡。激战直至中午，明军死的死，伤的伤，已无战斗力，八旗兵攻入城中，全城被血洗一空。西平堡的3000明军与9万后金军相持两昼夜，终于弹尽力屈，全军覆没，西平堡城陷。

在西平堡激战时，巡抚王化贞集合广宁、闾阳两路兵共计3万人赴西平堡救援。后金军发现明援军，努尔哈赤分兵迎击。刚一交战，明游击孙得功在阵后大喊："败了！败了！"边喊边向广宁方向逃去。副将鲍承先紧随其后。见主将先逃，明军一哄而散，惊慌溃逃。后金军乘机追杀，至沙岭（广宁南），大肆围歼，明援军3万人几近覆没，尸首遍地，只有少数人逃脱。直到康熙年间，在沙岭一带仍然是"白骨纵横沙草间"。有僧人法名心月，募金雇人捡拾尸骨掩埋，每天不下数十人，以近十年时间，方捡拾干净，埋入三座大坟，人称"万人坟"[②]。

① 《明熹宗实录》卷18。

② 王一元：《辽左见闻录》。

孙得功献广宁归降

后金军攻陷西平堡后，分兵攻取了镇武堡与闾阳，然后驻师西平堡，准备夺取广宁。

广宁城虽有重兵据守，但是王化贞“素不习兵，轻视大敌”，守备松弛，军纪涣散。闻听沙岭兵败，他急召孙得功至衙署，委以守城重任。岂料孙得功早已阴通后金，他一出衙署，就带领部属发炮，堵城门，封银库、火药库。城内顿时一片混乱，跑的跑，逃的逃。而王化贞却毫不知情，还在衙署阅读军报。参将江朝栋突然闯入，拉着他大叫：“事急矣，快走，快走！”王化贞见势不妙，匆忙收拾行李奔向马厩，马却已被牵走，仅剩两匹骆驼，只好用骆驼载着行李，在侍从的护拥下奔向城门。城门已被叛军把守，江朝栋等与叛军一番厮杀，方夺得城门，保护王化贞逃出城。

曾经口出狂言，要一举荡平后金的王化贞，现在连后金军的影子都没看到，就稀里糊涂地逃出广宁，奔向山海关。行至大凌河，王化贞与前来增援的熊廷弼相遇，他叹诉辽人内溃，孙得功谋反，自己几乎不得脱身之状。熊廷弼拨出5000兵护送王化贞及溃散的军民奔赴山海关，自己负责断后，下令将各城的仓库物资焚毁，不留给后金军。一时间，辽西大地浓烟滚滚，火光冲天，明朝集全国之力筹集的资财被付之一炬。熊廷弼撤离关外兵民，数十万辽西难民“携妻抱子，露宿霜眠，朝乏炊烟，暮无野火，前虞溃兵之劫掠，后忧塞虏之抢夺，啼哭之声，震动天地”[①]。明朝政府的无能与后金军的铁骑，让辽西人民深陷悲惨的境地。

二十三日，孙得功派广宁生员郭肇基等7人，前往后金军驻地西平堡，请

① 王在晋：《三朝辽事实录》卷7。

努尔哈赤进驻广宁城。后金军遂拔营向广宁进发，孙得功等早已出城东3里恭候，他们抬龙轿，吹奏鼓乐，迎接努尔哈赤。努尔哈赤仍怀有戒备之心，令李永芳率部先行，待查看城中确无明军，才放心进城。

后金不战而得广宁，周围共40余堡传檄而定。夺取广宁，是后金继辽沈之役后取得的又一重大胜利。努尔哈赤命人将福晋们接来，摆设宴席，庆贺夺取广宁。几天后，后金军将广宁城内的财物全部运回辽阳，大军凯旋，放火烧毁了广宁城。

广宁失陷，造成辽西的大溃退，使辽西局势为之大变。之后，继任辽东经略的王在晋在评价辽东、辽西局势时说：

> 东事一坏于清抚，再坏于开铁，三坏于辽沈，四坏于广宁。初坏为危局，再坏为败局，三坏为残局，至于四坏则弃全辽而无局。[①]

事后，熊廷弼与王化贞以“失陷封疆”罪，被判处死刑，双双下狱。迟至天启五年（1625），在魏忠贤的操纵下，熊廷弼被秘密处死；直至崇祯五年（1632），应众多廷臣的要求，王化贞才被斩首。

---

①《明熹宗实录》卷20。

八贝勒共治国政

后金政权的政体是君主集权制，即汗权至高无上，集国家军政大权于一身。但在天命后期，努尔哈赤开始着手改革，并在天命七年（1622）三月初三日，宣布实行八大和硕贝勒共治国政的《汗谕》。改革政体的目的是为解决择立汗位继承者的难题，同时保证爱新觉罗家族的统治稳固，“永远承继而不变”；政体改革的基础是八旗制度。

诸子争夺汗位

努尔哈赤起兵时，长子褚英只有4岁，弟弟舒尔哈齐与他共创大业，之后又有费英东、额亦都、何和理、扈尔汉和安费扬古“五大臣”加入，他们在跟随努尔哈赤南征北战的同时，也赞画机要，襄理国政。在统一女真事业的进程中，努尔哈赤的子侄们逐渐成长起来，尤其是长子褚英、次子代善、五子莽古尔泰、八子皇太极，他们相继各为旗主，领有部众，处理国政，驰骋疆场，屡有军功，成为努尔哈赤事业发展的左膀右臂。但是，随着诸子势力的不断增强，也开始了汗位之争。

褚英，自19岁即跟随父亲出征，骁勇善战，颇具军事才能，屡建战功，很受父亲赏识，赐号“洪巴图鲁”。因为是长子，努尔哈赤有意培养他，让他代理政务。而褚英却以自己功劳显著，受父器重而变得自大、锋芒毕露、心胸狭窄，代理政务后，刚愎自用、处事不公。代善、皇太极等联名告状，控告他索要诸弟财物，并声言：“凡与我不睦之诸弟及众大臣，待我即位诛之。”[①]努尔哈赤听后非常生气，对褚英厉声训斥，让他留居家中，不准出征。而褚英竟然焚表告天，以巫术诅咒父亲。事泄，努尔哈赤盛怒，将其囚禁，两年后，下令处死。

褚英被处死的第二年，努尔哈赤建元称汗，在此后的几年中接连发动对明朝的军事进攻。此时，他已年过60岁，汗位的继承问题又摆在众人面前，建储之争更加激烈，大贝勒代善和四贝勒皇太极明争暗斗。代善为人宽厚，努尔哈赤对其付以重托，曾对诸子说过：待他百年后，将诸幼子与大福晋交给代善抚养。这暗示着将由代善继承汗位。大福晋了解了努尔哈赤的想法，趋炎附势，每当诸贝勒在汗的家里举行宴会或议政时，大福晋便饰金配珠、锦缎装扮，倾视大贝勒。诸贝勒皆有察觉，但因惧怕大贝勒和大福晋而不敢告诉努尔哈赤。终于在天命五年（1620）三月，努尔哈赤的小福晋塔因查向努尔哈赤告发了，她说：

> 大福晋曾二次备办饭食，送与大贝勒，大贝勒受而食之。又一次，送饭食与四贝勒，四贝勒受而未食。且大福晋一日二三次差人至大贝勒家，如此来往，谅有同谋也。福晋自身深夜出院亦

①《满文老档》第3册。

有二三次。[1]

努尔哈赤半信半疑，派扈尔汉、额尔德尼等调查，结果属实。自己的福晋和儿子关系暧昧，这使努尔哈赤很恼火，但是，家丑不可外扬，便借口大福晋私藏金帛，勒令离去。这次事件不仅使代善声名狼藉，而且离间了努尔哈赤与代善的父子之情。

颁布“八和硕贝勒共治国政”汗谕

努尔哈赤年事已高，选立储君的计划一次次破产，看着诸子们为汗位明争暗斗，甚至骨肉相残，心痛不已。经过深思熟虑，他决定改革政权体制，变君主集权为“八和硕贝勒共治国政”，其核心内容是：由八和硕贝勒共同推举新汗，若新汗所行不善，八和硕贝勒有权罢免；八和硕贝勒共议国事，决策军国大政。八和硕贝勒即八旗各旗的领旗贝勒。

努尔哈赤实行“八和硕贝勒共治国政”制度的基础是八旗制度。八旗作为旗人组织，它集军事战斗、行政管理、组织生产等多种职能于一体，所以每旗都是一个独立的、庞大的军事、行政和生产单位。领旗贝勒是本旗最大的封建主，也是最高行政长官和军事统帅。八旗分而为八，皆为后金的八分之一，有相对独立的行政和经济权力；合而为一，共同组成后金国家。那么，作为各旗最高统帅的八大贝勒，必然是权力中心的成员，参议军国大政，当然最后的决断权在努尔哈赤。此外，“八分”是八旗制度中一项重要内容，即所有掠获的人口、牲畜、金帛等，皆按八旗平均分配。努尔哈赤曾强调：“预定八家但得一物，八家均分公用，毋得分外私取……凡军中

① 《满文老档》第14册。

所获之物，毋隐匿而不明分于众，当重义轻财可也。”[1]在《满文老档》和《清太祖实录》当中屡见“尽均分为八份”“由八家分取之”“分赐给八家”“八家分之”等字样。既然财物皆“八分”，那么权力也可“八分”，就是八大贝勒可分享国家的决策权。综上所述，是八旗制度使实行“八和硕贝勒共治国政”成为可能。

天命七年（1622）三月三日，八大贝勒进见父汗，向其询问：“天赐基业，何以奠定，何以永承天休？”努尔哈赤在回答诸子的问题时重申并进一步丰富了“八和硕贝勒共治国政”的政治理念。八和硕贝勒，也就是代善领正红旗、莽古尔泰领正蓝旗、阿敏领镶蓝旗、皇太极领正白旗，为四大贝勒；阿济格领正黄旗、多铎领镶黄旗、岳托领镶红旗、杜度领镶白旗，为四小贝勒。努尔哈赤所说的八和硕贝勒共治国政的主要内容，归纳起来有如下几点：

第一，八贝勒握有废立（后）金国汗的权力。“择能听尔八王之言者嗣父为国君。若不纳谏，所行非善，尔八王即再选其能听尔八王之言者而立。”新汗不由先汗确定，也不能自封，而是由八贝勒共同推举产生；新汗如果不具有贤德和才能，八贝勒可废黜之。

第二，八贝勒共议国政。因“一人有识，能及众人共谋乎”？所以让八王共谋，才能减少失误。在商讨国家大事时，“八王面君时，勿一二人相聚，须众人齐聚之，共议国政，商办国事”。八王共议，集体决断，是为防止新汗独断专行。

第三，财产八分。因为担心财富分配不均而引起祸端，也防止新汗凭权力垄断财富，努尔哈赤强调：“若逾父汗所定八份所得以外，另行贪隐一物，隐一次，即免除一次所得之份；隐两次，即免除两次所得之份；隐三

---

① 《清太祖武皇帝实录》卷4。

次，则永免其所得之份。”[①]

八和硕贝勒共治国政体制是八旗制度在国家政治上的具体体现，这在迁都沈阳后修建的大政殿和十王亭上表现得非常明显。努尔哈赤改革国家政体，实行八王共治，避免了汗位之争，旨在防止因新汗无道而断送江山，但从长远上看，这不符合后金社会发展的历史趋势，甚至会阻碍它的快速发展。所以，当皇太极受诸贝勒推举，成为新汗后不久，就开始削弱四大贝勒的权力，加强汗权，最终实现“南面独坐”，重新建立起君主专制政体。努尔哈赤的“八和硕贝勒共治国政”体制只实施了数年。

① 参见《满文老档》第38册，天命七年三月三日。

二　迁都城沈阳

力排众议迁都

后金取得辽沈战役的胜利后，马上迁都辽阳，把明朝昔日的辽东首府作为自己的都城，兴建新城与宫殿，天命九年（1624）四月，努尔哈赤又命人将景祖（觉昌安，努尔哈赤之祖父）、显祖（塔克世，努尔哈赤之父）及大妃叶赫纳喇氏等人的遗骨迁至辽阳，重新埋葬在城东北2公里许的杨鲁山上。一切迹象都显示出，辽阳将会是后金的永久性都城。可是，翌年三月初，努尔哈赤召集诸贝勒大臣议事，突然提出要迁都沈阳。众人愕然，不理解为何要放弃刚刚落成的新城和宫殿而迁往沈阳。当时，沈阳城尚不及辽阳城一半大小，经过后金军的攻城战，早已破败不堪。大家劝阻说："东京城新筑，宫廨方成，民之居室未备，今欲迁移，恐食用不足，力役繁兴，民不堪苦矣。"面对大家的反对和不理解，努尔哈赤解释说：

沈阳四通八达之处，西征大明，从都儿鼻渡辽河，路直且近，北征蒙古，二三日可至。南征朝鲜，自清河路可进。沈阳浑河通苏苏河，于苏苏河源头处伐木，顺流而下，材木不可胜用。出游打猎，山近兽多。且河中之利亦可兼收矣。吾筹虑已定，故欲迁都，汝等何故不从。[1]

努尔哈赤申诉迁都的理由有三点：一是沈阳的战略地位优于辽阳。沈阳位于辽阳之北，对于向西伐明朝、向北征蒙古、向南征朝鲜，较之辽阳确实处于居中位置，其地面开阔，有更大的回旋余地。二是地理环境便于行军作战。辽阳地处辽河下游，地势低洼，每至夏秋之际，到处积水，潮湿泥泞，不利于行军。而沈阳地区多平原，地势较高，气候干燥，西征大明，向北经都尔鼻（也作都儿鼻，今辽宁彰武境内）渡辽河，已近内蒙古草原，地势平坦开阔，十分利于骑兵行军作战。后来清太宗征明或征蒙古时，多选择该条路线。沈阳今天成为东北地区的大都会与交通枢纽，也证明了努尔哈赤具有政治家的战略眼光。三是自然环境不逊于辽阳，城周围有山与河流，适合女真人狩猎网鱼。

其实在努尔哈赤阐明的理由之外，迁都背后还有更深层次的原因：

一是辽阳地区满汉民族矛盾日趋尖锐化。后金进入辽东后，实行一系列的民族压迫政策。自抚顺游击李永芳剃发投降之后，便以“剃发”作为投顺的标志。强令汉人“剃发”，改变他们千百年来形成的习俗，激起了汉人的反抗，后金给予武力镇压。如镇江汉人不“剃发”降顺，努尔哈赤派武尔古岱和李永芳率兵前往镇压，屠杀拒不“剃发”的男子，将俘获的女人与孩子带回分给八旗官兵为奴[2]。女真人从赫图阿拉等故地迁入辽东后，粮食不

① 《清太祖武皇帝实录》卷4。

② 《满文老档》第22册。

足，没有住房，便以征服者的姿态强行与汉人同食同住，食汉人的粮食，住汉人的房屋，很快民族之间的摩擦、纠纷加深。努尔哈赤为缓和汉人的不满和仇恨，曾宣布：“与诸申人同住之汉人，其住房、耕田、粮食被征之苦，俟筑城工竣，如同我诸申人免征徭役数年，以资休养。勿以为不知尔等之苦也。”[①]让汉人负担女真人之所需，极大地加重了汉人的负担。数以十几万计的女真人迁入辽沈， 为占有土地和防止汉人逃亡与暴动，强迫部分地区汉人迁往异地，结果造成辽沈地区大动荡，经济衰退，发生粮荒。天命九年（1624）正月初五，努尔哈赤下令清查“无粮之人”，规定：

凡一口有诸申斗六七斗者，准其居住；一口有五斗者，或所去之人有牲畜者，经核计若可以维生，则准其居住之；计之不敷者，则计入无粮之人数内，并将无粮之男丁数、人口数，造册奏汗，以听候汗令。[②]

二十七日，再选派人员前往各处，杀无粮之汉人。

努尔哈赤屠戮汉人，以养女真。面对如此压迫，汉人以逃亡、暴动、投毒、袭击等方式反抗。为保障女真人的安全，努尔哈赤下令：女真人出门务必携带武器，10人左右结伴而行。为防止被毒杀，又特发布谕令：

据闻有投毒于水或盐中，或以毒饲猪而售者。我兵丁购猪，当日勿宰，留二三日，待药毒散尽，再行宰食。其水或盐，加意小心，缘何坠其奸计耶。既有所闻，我等即须善保自身，凡葱、

① 《满文老档》第30册。
② 《满文老档》第60册。

瓜、茄子、鸭、鹅、鸡等诸物，均加留意。[1]

可见，投毒事件频仍已令女真人坐卧不安，心惊胆战了。辽阳及其以南的海州、复州、盖州、金州等地汉人集中，女真人置身于汉人的包围之中，如坐针毡。

二是新建的东京城所处地势无险可依。努尔哈赤要寻一方可守可退的安全之地作为都城，也是他西进征明的大本营。自后金和明朝交战以来，虽然不断取得胜利，但明朝毕竟是“天朝大国”，若集全国之兵力与财力进剿，对后金政权也是巨大的压力。辽阳深入腹地，如果明朝大军压境，一旦不能守，撤退也难。而沈阳北邻原海西女真故地，东面接抚顺，即建州女真故地，一旦与明军作战失利，便可迅速撤回故里。与辽阳比较，以沈阳为都城，可攻、可守、可退。

上述两点大概是努尔哈赤选择沈阳并仓促搬迁的主要原因吧。

沈阳成为都城

三月初三上午，努尔哈赤出城拜祭父祖陵墓之后，即率部众启程奔赴沈阳，夜里驻跸虎皮驿，初四日，抵达沈阳。

努尔哈赤在迁到沈阳后的第二年便去世了，关于他搬迁沈阳后的居址问题，因史书缺载，一直是个谜，直到有满文标注的《盛京城阙图》被发现，谜底才解开。《盛京城阙图》上标明“汗王宫”位于沈阳中卫城北门（镇远门）内，是一座两进院落，为努尔哈赤及其后妃们的生活之所。另外根据新发现的《侯氏宗谱》记载，其先人侯振举居于海州（今辽宁海城）黄瓦窑，

① 《满文老档》第23册。

在天命九年（1624），先已奉命在沈阳修建“汗宫”，即《盛京城阙图》中用满文标注的“努尔哈赤居住之宫”。“汗王宫”遗址在2012年已被发掘。

努尔哈赤在沈阳来不及大规模营建宫殿，除汗王宫之外，只修建了处理政务的大政殿和八旗王亭。大政殿，早期称为“大衙门”，坐北朝南，建在高约1.5米的“须弥座”式台基上，通高19米。殿顶为八角重檐攒尖式，铺黄琉璃瓦并衬以绿色剪边。大殿由内外40根圆木支撑，殿身八面不砌砖石，而用24扇红色隔扇木门围成，可任意向四面八方同时开启。今日的大政殿已历经后世子孙修缮，屡经油饰彩绘，虽已失原貌，但框架结构仍不失其基本风格，雄伟壮观、气势磅礴。在大政殿前面的两侧，由北向南依序排列着十座亭子，东西对称各为五座，东侧为左翼王亭和镶黄、正白、镶白、正蓝四旗亭；西侧为右翼王亭和正黄、正红、镶红、镶蓝四旗亭。八旗旗主固山额真各据一亭，加上左右翼王亭，合为十座王亭，它与大政殿为同一组建筑，位于今故宫建筑群内的东部，故又称之为东路。这组建筑将八旗制度融入宫殿建筑布局之中，具有鲜明的民族特色，也体现了八旗组织在国家政权中的重要地位，以及八旗与汗（皇帝）的关系。乾隆四十三年（1778），清高宗至盛京祭祖，游览大政殿和十王亭，感慨赋诗道：

> 一殿正中据，十亭左右分。
> 同心筹上下，合志立功勋。[1]

清高宗触景生情，借赞美大政殿和十王亭，缅怀祖先创业时期上下同心协力，合志建立功勋的盛况。

沈阳城和宫殿的全面修建是在清太宗时期完成的。天聪八年（1634）四

---

① 阿桂等撰：《盛京通志》卷15。

月，清太宗改沈阳为“天眷盛京”，取兴盛之意。

盛京宫殿是一座富有满族特色，融合满、蒙古、汉多民族建筑艺术为一体的皇家建筑群，规模雄伟，气势磅礴，红墙黄瓦，金碧辉煌。今日的沈阳故宫，依其建筑布局可分为三部分：东部为努尔哈赤时期建筑的大政殿和十王亭；中部是清太宗时期续修的大内宫阙，主要包括大清门、崇政殿、凤凰楼及后妃诸宫；西部是乾隆时期增建的宫殿楼阁。

历史证明，努尔哈赤迁都沈阳的决策是英明的，拥有沈阳就是占据了战略的制高点，后经清太宗皇太极朝近20年的艰苦奋斗，沈阳成为后金（清）稳定的都城，也是它事业蓬勃发展的根据地。

回顾努尔哈赤自起兵创业伊始，先后修筑佛阿拉城、赫图阿拉城、界凡城、萨尔浒城、辽阳新城，最后迁至沈阳城。其中，赫图阿拉、辽阳、沈阳被他的后世子孙分别尊为兴京、东京、盛京。努尔哈赤屡建都城，又屡次放弃，反映出他勇于进取开拓的精神与气魄，一座座都城就是一个个坐标，显示了后金政权发展的历史轨迹，也彰显着它骎骎乎前进不已的发展态势！

百战独败宁远

自天命七年（1622）夺取广宁之后，后金在4年时间里，忙于巩固对辽沈地区的统治，没有再向辽西发动军事进攻。在此期间，明朝也屡换经略，加固辽西军事防线。

袁崇焕驻守宁远

辽东经略熊廷弼与巡抚王化贞因广宁失守被问罪，兵部尚书张鹤鸣害怕追究他的责任，于是主动请愿，要求去山海关督师。当时对于明朝将吏来说，山海关即是鬼门关。张鹤鸣在躲过风头之后，便以有病为由辞职归乡了。廷臣推荐王在晋经略辽东、蓟镇、天津、登州。王在晋上疏请辞，熹宗不准，只好无奈赴任。此时，明军已放弃山海关外，狭长的河西走廊成为双方不设防地带，山海关直接暴露在后金面前。王在晋到山海关后提出要在山海关外八里铺修造重关，派驻4万兵防守[①]。王在晋计划以数万民夫再建造一道长城，以此来防御后金。他的提议遭到袁崇焕等人的反对。

袁崇焕，字元素，广西藤县人，万历四十七年（1619）进士，授福建邵武知县。他为人慷慨，有胆略，好谈兵，“遇老校退卒，辄与论塞上事，晓其厄塞情形，以边才自许”。天启二年（1622）正月，他大计至北京，御史侯恂提请破格留用，于是授兵部职方司主事。广宁师溃，廷议扼守山海关。袁崇焕单骑到塞内外考察，回京后，慷慨陈词道：“予我军马钱粮，我一人足守此。”[②]朝廷破格提升他为宁前兵备佥事，监关外军。袁崇焕赴任后，力主积极防御，坚守关外，营筑宁远，以图大举。

王在晋主张再造重关，放弃山海关外，是为消极防御；袁崇焕力主坚守关外之宁远，屏障关内，是为积极防御。二人意见相左，互不妥协。兵部尚书孙承宗支持袁崇焕，他到山海关力劝王在晋，未果，于是面奏明熹宗，把王在晋调离，出任南京兵部尚书。

孙承宗自请督师，获允。他重用袁崇焕，共同部署了一条以宁远为重点，与锦州、山海关连为一体的防线，史称“宁锦防线”。袁崇焕亲手重新设计，军民合力，营筑宁远城。城高3丈2尺，雉高6尺，墙基广3丈、上2丈4尺。一度荒凉破败的宁远城变成了抵御后金的关外重镇。孙承宗在辽3年多，制定了“以辽人守辽土，以辽土养辽人”的战略，巡察辽西各处，整军纪、备火器、建营垒、筑炮台、买马匹、练骑卒，使辽西边防大备，形势好转。岂料明廷党争愈演愈烈，孙承宗清廉耿直，被阉党排挤出朝廷，回乡养病。

明廷启用高第经略辽东。高第胆小懦弱，上任不久就下令尽撤锦州、右屯、大凌河、宁前诸城守军入山海关。袁崇焕坚持兵不可撤，城不可弃，

---

①《三朝辽事实录》卷9。

②《明史·袁崇焕》卷259。

他大义凛然地说："宁前道当与宁、前为存亡！如撤宁、前兵，宁前道必不入，独卧孤城以当虏耳！"[①]袁崇焕誓与宁、前共存亡，高第无奈，只好将其他各城军民撤入关内。这场大撤退使整个辽西军心不振，民怨沸腾，百姓怨声载道，哭声震野，一片混乱。撤退之后，山海关大门紧闭，在关外，只有袁崇焕驻守的宁远城孑然仅存。

努尔哈赤战败宁远城下

"既征大明，岂容中止！"[②]这是努尔哈赤在天命七年（1622）三月与王臣商议修筑东京城时说过的话，占有辽河以东地区绝不是后金的最终目标。这四年来，后金之所以未进攻辽西，一是忙于在辽沈建立新的统治秩序，二是等待时机。

天命十一年（1626）正月，努尔哈赤已经是67岁的老人了，俗话说：人活七十古来稀，可是，已近古稀之年的努尔哈赤仍然精神矍铄，斗志不减。春节刚过，他探知辽西有变，关外只有宁远孤城独守，机不可失，又正值天寒地冻，辽河封冻，努尔哈赤遂于十四日率大军五六万再次出征，兵锋直指宁远。十六日抵达东昌堡，十七日过辽河，布兵于旷野，南至海岸，北越广宁大路，前后如流，首尾不见，旌旗剑戟如林。

此时，宁远城外无任何增援，城内只有近2万守军，但城中军民誓与城共存亡。袁崇焕深知明军不善野战，难以和后金骑兵相匹敌，他吸取辽东失守之惨痛教训，制定了"凭坚城用大炮"的战略，派满桂守城东，左辅守城西，祖大寿守城南，朱梅守城北。袁崇焕坐镇城内钟鼓楼之上统率全城。为

① 《明史·袁崇焕》卷259。

② 《清太祖武皇帝实录》卷4。

了激励士气，他“刺血为书，激以忠义，为之下拜，将士咸请效死”[1]。宁远城守军已严阵以待。

二十三日，后金大军抵达宁远，越城2.5公里，横截山海大路，安营布阵。努尔哈赤先行攻心术，试图招降袁崇焕，他把俘获的汉人放入城中，带信给袁崇焕说：“吾以二十万兵攻此城，破之必矣，尔众官若降即封高爵。”崇焕斩钉截铁地拒绝说：“汗何故遂加兵耶？宁锦二城乃汗所弃之地，吾恢复之，义当死守，岂有降理？”[2]然后，下令炮轰后金军大营。努尔哈赤见招降不成，便命令准备战具，明日攻城。

二十四日，后金军架云梯，推楯车，步骑蜂拥而上，将宁远城团团围住，万箭齐发，射向城上的明军。城上施放大炮，炮弹落地开花，后金军死伤累累，仍不退却，前仆后继，终于进至城下，挖凿城墙。大炮不能直射城下，对于正在凿墙的后金军失去了作用。后金军奋力凿城，正值隆冬，天寒地冻，凿城的进度很慢，终于凿开了高两丈有余的大洞三四处。情况危急，袁崇焕命众人将火药洒在棉被和柴草上，扔到城下，再射下点燃的火箭，顿时城下一片火海，楯车、云梯被烧毁，凿城的士卒纷纷被烧死。是日，双方自清晨激战至深夜，后金军伤亡惨重，只好收兵。

二十五日，后金再次倾力攻城，但在大炮的猛烈攻击下，步骑兵纷纷倒下。又不能克，乃收兵。

二十六日，努尔哈赤面对大炮与坚城已经无计可施，他打探到明军的粮草俱屯于城南8公里的觉华岛，立即命武讷格等率八旗蒙古兵前往攻打。八旗兵攻城失利，心里憋着怒火，策马疾驰，冲向了觉华岛。岛上明军在冰上安营，凿冰7.5公里，想阻断后金军的进攻，但是后金军寻到未凿之处杀入，铁

① 《明史·袁崇焕》卷259。
② 《清太祖武皇帝实录》卷4。

骑驰突，刀起箭落，明军很快被冲得七零八落，纷纷倒在铁骑之下，7000多人全部战死。岛上有船只2000余艘、粮草千余堆，皆被放火焚烧。

二十七日，努尔哈赤见八旗将士伤亡惨重，宁远城不能克，遂率军返回，二月九日到达都城沈阳。

当宁远城被围时，“举国汹汹”，及闻宁远捷报，京师“士庶空巷相庆”。宁远大捷是明朝自抚顺失陷以来的第一个胜仗，天启帝称：“此七八年来所绝无，深足为封建吐气！”[①]兵部尚书王永光不胜感慨地说：“辽左发难，各城望风奔溃，八年来贼始一挫，乃知中国有人矣！”[②]袁崇焕取得大捷，原因是多方面的。首先，他改变了以往明军出城野战的战术，而是凭坚城大炮固守，在战略战术上扬长避短；其次，明军使用新式武器红夷大炮，杀伤力强大，战后，明廷封一门红夷大炮为“安国全军平辽靖虏大将军”；再次，经袁崇焕战前动员，全城军民同仇敌忾，上下一心，拼死一战。事实证明，明朝以往一路败绩，将领无勇无谋是主要原因之一。然而，使明朝与后金几年来的战争局面发生逆转的人物——袁崇焕，却在宁远战役四年之后，因后金的离间计，被昏庸的崇祯皇帝处死。

努尔哈赤自25岁起兵以来，凡43年，身经百战，战无不胜，攻城略地，攻无不克，唯在宁远受挫。后金兵死伤惨重，据《清太祖武皇帝实录》卷4载：共折游击2员、备御2员、兵500。显然，这是被大大缩小了的数字。明朝各方记载亦无准确数字，或言数千，或言无算，估计后金伤亡人数当在数千人。努尔哈赤在此战役中犯了兵家大忌——轻敌，他以为攻克宁远犹如取开铁、辽沈一般容易，却不料遇到袁崇焕这样胆识与才能兼备的军事将领。此外，他固守骑射战术，以其为战争取胜之法宝，不能学习他人之长技。其实

① 《明熹宗实录》卷68。

② 《明熹宗实录》卷63。

在争夺辽东的诸次战役中，后金已缴获大批火炮，却弃之不用，结果，在宁远战役中，后金兵的血肉之躯在明军红夷大炮的轰击下化成了炮灰。

自宁远战失利后，直至努尔哈赤去世前，后金再也没有向辽西发动过军事进攻。

六十八岁魂断叆鸡堡

宁远兵败使努尔哈赤心情沮丧，回到沈阳后，他反复思量自己为什么在宁远遭此重创？《清太祖武皇帝实录》载，天命十一年（1626）三月三日，他说："吾思虑之事甚多，意者朕身倦惰而不留心于治道欤？国势安危民情甘苦而不省察欤？功勋正直之人有所颠倒欤？再虑吾子嗣中果有效吾尽心为国者否？大臣等果俱勤谨于政事否？"[①]

他既在思考宁远之败的教训，又在思虑诸子们是否皆尽心为国，大臣们是否皆勤于政务。

为打破战败的沉闷气氛和重振士气，努尔哈赤把注意力转向了蒙古。

与蒙古科尔沁部结盟

蒙古喀尔喀五卫王与后金盟誓，曾言"征大明与之同征，和则与之同

① 《清太祖武皇帝实录》卷4。

和”，但私下却与明朝修好，违背盟约，杀后金的哨探，献首于大明；又屡次劫掠后金使者财物牲畜。于是，四月初四，努尔哈赤亲统大军讨伐蒙古五卫王。初五日，渡辽河安营，先派诸王率领精骑寻找五卫王居处，他领大军继其后，昼夜兼程。初七日晨，始分兵八路并进。前锋皇太极、阿敏、阿济格、岳托先期到达囊努克寨。囊努克是喀尔喀部巴林卫叶赫巴图鲁的幼子，得到后金来袭的消息，带领侍从数人弃寨而走。诸王紧追不放，囊努克且战且走，忽然，四王皇太极出现在他背后，囊努克措手不及，被射于马下。随后，大军赶到，攻取邻近村寨，尽收其财物牲畜。初九日，诸王领精兵1万，前往西拉木伦河一带，未遇到抵抗，收获牲畜无算，返回大营。努尔哈赤率兵回到科坤河边安营。

五月初一日，努尔哈赤令宰牛8头，举行祭旗仪式。初二，喀尔喀部巴林卫喇巴拖布依与其弟德尔喀礼率百余户来降，努尔哈赤予以接待。是日，将所获人畜56500余全部赏给将士，旋即班师。

十六日，蒙古科尔沁部奥巴来沈阳叩见努尔哈赤。努尔哈赤派莽古尔泰、皇太极及诸王率众出城远迎。行三日，在中固城遇到奥巴一行，行接见礼，大宴奥巴，然后至汎河郊外，奥巴也宰牛羊宴请诸王。第二天，诸王又设宴答谢。二十一日，奥巴一行将至沈阳，努尔哈赤出城5公里安设营帐，隆重迎接。奥巴率领属下入帐叩首拜见努尔哈赤，然后，诸王也依次行接见礼。奥巴等献貂皮、貂裘、驮马。宴会后，努尔哈赤赐奥巴等人雕鞍、马匹、金顶帽、锦衣、金带等物。奥巴大喜说：“今蒙赐太重，吾等意后必有掣回之日，是以且喜且讶，而未敢深信也。”努尔哈赤笑着答道：“些须之物，何足为意，但以后赐与之物，不过随其心而已，谁肯以好物给之。尔等若见诸王所服之衣暨奇异之物，即任意逼取之可也。”努尔哈赤态度和蔼可亲，说话风趣幽默，与奥巴开起了玩笑。及奥巴等入城，每日设宴，给予隆重的礼遇。奥巴派人问诸王说：“汗曾许我以女，若果允之，吾可娶也。”

诸王转奏，努尔哈赤考虑后，将图伦（舒尔哈齐第三子）女肫姐许配给他。

六月初六日，努尔哈赤与奥巴在浑河岸边宰白马乌牛，举行盟誓仪式，努尔哈赤说：

> 我本安分守己之人，被大明国并查哈拉、胯儿胯部欺凌，隐忍无奈，乃昭告于天，天遂佑之。又查哈拉、胯儿胯连兵侵廓儿沁部奥巴，亦蒙天祐（佑）。今奥巴怀恨二部，为国事来与我共议，彼此受厄之人，盖天所凑合也。如能体天心，相好不替，而无欺诳者，天必眷之，不然天必咎之，降以灾危。和好后，子孙有败盟者，天亦以灾危，咎其人。如克敦盟好，天自永为眷顾。

奥巴盟誓说：

> 天命入主中原公正明汗，奇缘遇合奥巴，今以盟言告天。吾廓儿沁王等，自事扎撒兔以来，忠心于查哈拉、胯儿胯，未有分毫不睦，今欲相好而不得，彼唯知劫杀不已，将我廓儿沁部诸王虏杀几尽，后无辜而杀我搭赖台吉，后宰赛又杀我六贝勒，因无辜劫害，不图和好，吾等故成敌也。彼谓我敢于抗敌，因以加兵，幸皇天默祐（佑）得脱，又得满洲汗协助，吾不敢忘天所祐（佑）、汗所助，故来此谒汗，祝天地，盟好。若渝盟忘恩，仍与查哈拉、胯儿胯相和者，天罪以灾危。如践盟言，不忘汗恩，天必眷之。后之子孙倘有败盟者，皇天亦以灾危罪其人。如守盟言，世好不替，天自永为之眷顾。①

① 《清太祖武皇帝实录》卷4。

盟誓后，焚香献牲，努尔哈赤与奥巴三跪九顿首完毕，将两份誓言书当众焚烧。奥巴在后金逗留了20余天后返回科尔沁。从此，奥巴忠心于后金。

有清一代，蒙古科尔沁部对清政权的巩固及其在与蒙古各部的关系中发挥了重要作用，无疑，双方关系的基础是在努尔哈赤时期奠定的。

训诫诸子大臣

努尔哈赤对蒙古的军事及政治活动持续3个月，看不出有何疾病，一切似乎都正常。据《清太祖武皇帝实录》，六月二十四日，他对诸子和众大臣训话，从内容看，像是遗嘱，其内容主要有以下几点：

其一，"八家均分公用"的原则。他强调："八家但得一物，八家均分公用，毋得分外私取。"

其二，进谏与纳谏。他说："诸王昆弟中，有过不可不极力进谏，而存姑息心，若能力谏其过，诚为同心共事人也。"

其三，为君者要经艰苦，而勿享安逸。他认为："以经艰苦者为君，致令国受其福；以享安逸者为君，致令国受其苦。"同时也表达了他的担忧，说："吾艰苦所聚之民，恐尔诸王多享安逸，未知艰苦，有劳其民，不知有德政方可为君为王，否则君王何以称也？"

其四，强调国家当"以赏示信，以罚为威"。叮嘱八和硕贝勒"继我之后，亦如是严法度，以效信赏必罚"。

努尔哈赤将训词写成书面文字，分与诸王保存。在这篇训词中，努尔哈赤再次重申八家均分制的原则。告诫诸子大臣，不得徇私，不得贪财；对有过错者要力谏，不能姑息，所谓"苦言药也，甘言疾也"；要能吃苦，学会动心隐性，不能求安逸；以德治国，勿令百姓疾苦，以赏示信，以罚为威，才能"商贾积货，农夫积粟"。叮嘱诸王"心领所训，承我基业而笃行之”。告诫的内容都是对子孙的嘱托，可谓语重心长。而从最后一句，明显可以看出，努尔哈赤要将国事交与诸王，自己要“坐观尔等作为”了。

此时，努尔哈赤已经68岁，他老了，尤其是宁远战败使他受到沉重的打击，心力交瘁，疲惫不堪，他似乎看到死神已经在向他逼近。自天命五年（1620）始，追随他一起创业的“五大臣”，每年有一人辞世。天命九年（1624）八月，五大臣中的最后一位何和理去世，努尔哈赤令皇后前去吊唁，自己在宫中痛哭。五大臣的年龄都比他小，看着往日朝夕相伴，共同在战场上拼杀的五大臣相继离去，他意识到死亡离他也不远了。无论他是否甘心，也不管他精神与身体有多么强大，他终究逃不过衰老死亡的自然规律。

魂断叆鸡堡

在努尔哈赤训诫诸子、大臣一个月后，即七月二十三日，他终于病倒了。同一天，众人送他前往清河温泉疗养。八月初一日，二贝勒阿敏宰牛祭祖，祷告说“乞佑儿之病速愈，凡事扶佑”[1]，显然是努尔哈赤的病情加重了。至八月七日，病情恶化，诸王及随从大臣决定速回沈阳。一行人乘船顺着太子河而下，同时派人请大妃乌拉纳喇氏（即阿巴亥）前来迎接。船行至浑河，与大妃相遇，大妃上船，见努尔哈赤已在弥留之际，悲痛欲绝，泣不成声。天命十一年（1626）八月十一日庚戌未时，船行至叆鸡堡，距离沈阳还有20公里，努尔哈赤溘然长逝，终年68岁。

关于努尔哈赤患何种病症，清官方讳莫如深，诸史一概不载。袁崇焕向明廷报告努尔哈赤之死说：“奴酋耻宁远之败，遂蓄愠患疽，死于八月初十

① 《满文老档》第72册。

日。”[1]努尔哈赤的灵柩由群臣轮班肩扛，抬进宫中。大妃乌拉纳喇氏尚在悲痛中，诸王“以帝遗言告后”，令其殉葬，乌拉纳喇氏支吾不从，诸王逼迫说：“先帝有命，虽欲不从不可得也。”可怜一个弱女子，丈夫刚亡，3个儿子当中只有阿济格已成年，多尔衮和多铎尚年幼，她没有实力与代善、阿敏、莽古尔泰、皇太极四大贝勒对抗，只好洗漱打扮，穿好礼服，饰以珠宝，然后对四大贝勒哀求说：“吾自十二岁事先帝，丰衣美食，已二十六年，吾不忍离，故相从于地下。吾二幼子多儿哄（多尔衮）、多躲（多铎），当恩养之。”[2]在得到肯定的答复后，乌拉纳喇氏自尽了，时年38岁，成为汗位继嗣之争的牺牲品。同时殉葬的还有两个妃子阿迹根、代因扎。

努尔哈赤死后，梓宫暂时安置在沈阳城内西北角。皇太极即位后，始建山陵。天聪三年（1629）二月，安葬山陵，位于沈阳城东石嘴山，后改称天柱山，是为福陵，俗称清东陵。

努尔哈赤25岁起兵创业，时兵不足百人，栉风沐雨40余载，至68岁去世。他开创了一个新时代，基本上完成了女真统一，创建了八旗制度，建立了后金政权，从明朝手中夺得辽河以东地区。应该说，没有他，就不会有女真人的再度复兴进而形成新的民族共同体，也不会有清王朝的出现，所以说，他是满洲民族的英雄，是清王朝的奠基人。

努尔哈赤去世后，其八子皇太极受诸王举荐，继承汗位，是为天聪汗，后金的历史进入一个新的发展时期。

① 《明熹宗实录》卷76。

② 《清太祖武皇帝实录》卷4。

五

皇太极新政

SHUDU QINGSHI
QINGCHAO XINGQI

八子即位

天命十一年（1626）八月，清太祖努尔哈赤去世后，受诸王推荐，四贝勒皇太极继承汗位，是为天聪汗，即清太宗。

智勇双全，位居四大贝勒之一

皇太极生于明万历二十年（1592）十月，是努尔哈赤的第八个儿子，母亲叶赫纳喇氏在他12岁时病逝。他自幼跟随父亲出猎，练就了非凡的骑射技艺。稍长，便随父兄投入统一女真的事业中，很快成为父亲的得力助手。

在战场上，皇太极表现得沉着冷静，足智多谋，骁勇善战。天命三年（1618），清太祖努尔哈赤决定攻打抚顺城，皇太极献计：乘抚顺大开马市，先派50人扮作马商，驱赶马匹，入城为市，随后我率5000人夜行至城下，内外夹击，抚顺可得。努尔哈赤很高兴，依计照办[①]。后金计袭抚顺，

① 计六奇：《明季北略》卷1。

不战而得。在返回时，遭遇明援军，皇太极与兄代善率八旗兵大战明军，明军万余人几近全军覆没。四年（1619）八月，后金军攻打叶赫东、西两城。皇太极奉命与诸兄弟领兵围攻西城，努尔哈赤自率大军攻打东城。东城的贝勒金台石凭山险城固，奋力抵抗，誓死不降，最终在被层层围困的时候，提出要见外甥皇太极。金台石是皇太极的亲舅舅，但因建州与叶赫关系恶化，双方断了往来，舅舅与侄子从未曾谋面。皇太极闻讯从西城疾驰至东城，金台石在高台上望着这个陌生的外甥，要求他保证自己的生命安全，他才肯投降。皇太极对舅舅发起攻心战术，晓之以理地劝说：

> 尔苦己且劳民数年，牢筑之外城，复依天险修筑山城，所筑二层城皆被克取。尔据此台，欲何为耶？尔欲以此诱敌，善良之人谁肯迎合尔意战之？尔何言我应允赡养即下，岂乃我战而不胜，故此许诺乎？吾已在此，尔若下之，我将引尔往见父汗，杀则死，养则生，亲戚岂能剪灭也，杀之食肉乎、饮血乎。曾遣人凡二三十次，希冀和好，尔竟以为我战不能胜而求和，将所遣之人，欲杀即杀，欲留即留，以致有今日之丧身之祸也。倘念尔之此恶，听任父汗处死；若不念尔之恶，顾念尔甥我，可养尔也。[①]

皇太极说了10遍，金台石仍不为所动。皇太极又带来金台石的儿子德尔格勒劝降，金台石仍然不降，并欲反抗，终被后金兵俘获，处死。旋即，西城亦被攻克，叶赫灭亡。皇太极在攻打叶赫时，处于极其为难的境地，但他始终以大局为重，在说服金台石的过程中，其政治才能得以显现。

早在万历四十三年（1615），努尔哈赤建八旗时，22岁的皇太极就领有

① 《满文老档》第12册。

正白旗，成为掌旗贝勒。当时，八旗的领有情况是：努尔哈赤领有正黄旗、镶黄旗，次子代善领正红旗、镶红旗，侄子阿敏领镶蓝旗，五子莽古尔泰领正蓝旗，皇太极领正白旗，长孙杜度（褚英子）领镶白旗。天命后期，八旗旗主又有变化。在努尔哈赤数十位子侄当中，代善、阿敏、莽古尔泰、皇太极四人被称为和硕大贝勒或大贝勒，他们皆为嫡出，且年长，是最初的八旗受封者，所领牛录数量多，势力大。四大贝勒是汗之下身份地位最高者，这在当时后金的礼制中即有表现。如天命四年（1619）五月初五日，在后金汗举行的宴会上，诸贝勒、大臣在席间就座的情形是：

> 八旗诸贝勒、大臣等分坐八处。大贝勒（代善）、阿敏贝勒、莽古尔泰贝勒、四贝勒（皇太极）及朝鲜二大员等六人赐矮桌就座，盛筵宴之。此前，诸贝勒进宴不用桌，皆席地而坐也。[①]

显然，四大贝勒的待遇高于其他贝勒。天命七年（1622），制定出行仪仗制度，规定：第一等的诸和硕大贝勒，齐备小旗各八对、伞各一……第二等的诸贝勒，齐备小旗各七对、伞各一……[②]所使用仪仗器具数量有别，反映出四大贝勒与其他贝勒有地位高下之分。四大贝勒同时也参与管理国家机务。天命六年（1621）二月，努尔哈赤命四大贝勒轮流按月分值。国中一切机务，俱令值月贝勒掌理。皇太极为四大贝勒之一，参与重大决策和处理国家机务。

无论带兵打仗，或是处理机务，皇太极皆表现不凡。

① 《满文老档》第33册。
② 《满文老档》第9册。

受拥戴，继承汗位

因为努尔哈赤生前未指定汗位继承人，按照“八和硕贝勒共治国政”的规定，八和硕贝勒即八旗旗主要共同推选新汗，而新汗也要在八和硕贝勒中产生。那么推举谁来继承汗位呢？围绕着这个问题，一场明争暗斗展开了。此时八旗的旗主已经有变化，分别是：代善领正红旗，阿敏领镶蓝旗，莽古尔泰领正蓝旗，皇太极领正白旗，阿济格领正黄旗，多铎领镶黄旗，岳托领镶红旗，豪格领镶白旗[1]。八人之中谁最有可能继承汗位呢？我们逐个来分析一下。

代善身为兄长，战功赫赫，为人较为和气，应该最有可能成为新汗，但是，如前所述，他曾经与努尔哈赤的大妃关系“暧昧”，为此，大妃受到惩罚，努尔哈赤疏远了他，他也名誉扫地。

阿敏是舒尔哈齐之子，其父早年因谋反罪被幽禁致死，阿敏作为侄子，又有父亲的罪状，继承汗位的可能性为零。

莽古尔泰不论军功和才干皆不如代善与皇太极，并且性情粗暴。天命五年（1620），其母因故获罪，被废掉，莽古尔泰竟然一气之下残忍地将她杀死，这件事对他产生了极坏的影响。

岳托是代善长子，豪格是皇太极长子，二人均是晚辈，虽然也在战场上屡立战功，但资历远不如叔叔们，更不具有继承汗位的资格。

阿济格、多铎、多尔衮兄弟三人为大妃阿巴亥所生。阿济格领正黄旗、多铎领镶黄旗，多尔衮虽非旗主，但领有一定数量的牛录。所以这一支力量不可小觑。努尔哈赤去世时，阿济格20岁，已崭露头角，多尔衮15岁，多铎

① 杜家骥：《八旗与清朝政治论稿》，第24～25页。

13岁，尽管多铎与多尔衮年龄尚小，但三兄弟掌有两黄旗，而阿巴亥也正当年。努尔哈赤将自己领有的两黄旗交给他们，可见他对阿巴亥以及她的儿子们持有偏爱。努尔哈赤去世时，阿巴亥在身边，是否谈到汗位继承人的问题已无从知晓。但是，努尔哈赤死后的第二天，阿巴亥就在“诸王”的威逼下自尽殉死了，这不能不令人心生疑问。

皇太极是正白旗旗主，时年35岁，正值年富力强，并且军功显赫，时人评价其“勇力绝伦，颇有战功，所领将卒皆精锐”[①]。和以上诸位相比，被推举汗位的可能性最大。

至此，继承汗位的人选已经很明朗了。

先是岳托和弟弟萨哈廉向父亲代善提出建议：“国不可一日无君，宜早定大计。四大贝勒才德冠世，深契先帝圣心，众皆悦服，当速继大位。”代善是个持重的人，并无野心，自知在才能和魄力上不如皇太极，于是说：“此吾夙心也，汝等之言，天人允协，其谁不从。”[②]代善先找阿敏、莽古尔泰商议，二人均赞成，再通报诸兄弟子侄，大家皆无异议。于是，共同书写劝进书，拥戴皇太极继承汗位。皇太极接到劝进书后没有答应，而是再三推辞，其理由是：

> 皇考无立我为君之命，我宁不畏皇考乎？且舍诸兄而嗣位，我又畏上天。嗣大位为君，则上敬诸兄，下爱子弟，国政必勤理，赏罚必悉当。爱养百姓，举行善政，其事诚难。吾凉德，惧不克负荷也。[③]

① ［朝鲜］申忠一：《建州闻见录》。

② 《清太宗实录》卷1。

③ 《清太宗实录》卷1。

皇太极并非不想登大位，也不是认为自己能力不足，而是顾虑父汗无遗命，诸兄弟是否真心拥立。代善及众兄弟子侄敦请再三，并表示了忠诚，皇太极才同意继承汗位。

天命十一年（1626）九月一日，皇太极举行庄严的即位典礼。这天早晨，风和日丽，诸贝勒大臣及文武各官齐集大政殿，登基大典所需的法驾、卤簿早已准备完毕。皇太极身着盛装，率群臣先拜祭堂子，焚香，向天跪拜，然后返回大政殿，接受众人三跪九叩首礼。礼毕，皇太极入座即位。他发布诏令，以明年为天聪元年（1627）；大赦罪犯，示恩于天下。然后他和众兄弟子侄们向天地盟誓，首先是清太宗谨告皇天后土：

> 今我诸兄弟子侄，以家国人民之重，推我为君，敬绍皇考之业，钦承皇考之心。我若不敬兄长，不爱子弟，不行正道，明知非义之事而故为之，兄弟子侄微有过愆，遂削夺皇考所予户口，或贬或诛，天地鉴谴，夺其寿算。若敬兄长，爱子弟，行正道，天地眷佑，俾永膺纯嘏，或有无心过误，亦祈天地鉴之。

之后，三大贝勒与诸贝勒也发誓言：

> 我等兄弟子侄，询谋佥同，奉皇帝，缵承皇考基业，嗣登大位，宗社式凭，臣民倚赖，如有佥壬，心怀嫉妒，将不利于上者，天地谴责之，夺其寿算。上觉其奸，身被显戮。若我等兄弟子侄，忠心事上，宣力国家。亦祈天地鉴佑，世世守之。代善、阿敏、莽古尔泰，我三人若不各教养子弟，或加诬害，我三人当罹凶孽而死。若我三人，善待子弟，而子弟不听其父兄之训，不殚忠于君上，不力行其善道者，天地鉴谴，夺其寿算。如能守

盟誓。尽忠良，天地保佑，身及子孙，茀禄尔康。阿巴泰、德格类、济尔哈朗、阿济格、多尔衮、多铎、杜度、岳托、硕托、萨哈廉、豪格，吾等若背父兄之训，而不尽忠于上，摇乱国事，或怀邪慝，或行谗间，天地谴责，夺其寿算。若一心为国，不怀偏邪，克尽忠荩，天地皆眷佑焉。[1]

皇太极在誓言中表示要尊敬兄长，爱护弟侄；诸贝勒们则发誓忠诚于天聪汗。通过这种盟誓，达到了君臣同心同德的目的。盟誓结束后，皇太极率诸贝勒向代善、阿敏、莽古尔泰行三拜大礼，一是感激他们的推戴之恩，二是表达对他们的敬畏之情。同时也开始了四大贝勒共同执政的新局面。

皇太极以其卓越的军功和出众的才干受众人拥戴，登上汗位，充分施展他的雄才大略，带领后金进入一个新的发展时期。

① 《清太宗实录》卷1。

满汉一体

清太宗即位后，面临着一系列严峻的考验，首先是满汉民族矛盾问题。因清太祖努尔哈赤推行民族歧视与压迫政策，致使满汉民族矛盾日趋尖锐化。天命后期，各地反抗后金的斗争此起彼伏，对此，努尔哈赤采取了更加严厉的镇压政策。如天命十年（1625），他下令总兵以下、备御以上将官到各村庄甄别汉人，凡是叛逆之人，一经查出，立即处死，尤其是要查明那些明朝旧官吏、生员等，认为“种种可恶，皆在此辈”[1]。所谓种种可恶就是认为这些人最具有煽动性，是叛逆活动的鼓动者，于是将查出的缙绅全部处死。武装镇压并未缓和日益紧张的形势，反而使矛盾更加激化，人口大量逃亡，壮丁锐减，田地荒芜，后金社会动荡不安，经济临近崩溃的边缘。

皇太极不愧为一位杰出的政治家，面对这种充满危机的局面，他迅速调整对汉人的政策，很快扭转了局面。

① 《清太宗实录》卷5。

编户为民

辽沈是汉族的聚居区，后金进入辽沈地区之后，对待汉人采取怎样的政策，关乎政权的稳定。皇太极已经认识到满汉民族矛盾是构成肇乱之源，因此，他即位后，立即提出“治国之要，莫先安民”的大政方针。所谓安民主要是安抚汉人，他宣布：“满、汉之人，均属一体，凡审拟罪犯、差徭公务，毋致异同。”[①]为了缓和民族矛盾，清太宗实行“编户为民”政策。

在努尔哈赤时期，强迫汉人与女真人同住、同食、同耕，女真人以统治者的身份欺压盘剥汉人；又将辽沈地区的汉人进行编庄，13丁编为一庄，给牛7头，地百垧，按女真官员品级分给为奴。这样，原为独立个体的汉族农民就变成了女真大小官员所属的庄园上的农奴。皇太极首先对编庄进行改革，以8丁、2头牛编为一庄，余者编为民户，分屯别居，选择清廉正直的汉官管理。这一改革使部分汉人恢复了自由民身份，这无疑会提高他们的生产积极性，从而促进经济的发展和人口的增长；同时，将女真与汉人分开，自立为庄，用汉官管理汉人，减少了民族矛盾，有利于社会秩序的稳定。

努尔哈赤时期，“俘掠辽沈之民，悉为满臣奴隶”[②]，皇太极逐渐改变这种政策，把俘获的人口大量编为民户，让他们继续从事农业生产。如天聪三年（1629），后金兵绕道内蒙古，从长城各口进入河北境，占领永平、滦州、遵化、迁安4城，令归顺汉人“乘时耕种”，并给以牛具，不再掳掠为奴。在天聪初年，还有相当一部分被俘汉人成为奴隶，但天聪后期，尤其是在崇德年间，这种状况有了很大改变，除部分补充八旗缺额之外，基本上编户

① 《清太宗实录》卷1。

② 昭梿：《啸亭杂录》。

为民。这为农业生产增加了劳动力，促进了经济的发展，也缓和了民族矛盾。

修订《离主条例》和《逃人法》

重新修订和颁布《离主条例》。所谓“离主”，即奴隶或奴仆有权控告其主人，经审讯，情况属实，主人按律治罪，告发者准许离开，自谋生路，成为自由民。努尔哈赤时曾规定：诸贝勒有犯私通敌国及谋害宗室兄弟之罪，身尚不存者，则原告之人可离主。天聪五年（1631）七月，清太宗颁布了新的《离主条例》，具体内容如下：

一、除八分外，有被人讦告私行采猎者，其所得之物入官，讦告者准其离主。

二、除八分外，出征所获被人讦告私行藏匿者，以应分之物，分给众人，讦告者准其离主。

三、擅杀人命者，原告准其离主，被害人近支兄弟，并准离主。仍罚银千两。

四、诸贝勒有奸属下妇女者，原告准其离主，本夫近支兄弟。并准离主，仍罚银六百两。

五、诸贝勒有将属下从征效力战士，隐匿不报，乃以并未效力之私人，冒功滥荐者，许效力之人讦告，准其离主，仍罚银四百两。

六、本旗人欲讦其该管之主，而贝勒以威钳制，不许申诉，有告发者，准其离主，仍罚银三百两。

此外凡以细事讦诉者，不许离主，但视事之轻重审理，应离主者，拨与本旗别贝勒。至民人互相告讦者，仍照常例科断。[1]

新颁布的《离主条例》，细化了离主的原则，凡是主人犯有以上6项罪者，告发之人均被准许离开主子。这项条例一方面限制了诸贝勒乃至各级官员的特权；另一方面不准擅杀人命与不准奸淫属下妇女的规定，在一定程度上使奴隶、奴仆的生命与安全得到了保障。同时，条例从法律上给奴隶提供了改变身份、脱离主人而成为个体农民的机会。

放宽“逃人法”。努尔哈赤时期，很多汉人由于不堪忍受民族压迫而逃亡。为防止汉人逃跑，制定了严苛的“逃人法”，规定凡逃跑者、想逃而未逃被检举者，一经逮住，一律处死。严苛的法律并没能阻止汉人、汉官逃跑的脚步，人们寻找一切机会逃离压迫。皇太极即位后，一再放宽对逃人的惩治，规定：以往私通明朝者，一概不予追究；想逃但未付诸行动者，虽有人检举，但不治罪。后来又规定，允许逃走，但不许返回。此规定一出，“由是汉官汉民皆大悦，逃者皆止，奸细绝迹”[2]。

恩养与重用汉官

随着后金和明朝战争的推进，越来越多的汉官归降后金，如何笼络这些人，取得他们对后金政权的支持？在这一点上，皇太极比其父努尔哈赤做得更胜一筹。他对汉官以礼相待，信任并重用他们。当年，努尔哈赤取抚顺，俘获汉族生员范文程，得知他是范仲淹的后代，虽免其死，却没有加以重用。皇太极则将范文程视为治国的栋梁之材，让他参与筹划军国大政，

① 《清太宗实录》卷9。

② 《清太宗实录》卷1。

每有议事，总会询问：“范章京知否？”当得知范文程已经同意，便不再询问，指示照办。皇太极常请范文程吃饭。一天，范文程看着桌上的“殊方珍味”，不禁想起父亲不曾享用，心里难过，迟迟没有动筷子。皇太极马上明白了他的心思，命人把一桌珍味撤下，骑马送到范文程家里，赐给他的父亲①。

为招揽更多的汉官、汉将加入后金政权，皇太极制定了归降奖励的具体政策：明朝在职官员归降，其子孙承袭父职不变；一般百姓杀掉地方官来归顺者，按功劳大小授予官职；率众来降者，视其人数多寡授官；单身一人来降者，国家恩养。天聪三年（1629），后金军攻占永平，城中知县张养初、户部郎中陈此心、兵备道白养粹、革职副将孟乔芳等大小官员十几人归降。众人觐见皇太极时，皇太极把自己穿的黑狐裘赐予白养粹，又赐给率先归顺的5名官员貂裘各一袭。陈此心先是以父母年老为由，请求放他回家，已得到应允，见此情形，他改变了主意，上前参奏说：“臣前祈皇恩，放还故土。今荷皇上恩养，臣虽病劣，感皇上不杀之恩，自当竭力图报，臣今已绝去志矣。”②陈此心被皇太极对明军降将的态度所感动，放弃了归家的念头，要为后金效力。显然，皇太极对汉官的优礼，产生了良好的效果。

皇太极对归顺汉官，不论职衔高低，所率人数多寡，一律加以恩养。后金攻打大凌河城时，招降汉官多达百余人，皇太极举行盛大的宴会招待他们，在宴席上，他保证说：“我国虽财用未充，必尽力恩养尔等。”③随即拿出银两、缎匹、雕鞍、貂裘等物品，赏赐给大小汉官。天聪八年（1634）二月，一次性赏汉官祖泽洪、韩大勋、刘天禄、张存仁等共155人，赏给他们的男女人口共计1530人，牛共计412头，此外还赏给他们田庄。由于皇太极的礼遇与优待，不出几年，很多汉官成为新贵。

① 《碑传集》卷4，“范文程传”。
② 《清太宗实录》卷6。
③ 《清太宗实录》卷10。

皇太极对汉官以礼相待，恩养有加，其目的正如他自己所说：“朕于旧归新附之人，皆不惜衣服、财帛、马匹、牲畜以养之，又每日三次赐宴，岂不惮烦，直欲使人心悦服，以图大事耳。”[①]所谓大事即入关和明朝争夺天下。

皇太极不仅优待汉官，也信任和重用汉官，如李延庚为吏部汉承政、吴守进为户部汉承政、金玉和为礼部汉承政、金砺为兵部汉承政、高鸿中与孟乔芳为刑部汉承政。皇太极即位之后，后金正在由奴隶制向封建制转化，政权的建设和发展急需人才，他多次发布谕令，招贤纳士，强调“朕惟图治以人才为本，人臣以举荐为要”。天聪九年（1635）二月，诏令各官，举荐有真知灼见之人，凡有居心公正，能克敌制胜者，或通晓文艺足备任使者，即呈送吏部。正是因为皇太极不惜以重赏高位招降汉官，延揽汉族士大夫，“量才器使，人尽其用”，甚至做出“谦恭下士”的姿态，所以在他周围聚集了一大批明朝降将和汉族知识分子，形成了一个智囊团。这些人成为他的重要谋臣和心腹，他们以各自的才能为清太宗运筹谋划，对后金政权的建设和发展起到了重要作用。

皇太极实行“满汉一体”政策，改变了努尔哈赤时期“女真独尊”的状况，不少汉官汉将成为新的贵族，时人感叹道：

> 昔太祖诛戮汉人，抚养满洲，今汉人有为王者矣，有为昂邦章京者矣。至于宗室，今有为官者，有为民者，时势颠倒，一至于此。[②]

皇太极时期满汉民族矛盾得到缓和，社会趋于稳定，经济得到发展，后金政权日渐强大，走上快速发展的道路。

---

①《清太宗实录》卷22。

②《清太宗实录》卷64。

一征朝鲜

朝鲜和中国山水相连，自古就结成了友好关系。明朝建立后，李氏朝鲜和明朝的关系有了进一步发展。特别是万历年间，日本入侵朝鲜，明廷派兵与朝鲜联合作战，共同抗倭，因战役发生在壬辰年（1592），故史称“壬辰战争”。从此两者关系更加密切与友好。朝鲜对于女真，和明朝一样持鄙视的态度，视女真为“夷”“野人”“虏”“鞑子”。

朝鲜成为大金进攻明朝的后顾之忧

女真居地和朝鲜相邻，建州兴起之后，朝鲜也在密切关注着它的动态和发展。明万历二十三年（1595），建州女真人越境采参，被朝鲜边将所杀。努尔哈赤准备报复。朝鲜为缓和紧张局势，派南部主簿申忠一送文书到建州修好，并刺探虚实。申忠一在佛阿拉停留10余天，归国后，将一路所经所见绘制成纪程图长卷，并将会谈及其所见所闻分条记述，进呈朝鲜国王，其中包括佛阿拉城的大小规制、努尔哈赤与其弟舒尔哈齐所拥有的兵力、建州的经济及风土人情等，内容十分详备。

当后金与明朝爆发战争后，朝鲜完全站在明朝立场上。天命四年（1619），明朝欲剿灭后金，双方爆发萨尔浒之战，应明廷之要求，朝鲜派元帅姜弘立率兵13000人协同南路刘綎军作战，刘綎战败，朝鲜军投降。努尔哈赤对姜弘立等人待之以宾礼，五天一小宴，十天一大宴，热情招待。又修书给朝鲜国王，表明理解朝鲜出兵是报壬辰战争之恩，可以谅解，进而挑拨朝鲜和明朝的关系，说“又闻大明欲令子侄主吾二国，辱人太甚”，进而询问：“今王之意，以为吾二国原无衅隙，同仇大明耶？抑以为既助大明，不忍背之耶？愿闻其详。”不久，朝鲜王答复道：

> 吾二国地土相连，大明为君，吾二国为臣，经二百余载，毫无怨恶。今贵国与大明为仇，因而征战，生民涂炭，不特邻邦，即四方皆动干戈矣，亦非贵邦之善事也。大明与我国犹如父子，父之言，子岂敢拒，盖大义也，吾亦不愿此举，其如不从何？[1]

朝鲜视明朝为君，声称与明朝情同父子，态度鲜明，立场坚定，不为努尔哈赤的劝诱所动。努尔哈赤探明了朝鲜立场，和诸贝勒大臣讨论对朝鲜的政策。莽古尔泰主张出兵讨伐，代善却持反对意见，认为“与南朝相战，不可不与朝鲜相和”[2]。努尔哈赤赞成代善的意见，因为此时后金还没有能力与明朝、朝鲜同时作战，他希望以政治手段解决和朝鲜的关系问题。于是，再次致书朝鲜，提议双方举行盟誓，“子子孙孙永结盟约”，但朝鲜坚决予以拒绝。

天命时期，后金与朝鲜没有发生武力冲突，但是，双方之间的矛盾却在

① 《清太祖武皇帝实录》卷3。

② 李肯翊：《燃藜室记述》卷21。

日益加剧，集中表现在以下两个方面：

第一，朝鲜接纳辽东“逃人”。辽沈与朝鲜仅一江之隔，辽东汉人不堪战乱和后金的民族压迫，纷纷逃往朝鲜。后金致书朝鲜，要求对“过江之人，不必纳之，尽数驱回”[①]。但朝鲜对此置若罔闻，不但不返还，反而将辽民送给明朝，这显然是对后金的藐视。

第二，朝鲜允许毛文龙驻扎在它的领土上，成为后金的心腹之患。天命六年（1621），后金攻陷辽沈，明都司毛文龙逃到朝鲜，他招收辽民，设栅于蛇浦，人户达万余；又在椵岛设栅城，汉族商人辐射于椵岛，人户甚盛。明朝欲以文龙牵制后金，升他为总兵、都督，赐给尚方剑、玺书，仍“开府于椵岛，号东江镇”。朝鲜不仅允许文龙驻扎在他其领土上，还提供经济上的资助。十一年（1626）冬，一次性拨给毛文龙所部1万石粮食。国王李倧向毛文龙表示：“寡人与贵镇，事同一家，心胆相照，唇齿相须。”[②]毛文龙以椵岛、铁山为据点，不断出击，袭扰后金。天命六年（1621）七月，毛文龙与镇江守城中军陈良策潜通，领兵突袭镇江城，与先行潜入者内外夹击，守城游击佟养正及其属下兵丁60余人同时遇难。陈良策投奔毛文龙，附近之汤站、险山二堡的汉民亦杀城主响应。自此，毛文龙连续遣兵袭击耀州、鞍山驿、萨尔浒等地，后金不时派兵与其作战。后金与明对战，毛文龙遣兵骚扰其后，迫使后金不得不分兵应付，不敢专意向前。

出兵朝鲜

后金想以外交手段结盟朝鲜，遭到断然拒绝，两者已成为敌对关系，朝

① 《燃藜室记述》卷21。

② 《李朝实录》卷14，“仁祖”。

鲜准许毛文龙在其领土驻军，使双方关系更加紧张，武装冲突已不可避免。早在萨尔浒战后，后金讨论与朝鲜的关系时，莽古尔泰与清太宗即主张："不可置朝鲜而先攻辽东。"清太宗即位后，做出的一项重大决定，就是出兵朝鲜，解决征明的后顾之忧。

天聪元年（1627）正月初八，新年刚过，清太宗皇太极即遣二贝勒阿敏，贝勒济尔哈朗、阿济格、杜度、岳托、硕托等统兵3万进攻朝鲜。出发前，清太宗谕诸贝勒说："朝鲜累世得罪我国，理宜声讨。然此行非专伐朝鲜，明毛文龙近彼海岛，纳我叛民，故整旅徂征。尔等两图之。"[1]问罪朝鲜，征剿毛文龙是后金此次出兵的双重目的。

正月十三日，后金军抵达边境地带，扫荡了明军哨地。十四日夜，至朝鲜境内的义州，竖云梯登城。巴图鲁艾博率八旗精锐先登，总兵官楞额礼、叶臣等率80人紧随其后。诸军奋战，遂克其城，杀府尹李莞等，屠城中兵卒，俘其居民。在攻打义州城的同时，分兵直捣毛文龙所居铁山，毛文龙闻讯逃入岛海之中，于是斩铁山明军无算。

十五日，大军克定州城。一路所向披靡，所克城池，留兵戍守。二十日，向朝鲜王旧居平壤进发，渡江抵达安州，立营于城下。屡次派人招降，不降。二十一日黎明攻城，一举破之。安州牧使金浚、兵使南以兴赴火死，杀郡守张暾、副使全尚毅、县令宋图南等，城中守军各令还家。大军在安州休整4日。二十五日启程，二十六日到达平壤。城中巡抚、总兵以下各官及兵民等皆弃城逃走。当天，渡大同江。二十七日，至中和驻兵秣马，遣人前往朝鲜国王李倧处。

此时，朝鲜已陷入一片混乱，毫无应战准备。早在后金夺取辽沈时，朝鲜统治集团内已有人预见到后金日后必将犯朝鲜，曾建议说：

① 王先谦：《东华录》第1册，天聪元年正月。

我士素弱，固不可与此贼争锋于原野……可令悉聚京城，择将分统，以壮国威，以固根本。若有边报，固可朝闻而夕发；不幸而南迁，因以此兵护卫而归，亦何致溃散也。[①]

然而，几年过去了，朝鲜并未做任何防御准备。后金军于十三日进入义州的消息，在4天后才传到王京。国王李倧紧急召见大臣们商讨对策，群臣众说纷纭，莫衷一是。他们还寄希望于明朝再来一次“壬辰战争”式的增援，却不知此时的明朝已经自身难保，袁崇焕闻讯后只是象征性地派兵至边境，虚张声势一番。后金军已经深入朝鲜内地，朝鲜身居要位的达官显贵们闻讯纷纷逃避，“或入海岛，或上山城”[②]。原本“素弱”又缺乏训练的朝鲜军根本无法抵抗后金骑兵疾风骤雨般的攻势，节节败退。

阿敏驻军在中和，朝鲜国王李倧遣使致书，质问后金出兵缘由，并在谴责后金无故出兵是不义、是逆天的同时，表达了议和的愿望。阿敏给予回信，在回信中罗列了朝鲜七大罪状，包括出兵助明伐后金、收留辽东逃民、允许毛文龙驻扎皮岛并给予资助等。李倧回信解释，阿敏又一一驳回。

订立“平壤之盟”

二月初五日，后金军至黄州驻营，城中军民早已逃遁。翌日，李倧遣使姜弘立、朴兰英之子到黄州通报李倧已派亲信大臣前来议和。阿敏凡事不与众人商议，独断专行，欲率大军继续前进。诸贝勒及总兵官李永芳劝阿敏暂驻黄州，待李倧亲信大臣至，听其言辞，再议。阿敏蛮横无理，大骂李永

① 《燃藜室记述》卷21。

② 《李朝实录》卷15，“仁祖”。

芳：“我岂不能杀尔蛮奴，尔何得多言。”[1]李永芳自是终无一言。于是大军启程前进，行至平山驻营，逼近李倧所居王京。李倧携妻子逃往江华岛，城中人多溃散。李倧见势不妙，接连派使臣到后金军营中谈判，但坚持先退兵后议和。阿敏遣副将刘兴祚率人乘舟至江华岛。刘兴祚劝李倧尽快议和，并以兵威恫吓。李倧迫于压力，无奈接受了议和条件，三月初三日，刘兴祚、巴克什库尔缠与李倧在江华岛举行会盟仪式，誓文曰：

> 我两国已讲定和好，今后各遵约誓，各守封疆，毋争竞细故，非理征求。若我国与金国计仇，违背和好，兴兵侵伐，则亦皇天降灾。若金国仍起不良之心，违背和好，兴兵侵伐，则亦皇天降灾。两国君臣，各守信心，共享太平。[2]

从誓文内容看，后金与朝鲜“各遵约誓”“各守封疆”“共享太平”，无论哪一方违背和好，“兴兵侵伐”，都会遭到“皇天降灾”的惩罚。可见“江华之盟”是双方结成的平等而互不侵犯的盟约，后金与朝鲜是相互尊重的平等的兄弟关系。

但是，阿敏以未参加盟誓为由，对誓文不予承认，其实目的是要继续进兵抢掠。他不顾众人反对，下令八旗将士分路纵掠3日，财物人畜悉行驱载，至平壤城驻营。阿敏到达平壤之后，要求李倧再次盟誓。李倧无奈，派王弟李觉等于三月十八日赴后金军营，再次举行盟誓。该仪式按照女真习俗进行，杀白马、黑牛，焚香，设酒、肉、骨、血、土各一器，祭告天地，宣读誓词。阿敏誓文曰：

① 《清太宗实录》卷2。

② 《李朝仁祖大王实录》卷15。

如果朝鲜国王李倧将应送金国汗之礼物，背约不送；对金国派来的使者，不像对明朝的使者一样恭敬；对金心怀恶意，巩固城郭，整顿兵马；并将金所获得的已剃发的人，如逃来朝鲜，就据为己有而不给回。王曾说过：与其和远方的明往来，不如和近处的金国往来。如果违背上述之言，则将向天地控告，而讨伐朝鲜国。天地以朝鲜王为非，殃必及之，寿命不到就死了。如朝鲜国王不违背誓言而相处时，金国的阿敏贝勒启衅讨伐的话，则必遭殃而死。我们两国遵守誓言而相处，天地必眷佑，而让我们世远年久地过太平的日子。[1]

显然，这次订立的“平壤之盟”是不平等的，它强调的是朝鲜单方对后金的义务。崇德元年（1636），清太宗亲率大军征朝鲜，就是以朝鲜不遵守“平壤之盟”为理由。

后金出兵朝鲜，历时两个月有余，强迫朝鲜王李倧签订了盟约，规定了朝鲜对后金的义务，在一定程度上解决了后金进攻明朝的后顾之忧。但是，毫无疑问，这场战争给朝鲜人民带来了灾难。

阿敏率大军班师后，在义州留兵驻守，监视朝鲜。

① 《旧满洲档译注》。

首战宁锦

后金以武力征服朝鲜，暂时解除了西进征明的后顾之忧，清太宗遂于天聪元年（1627）五月，亲率大军进兵辽西。

锦州城下受挫

明朝自前一年取得宁远大捷之后，士气高涨。袁崇焕在关外抓紧修复被废弃的城防工事，加固宁锦防线。所谓宁锦防线，即以山海关为根本，在关外层层设防，其中以宁远与锦州为中心，在锦州周围修复大凌河城（今辽宁凌海东）、小凌河城（凌海东南）、右屯卫（凌海西）等城，派兵戍守。锦州及其周围诸城构成了宁远前哨，控扼辽沈通往山海关的大路。在修复城池的同时，袁崇焕本着"以辽人守辽土，以辽土养辽人"的原则，在辽西地区招徕流民，大兴屯田，发展经济。

出征朝鲜的后金军刚刚回到沈阳，清太宗就得到重要情报：明军在锦州、大凌河、小凌河等处筑城、屯田。他马上意识到，一旦这些防御工程修筑完毕，将会给进兵辽西造成巨大障碍，于是当即决定出兵，抢在城池竣工之前攻克它。

五月六日，后金军启程，分兵三队，贝勒德格类、济尔哈朗、阿济格、岳托、萨哈廉、豪格等率精骑行在前，清太宗与代善、阿敏、莽古尔泰三大贝勒统兵居中，攻城诸将携云梯、板木、战车为后队。大队人马昼夜兼行，过广宁时，抓获明军哨卒，得知右屯卫有兵100；小凌河、大凌河重修未完，亦有兵驻防；锦州缮修已毕，城内有马步兵3万。清太宗率军直驱大凌河，大、小凌河城守军闻警弃城而逃，后金先锋兵紧追不放，直追至锦州城下。锦州城门紧闭，明败兵进城不得，全部被后金兵所杀。十一日，后金大部队进抵锦州城下，在距城一里处安营。

锦州城于明洪武二十四年（1391）重建，旧址是元朝永乐县。城周5里又120步，高2丈5尺。成化十二年（1476），都指挥王锴扩建，南北增45丈、东西增95丈。弘治十七年（1504），参将胡忠、备御管昇扩城南关周围6里13步，俗称盘城。池深1丈2尺，宽3丈5尺，周围7里573步。门四，东曰宁远、南曰永安、西曰广顺、北曰镇北[①]。锦州城历经增修，成为辽西的一座雄镇。

后金大军压境，城中总兵赵率教、太监纪用不敢贸然出城应战，先派守备、千总各一员出城谈判，借以拖延时间，探知虚实，等待援军。清太宗写信给赵率教，劝其或投降或议和。

使者将信带进城后，不见回音，清太宗下令攻城。攻城将官指挥八旗兵进攻城的西面，步兵、骑兵轮番上阵，城上明军施放火炮，同时箭矢、滚木交下，如同骤雨一般。八旗兵冒死攻城，眼看西城将破，赵率教急令三面守军来援，在众炮的轰击下，八旗兵死伤惨重。两军激战至天黑，太宗见不能

① 《全辽志》卷1。

克城，下令撤退5里安营，又派人急返沈阳调兵增援。

十五日，后金军再次包围锦州城，却不敢靠近城垣。太宗想凭借强大的军事压力，迫使明军弃城投降，他三次遣使者至城下，赵率教皆不准入城。第二天，赵率教派人出城赴后金营解释说："昨因夜晦，未便开城延入，今可于日间来议。所需诸物，自当先与。至和好之事，俟退兵后，奏知朝廷再议。"太宗再派绥占、刘兴治到锦州城议和，但到了城下，又不准入。赵率教立于城上说："胜败岂有常乎，总之听天而已。汝若退兵，我国只有赏赉。"[1]显然赵率教并无诚意谈判，不过是想拖延时间，等待援军。

袁崇焕闻听锦州被围，不敢发兵援救，恐怕后金乘虚攻打宁远，遂命山海关总兵满桂率军驰援锦州，另调山东明军从海上增援。为鼓舞锦州守军士气和固守锦州的信心，派人前往送信，告知朝廷的援救计划：已调集水师援兵六七万，将至山海，蓟州、宣府兵亦至。前屯、沙河、中后所兵，俱至宁远。各处蒙古兵已至台楼山，我不时进兵。又鼓励锦州城守军凭借火器具备，兵马甚多，加意防守，必能取胜！

不料书信被后金兵截获，太宗得知明廷派援军来解锦州之围，急于在援军到达之前夺下锦州。十七日，后金军在城西2里驻营，将俘获的汉人、蒙古人放回锦州。十八日，太宗见守将仍不降，于是命人把书信射入锦州城内，劝城中军民归降。他在信中说：

> 尔城内一应官吏军民等，与其饥困而死，不如缒而出降，必纵而归，令与尔父母妻子相见也。昨我军到时，台堡降众二千余人，悉令纵还，想尔等亦闻之矣。今我岂肯舍此垂陷之城而去。俟我攻城军士、云梯、挨牌、绵甲一到，即行攻取，玉石俱焚，

① 《清太宗实录》卷3。

噬脐何及。曷若于未攻城之前，缒城出降，我必使尔宗室完聚。有官职者，自当优叙恩养。[①]

太宗对锦州城中的军民发动攻心战术，却未起到任何作用。

转攻宁远失败

太宗见锦州难以攻取，便改变作战计划，留少数兵马监视锦州，自率大军转攻宁远。若能攻克宁远，锦州援军断绝，则不攻而自破。

二十八日黎明，后金军驰至宁远城北冈。

宁远城守将袁崇焕早有应战准备，命两名游击率步兵1200余人在城外掘壕，“以车为营，列火器为守御”。总兵满桂率山海关的1万明军，在宁远城东2里列阵，协助守城。太宗见明军离城很近，难以用骑兵冲击，为引诱明军出城野战，遂退兵，越过山冈，观察明军动静。明军不为所诱，按兵不动。太宗欲进军作战，三大贝勒担心进入明军火炮射程之内，伤亡太大，所以纷纷劝阻太宗。太宗恼怒地说：“昔皇考太祖攻宁远不克，今我攻锦州又未克，似此野战之兵，尚不能胜，其何以张我国威耶？”[②]说完，与贝勒阿济格亲率骑兵疾驰进击。诸贝勒皆愧奋，来不及穿上甲胄，策马奋进。后金军与城外明军在旷野上厮杀起来，城上明军施放大炮，双方死伤惨重，宁远城下“尸填壕堑”，后金贝勒济尔哈朗、萨哈廉及瓦克达皆受伤，明将满桂也身受数创。激战两日，城未克，后金军退至双树堡驻营。同一天，锦州城外也发生激战，锦州明军乘后金主力攻打宁远之际，出城作战。后金游击觉罗拜山与备御巴希冲锋在前，殁于阵。太宗见后金军死伤严重，只好放弃宁

①②《清太宗实录》卷3。

远，回师锦州。

三十日，后金军抵达锦州。太宗将俘获人口马匹悉数赏给阵亡将士，又亲临拜山、巴希的丧礼，伤心痛哭。

六月四日，太宗不甘心在宁远受挫，想在锦州挽回面子，亲自指挥大军再次攻打锦州城南隅，因城壕深而宽，难以逾越，在城上明军大炮的轰击下，后金军一片片倒下。加之正值暑天，士兵中暑和患病者甚多。太宗望着锦州城，虽不甘心，却也无可奈何，最终班师回沈阳。

这场战役历时一个月，后金伤亡严重，无功而返。明人称此战役为“宁锦大捷”，袁崇焕“凭坚城用大炮”一策是明军取得胜利的重要原因。袁崇焕知道明军不擅长原野作战，不能和善于骑射的后金军在野外抗衡。唯有筑高城墙、深挖沟堑，坚守城池，用大炮轰击，才能克敌制胜；后金军缺少大炮，长于野外骑射冲杀，而面对坚城大炮则显得无计可施。

努尔哈赤与皇太极两次攻打宁远城，皆败于袁崇焕手下，袁崇焕成为后金的心腹之患，必除之而后快。

第一次入塞袭北京

清太宗在宁锦战役中失利后，把目标转向了蒙古察哈尔部。自天聪二年（1628）二月至十月，他率精骑驰骋在漠南蒙古的草原上，以盟主身份，与归附的蒙古科尔沁、喀喇沁、敖汉、奈曼等诸部贝勒“会于所约之地”，亲率八旗兵与蒙古军队西征察哈尔，迫使其退出西拉木伦河一带。

与此同时，明朝在辽东的局势也在发生着变化。

袁崇焕诱杀毛文龙

袁崇焕取得宁锦大捷后，几次派使者去沈阳谈判，谋求议和，目的是要争取时间，完成“五年复辽”的宏大计划。同时，他也在谋划除掉毛文龙。毛文龙原是李成梁部下，后投奔广宁巡抚王化贞，任游击职。后金攻占辽沈，他逃到沿海岛屿，招集逃散的辽民数十万，分布在皮岛（朝鲜椴岛）、铁山等岛屿。明廷授其为总兵官，赐尚方剑。毛文龙不时从辽东沿海各处上岸，袭击后金。天聪元年（1627）正月，后金出兵朝鲜，目的之一是除掉毛文龙，但他已闻讯逃走。毛文龙盘踞在海岛，每年向朝廷索要巨额兵饷，“朝议多疑而厌之”。崇祯帝即位后，诸臣担心“皮岛毛文龙难驭”，形成尾大不掉之势，有人主张除掉他。而袁崇焕与毛文龙素来不和，尤其是宁锦战后，毛文龙不受其节制，破坏他与后金的议和计划，他在给兵部尚书王洽的信中说：“建虏屡欲求款，庙堂之上，主张已有其人。文龙能协心一意，自当无嫌无猜，否则斩其首，崇焕效提刀之力。”[①]崇祯二年（天聪三年，1629）六月，袁崇焕以犒劳士卒名义赴海岛，将毛文龙诱杀。袁崇焕杀毛文龙铸成大错。毛文龙一死，岛上陷于内乱，孔有德、尚可喜等将领或降后金，或投奔山东登、莱二州，海岛多年来对后金的牵制瓦解。崇祯帝得知袁崇焕杀了毛文龙，虽未责怪，却在心里产生了怀疑。

后金军取道蒙古攻入塞内

蒙古察哈尔部被击退到西拉木伦河以外，后金有了一条避开山海关，取道蒙古，从长城各口攻入内地的通道。毛文龙被杀后，清太宗有了一个一举两得的大胆计划。

天聪三年（1629）十月初一日，太宗亲统大军伐明，以熟悉路径的蒙古喀喇沁部落台吉布尔噶都为向导。大军自沈阳出发，向西北行，经都尔鼻（今辽宁彰武）再转向西行，进入蒙古科尔沁地。沿途相继有扎鲁特、奈曼、敖汉、巴林等诸部蒙古兵前来会合。

对于深入内地征明，大贝勒代善和莽古尔泰持反对意见。二十日，大军到达喀喇沁青城。是日晚，代善与莽古尔泰到太宗御幄，将诸贝勒大臣止于外，劝说清太宗班师。理由是担心深入敌境，劳师袭远，若不能入明边，则

① 谈迁：《国榷》卷90。

粮匮马疲，何以为归计；若能入明边，明各路军环攻，则寡不敌众，倘前后夹击，恐没有归路。代善与莽古尔泰退出后，岳托、济尔哈朗、萨哈廉、阿巴泰等众贝勒进来，见太宗闷闷不乐，询问原因，太宗将二贝勒意见告知。众人与两大贝勒不同，斗志高昂，劝“上决计进取”。太宗令八固山额真到两大贝勒处商议，听完众人意见，两大贝勒说：“我等所谋如此，今闻尔等言亦是，仰听上裁可耳。”[①]于是，定议继续前进伐明。

二十四日，到达老哈河，太宗召集诸贝勒大臣，商定了具体作战方案：分兵前进，贝勒济尔哈朗、岳托率右翼四旗兵进攻大安口，至遵化城会合；贝勒阿巴泰、阿济格率左翼四旗兵从龙井关攻入。部署完毕，太宗与大贝勒代善、莽古尔泰及众贝勒率大军进发。

二十六日，左翼阿巴泰、阿济格兵攻克龙井关。明汉儿庄副将易爱、洪山口参将王遵臣闻炮声，率兵来增援。后金兵“尽歼其众”。至汉儿庄，遇到大贝勒莽古尔泰，贝勒多尔衮、多铎兵，守城官李丰带领城中军民剃发投降。同一日，贝勒济尔哈朗、岳托率右翼兵攻克大安口。二十七日，太宗率大军攻克洪山口，驻师城内。三十日，各路军在遵化会合，距城2.5公里安营，遗书遵化巡抚王元雅，劝其投降，说：“今尔等若输诚来降，功名富贵当与共之。尝闻良禽择木而栖，俊杰相时而动，尔等可不深念耶……我既大举兴师，岂肯中止，尔可速自审处，毋贻后时之悔。”[②]

十一月初一日，明山海关总兵赵率教闻警，急忙率副将、参将、游击等9员将领，以精兵4000来援遵化。阿济格率左翼四旗及蒙古兵迎击，明援军败走，赵率教被阿济格斩于马下。在两年前，赵率教曾经凭大炮坚城固守锦州，打退后金军的一次次进攻。初三日，后金军攻克遵化城，巡抚王元雅自杀，城中军民反抗者尽被屠。

①②《清太宗实录》卷5。

十一日，太宗命参将英俄尔岱、游击李思忠、文馆的范文程统备御8员、兵800留守遵化，自率大军向燕京进发。由于明朝政府的腐败，边备全疏，后金军一路势如破竹，连下蓟州、三河、顺义。攻下通州后，大军渡河进抵距燕京10公里的明廷牧马厂驻营。其管马太监2名及300余人被围出降，获得马骡235匹、骆驼6头。

离间计除袁崇焕

明廷没有料到后金军会冒险突入内地，逼近京师，急调各地兵马来京勤王，京师戒严。袁崇焕奉旨自宁远疾驰至山海关，部署所部扼守各要处，然后率军入关应援。他昼夜兼程，于十一月九日抢先一步进驻蓟州，而太宗为避免与之交锋，迅速离开蓟州西进，袁崇焕率军追赶。当太宗抵达通州时，袁崇焕到了运河要镇河西务，距离通州不到半日路程。他打算直接进京师，但当他还在蓟州时，京城里已经有了袁崇焕“导金兵入内地”的传言。十六日，后金军进至北京德胜门外，哨兵驰报，明大同总兵满桂、宣府总兵侯世禄等领兵来援，俱至德胜门。太宗率右翼大贝勒代善，贝勒济尔哈朗、岳托、杜度、萨哈廉等领护军及蒙古兵迎战。有哨兵又报，瞭见东南隅有宁远巡抚袁崇焕、锦州总兵祖大寿等以兵来援。太宗传令左翼大贝勒莽古尔泰，贝勒阿巴泰、阿济格、多尔衮、多铎、豪格等领兵迎击。太宗令右翼兵与满桂军大战于德胜门外，双方互有伤亡。同时，袁崇焕和祖大寿屯兵于广渠门，后金军来攻，双方发生激战，后金兵退却。二十二日，后金军退至南海子驻营。

二十三日，崇祯帝召见袁崇焕、满桂、祖大寿、黑云龙等将领，给予赏赐。袁崇焕要求允许其部队进城休整，崇祯帝不允，却准满桂军进城。袁崇焕无奈，只好在城外东南隅竖立栅木为营。

二十四日，后金移营至南苑，太宗设反间计，欲除袁崇焕。据《清太宗实录》卷五记载：

> 先是，获明太监二人，令副将高鸿中，将鲍承先、宁完我、巴克什达海监守之。至是还兵，高鸿中、鲍承先遵上所授密计，坐近二太监，故作耳语云："今日撤兵，乃上计也。顷见上单骑向敌，敌有二人来见上，语良久乃去。意袁巡抚有密约，此事可立就矣。"时杨太监者，佯卧窃听，悉记其言。

二十七日，高鸿中、鲍承先故意放走了太监。太监跑回京城，立即向崇祯帝报告了他们"偷听"到的情报。崇祯帝早已怀疑袁崇焕，听太监所言，信以为真。十二月初一日，崇祯帝以"议饷"的名义召见袁崇焕、满桂、祖大寿等人，乘机逮捕了袁崇焕，将其下狱。其实，早在袁崇焕诱杀毛文龙时，崇祯帝就已经心存疑惑，袁崇焕固守宁远，主张与后金议和却不主动出击，现在闻听太监所报，更加坚信袁崇焕通敌。同时又有魏忠贤的余党乘机上疏，谋兴大狱，必置袁崇焕于死地。翌年八月，袁崇焕被处以磔刑（即千刀万剐），其兄弟、妻子流放3000里，家产籍没。可怜袁崇焕，本为一介书生，在国难当头之时挺身而出，镇守关外，为加强宁锦防线，御敌于山海关之外，殚精竭虑，最终却被多疑的崇祯帝处死。袁崇焕之死是明末一大冤案，直到清入关后，在修清太宗实录时才真相大白于天下。当时清人评价说："自崇焕死，边事益无人，明亡征决矣。"①

---

①《明史》卷259，"袁崇焕传"。

后金攻占遵化、永平、滦州、迁安四城

袁崇焕被捕后，祖大寿惊惧，率所部东走山海关，袁崇焕部下一片惊恐，走散15000人。崇祯帝任命满桂总督各路援军保卫京师。满桂是蒙古人，骁勇善战。十二月十七日，满桂督军与后金军大战于永定门外，终因寡不敌众，兵败，满桂战死，总兵官黑云龙、麻登云等被俘，投降了后金。

后金军击败明军，诸将请求攻打北京城，太宗没有同意，他笑着说：

> 城中痴儿，取之若反掌耳！但其疆域尚强，非旦夕可溃者，得之易，守之难，不若简兵练旅，以待天命可也。[①]

太宗留下议和书信，率部东归，沿途攻陷大小城镇。天聪四年（1630）正月初四，后金兵围永平，向城内施放火炮，城楼中炮，众兵乘机登城，城破。城中明兵备道郑国昌、知府张凤奇、推官罗成功等众官员投降，城中军民皆剃发归顺。太宗指示对明军“收其军器，各放还原籍”；对一般汉民则令其“各还其家”，使其“乘时耕种，给以农具，复榜示归顺各屯，令各安心农业”[②]；对于归顺的官员，太宗皆给予赏赐并大批使用，让他们管理所属的归顺人口。太宗对降官降民的政策起到了收揽人心，平息汉族人民反抗的作用。

取永平后，滦州、迁安两城也相继投降。太宗派兵驻守先后攻占的遵化、永平、滦州、迁安四城。其中阿巴泰、济尔哈朗、萨哈廉及文臣索尼、

① 昭梿：《啸亭杂录》卷1。

② 《清太宗实录》卷6。

宁完我等统正白、镶红、正蓝三旗将士镇守永平府；文臣鲍承先、白格率领镶黄、镶蓝两旗将士镇守迁安县；固山额真图尔格、纳穆泰及文臣库尔缠及高鸿中率领正黄、正红、镶白三旗将士镇守滦州；察哈喇与范文程率蒙古八旗将士镇守遵化，然后大军返程，于三月二日平安到达沈阳。

回到沈阳不久，太宗派大贝勒阿敏、贝勒硕托领兵前去与阿巴泰等换防，分兵驻守四城。后金主力军撤走后不久，明军就组织了大规模反攻。驻守永平等四城的后金军兵力不足，阿敏见难以固守，便屠杀了城中的降官、降民，撤回沈阳。

后金军首次入关袭扰，进抵北京城下，与满桂军大战于永定门外，这是后金进关的第一次大演习，历时7个月，获得了与明军主力作战的经验，增强了夺取中原的信心，事实也证明了明朝并非不可战胜。同时，后金寻找到了一条绕开山海关取道内蒙古进关的路线，从此以后，他们可以随时出入塞内，给明朝以打击。尤其是这次行动借崇祯帝之手除掉了袁崇焕，去掉了太宗的心腹之患。

八旗教育与科举并举

开科取士

（一）首次开科取士

清太宗即位后，全面调整治国政策，制定了“以武功戡祸乱，以文教佐太平”的方针，始兴文教，在天聪三年（1629），实施了两项重大举措：一是修建文庙，祭拜孔子，这标志着太宗接受了儒家思想，表达了对以孔子为代表的汉文化和汉族知识分子的尊重。二是开科取士。

是年八月，他对大臣们说：

> 自古国家，文武并用，以武功勘祸乱，以文教佐太平。朕今欲振兴文治，于生员中考取其文艺明通者，优奖之，以昭作人之典。诸贝勒府以下，及满汉蒙古家，所有生员，俱令考试。于九月初一日，命诸臣公同考校，各家主毋得阻挠，有考中者，仍以

别丁偿之。[1]

太宗提出为“兴文教”，要开科取士。是年九月，后金举行了建国以来第一次科举考试。有关这次考试，《清太宗实录》卷5做如下记载：

先是，乙丑年十月，太祖令察出明绅衿，尽行处死。谓种种可恶，皆在此辈，遂诛之。其时诸生隐匿得脱者，约三百人。至是考试，分别优劣，得二百人。凡在皇上包衣下，八贝勒等包衣下，及满洲、蒙古家为奴者，尽皆拔出。一等者，赏缎二。二等、三等者，赏布二。俱免二丁差徭。

从上面两段史料可以看出以下问题：

其一，开科取士的目的是为“振兴文治”而搜求人才，即太宗所谓：“朕今欲振兴文治，于生员中考取其文艺明通者，优奖之，以昭作人之典”。从清太祖努尔哈赤到太宗皇太极均是以武功创业，努尔哈赤对“文治”问题和知识分子尚未引起重视。太宗即位后，感受到“文治”对国家发展的重要性，他重视学习汉族的政治经验，所以在天聪三年（1629）四月，设立文馆，将儒臣分为两班：巴克什达海和刚林等掌翻译汉文典籍；巴克什库尔缠和吴巴什等负责记注本朝政事。翻译汉文典籍是为学习汉文化，借鉴汉族的统治经验；记注国事是为总结施政之得失。太宗不时到文馆，与文臣谈古论今。太宗本人重视学习汉文化，从中汲取政治及军事经验，也迫切希望快速提高本民族的整体文化水平。

其二，本次开科取士考的主要是汉族生员。因为此时女真知识分子寥寥，另外太宗的谕旨也说明了这一点，他强调：“诸贝勒府以下，及满汉蒙古家，所有生员，俱令考试。……各家主毋得阻挠。”各家主不得阻挠的正是汉族生员。努尔哈赤憎恨汉族生员，认为“种种可恶，皆在此辈”，所谓

① 《清太宗实录》卷5。

“种种可恶”不外乎煽动与策划汉人逃亡、暴动、谋反，所以在天命后期大肆屠杀汉族生员。那些侥幸活下来的皆隐匿于女真与蒙古贵族家中为奴。太宗即位后提出“满汉一体”，调整了对汉民族的政策，他希望通过科举考试使更多的汉族知识分子被选拔出来，为其振兴文治和以“文教佐太平”发挥作用。

其三，开科取士的结果。在努尔哈赤屠杀汉族生员时“诸生隐匿得脱者，约三百人”，经过考试，“分别优劣，得二百人。凡在皇上包衣下，八贝勒等包衣下，及满洲、蒙古家为奴者，尽皆拔出” 。他将200人分为三等，分别给予赏赐。

首次开科取士考中者被充实到后金政权的各部门，如丁文盛任兵部启心郎，授世职牛录章京；马国柱入值文馆；马鸣佩任工部启心郎，仍值文馆；宁完我以兼通汉文，在文馆办事，不久授参将职。

天聪三年（1629）的开科取士对于后金而言具有开创意义，为太宗兴文教及完善政权建设招揽了人才，尤其是一批汉族知识分子受到重用，大大提高了后金政权管理者的整体文化水平。同时，这也是后金政权接受儒家文化的一个标志。

（二）再行开科取士

继首次开科取士之后，后金（清）又多次举行科举考试，使之成为制度，具体情况如下：

天聪八年（1634）四月，太宗命礼部考取八旗通文艺之士，取中满洲习满书者刚林、敦多惠2人，满洲习汉书者察不害、恩国泰2人；汉人习满书者宜成格，汉人习汉书者齐国儒、朱灿然、罗绣锦、梁正泰、雷兴、马国柱、金柱、王来用8人；蒙古习蒙书者博特、石岱、苏鲁木3人，共16人，均赐举人。各赐衣一袭，免四丁，宴于礼部[①]。

崇德三年（1638）八月，赐新中举人罗硕、常鼐、胡邱、阿济格毕礼克图、王文奎、苏宏祖、杨方兴、曹京、张大任、于变龙10名，各衣一袭，授半个牛录章京品级，各免人丁4名[②]。

崇德六年（1641）六月，内三院大学时范文程、希福、刚林等，奏请于满汉蒙古内考取生员举人。太宗嘱咐他们要“从公考校”[③]。七月，赐新中试举人满洲鄂谟克图、赫德，蒙古杜当，汉人崔光前、卞三元、章于天、卞为凤7人各缎朝衣一领。

在每次开科取士时，除赏新中试举人之外，太宗还将满、汉、蒙古生员按考试成绩分别等地，赏赐缎、布不等。

太宗执政17年，共举行四次开科取士，已成为一种制度。首次开科取士是针对汉族生员，而在后三次中，尽管中式举人仍以汉人为多，但是每次皆有满洲和蒙古人中试，可见在太宗兴文教的政策下，满洲与蒙古的文化素质在快速提升。

太宗时期的举行开科取士，尽管中试者人数不多，但是“名臣多出其中”[④]。

兴办教育

通过科举考试选拔出一批满、蒙古、汉族知识分子，除了充实到政权各部门之外，也为后金开展教育准备了人才。

①④ 福格：《听雨丛谈》卷7。

② 《清太宗实录》卷43。

③ 《清太宗实录》卷56。

八旗教育之初兴

东北作为边疆地区，历来是少数民族聚居地，教育几乎是一张白纸。明朝承袭历代中原王朝的治边思想和民族政策，即“华夷之辨”。对辽东边墙之外的各少数民族采取羁縻政策，只要求他们按时朝贡，保持政治隶属关系世代不变，却从未考虑过对这一地区进行文化教育建设。

明末，清太祖努尔哈赤崛起，他集文韬武略于一身，精通蒙古文，粗通汉文，从书本上学到许多知识，从中获得了宝贵的军事斗争和政治斗争经验。他意识到文化的重要性，专门聘请浙江绍兴人龚正陆教儿子们读书。明朝官员余希元和朝鲜兵曹判书李德馨在谈到此事时说：“见折（浙）江绍兴府会稽县人龚正陆，年少，客于辽东，被抢在其处，有子侄群妾，家产至万金，老乙可赤号为师傅，方教老乙可赤儿子书，而老乙可赤极其厚待。”[①]“老乙可赤”即努尔哈赤，他有16个儿子，大多声名显赫，除皇太极即汗位之外，长子褚英、次子代善、五子莽古尔泰、七子阿巴泰、八子德格类、十二子阿济格、十四子多尔衮、十五子多铎等人，皆能征善战，智勇双全，对女真统一和清朝兴起做出过重大贡献。

儿子们的茁壮成长使努尔哈赤更加迫切地感到，为取得统一事业的发展，必须解决族人文化落后问题。万历二十七年（1599），在他的倡议和指导下，巴克什额尔德尼和扎尔固齐噶盖仿蒙古字创制了文字，解决了女真人学习文化的文字障碍问题，为后金教育的兴起准备好了最基本的条件。

天命六年（1621）七月，努尔哈赤下令在八旗中设立学校，每旗选出一名巴克什为师傅（即先生），他们是钟堆、博布黑、萨哈连（又写作萨哈廉）、吴巴泰、雅兴噶、阔贝、扎海、洪岱，8位师傅负责教授八旗子弟读

① 《李朝实录》卷70。

书。努尔哈赤告诫他们说：

> 对在你们之下的徒弟和入学的儿童们，能认真地教书，使之通文理，这就是功。如入学的儿童们等不勤勉地学，不通文理，就要治罪。入学的徒弟们，如不勤勉地学，你师傅向诸贝勒报告。八师傅不参与各种事。①

从“八师傅不参与各种事”可知，八师傅乃专职教师。此项举措，首次见诸文字记载，当视为后金办教育之始。

但是，天命年间后金教育发展缓慢，这固然有战事频繁等客观原因，也有努尔哈赤不信任汉族知识分子的因素。由于女真整体文化素质低下，为数不多的知识分子，如额尔德尼、达海等人承担着汗王近侍儒臣的重任，负责对内外的文移往来，无暇顾及教育。其时，努尔哈赤统治下的辽东地区不乏汉族知识分子，但由于他们带头反抗后金的民族压迫政策，因此受到野蛮镇压，侥幸活下来的，绝大多数在女真贵族家中充当奴仆，过着悲惨的生活。直到太宗即位，这种对教育发展十分不利的局面才有了根本性转变。

太宗发布“读书令”

天聪五年（1631）闰十一月，太宗谕令诸贝勒大臣子弟读书，他说“自今凡子弟十五岁以下，八岁以上者，俱令读书”，又强调读书的目的是“使之习于学问，讲明义理，忠君亲上，实有赖焉”②。

太宗发布读书令，是因为两件事给他以极大的震撼，使他强烈地认识

①《满文老档》第24册。

②《清太宗实录》卷10。

到，读书明理对其国人的重要性，发展民族教育迫在眉睫，刻不容缓。是年七月，太宗率兵攻打大凌河城，遭到祖大寿为首的明军的殊死抵抗，经过长达3个月的围困，城中军民“人皆相食”，仍不投降。他联想到上一年，阿敏丢弃河北永平等四城的原因，正是领兵之贝勒们“未尝学问，不明礼义之故”；而明军死守大凌河城，拒不投降，“岂非读书明道理，为朝廷尽忠之故乎”？所以，大凌河战后，他下达了读书令，不过这道读书令针对的对象是诸贝勒大臣子弟。

然而，读书对于女真人而言是件极困难的事儿，这主要缘于世代相袭的传统观念与习俗。女真及其先世，世代繁衍生息在白山黑水之间，以射猎为业。生产方式决定生活方式，女真习俗，生男孩儿，在门前悬挂一只裹着红布的弓箭，俗称“公子箭”，它代表着父母的美好祝愿，希望孩子长大后成为一名优秀的骑射手。男孩儿长到三四岁，就被训练骑马，用小弓箭演练射艺。先世的遗风代代相传，形成了独特的文化，我们姑且称之为“渔猎文化”。在这种文化背景下的民族，它自身的教育，只注重骑射战斗，而不注重文化知识。有鉴于此，太宗在下达读书令的同时，警告诸贝勒大臣们说：“闻诸贝勒大臣，有溺爱子弟不令就学者……如有不愿教子读书者，自行启奏。若尔等溺爱如此，朕亦不令尔身披甲出征，听尔任意自适。”[①]太宗知道要改变人们重武轻文的传统观念，让其子弟读书是很困难的，所以他以“朕亦不令尔身披甲出征”相要挟。这对诸大臣贝勒们来说，是相当严重的惩罚，若不披甲出征，何来军功？没有军功，哪里来的官阶爵位、荣华富贵？可见太宗推行教育的决心。

那么，有了行政命令，该如何具体实施呢？对此，天聪六年（1632）正月，汉官胡贡明上疏建议：

① 《清太宗实录》卷10。

皇上谕金、汉之人都要读书，诚大有为之作用也。但金人家不曾读书，把读书极好的事，反看作极苦的事，多有不愿的。若要他们自己请师教子，益发不愿了，况不晓得尊礼师长之道理乎？以臣之见，当于八家各立官学，凡有子弟者，都要入学读书，使无退缩之辞。

胡贡明针对金人不愿读书的情况，建议设立八旗官学，凡八旗子弟皆令入学读书，以此约束八旗子弟，使不想读书者“无退缩之辞”。对于如何办学，他又进一步提出：

有好师傅，方教得出好子弟，当将一国秀才及新旧有才而不曾作秀才的人勅命一二有才学的，不拘新旧之官，从公严考，取其有才学可为子弟训导的，更查其德行可为子弟样子的，置教官学。顺设养廉之典，供以衣食，使其无内顾之忧。尊以礼貌，使其有授教之诚。崇以名分，使其有拘束之严。小则教其洒扫应对，进退之节，大则教其子、臣、弟、友、礼、义、廉、耻之道。诱掖奖劝，日渐月磨，二三年必将人人知书达礼，郁郁乎而成文物之邦矣。[①]

胡贡明提出诸如选拔教师、教师待遇以及学习内容等具体的实施方案，对建立八旗官学教育体制有着重要意义，也使太宗的读书令能够得以执行，更主要的是使教育对象由王公大臣子弟扩展到所有八旗子弟，这无疑有利于提高女真民族的整体文化水平。读书令下达之后，后金社会出现了学文化办

① 《天聪朝臣工奏议》卷上。

教育的热潮，正如刘学成在奏议中所言："今我国兴学，优养秀才，真明主崇儒重道之盛典。"①

学校学习的教材以译成满文的汉文典籍为主。因为满文创制时间短，主要用来记载档案、发布政令，所以尚无用满文编写的适合作为教材的课本，本民族的文献典籍更是无从谈起，所以太宗采取译书的方法，来解决族人学习的需要。早在天聪三年（1629）设立文馆时，巴克什达海及笔帖式刚林、苏开、顾尔马浑、托布戚等人就已着手翻译汉文典籍。其中以达海成就最大，在他38岁病逝前，全部译完的书籍有《刑部会典》《素书》《三略》《万宝全书》；尚未译完的有《通鉴》《六韬》《孟子》《三国演义》《大乘经》。其中部分书籍成为后金学习文化的课本。

由于女真知识分子不多，所以教书的任务主要由懂满文的汉族秀才担任。尤其课本完全是汉文献的译本，他们更占优势。黄昌、于跃龙两人在奏折中自称是"正、厢（镶）黄旗教书秀才"②，就是一个有力的证明。

清太祖、清太宗时期的教育尚属草创阶段，未形成一定规模，也没有比较完备的教学规章制度，学校仅限于兴京和盛京城内，八旗子弟的就学率很低。虽然太宗采取了一些强硬措施，但仍未达到推行全民教育的目的。尽管如此，关外20多年的教育还是颇有成就的，它培养了一批女真知识分子。更主要的是启迪了人们的思想，使女真人开始懂得办学校与教育，打下了读书的烙印，为清代旗学的兴旺发达奠定了基础。

①②《天聪朝臣工奏议》卷中。

六

蓬勃发展

置三院八衙门

清太祖时期，后金政权尚属草创，机构简单，军政基本不分，以旗统兵，以旗治人。清太宗即位后，进行改革，本着“参汉酌金”的原则，逐步设置和完善了国家机构。

设置六部

天聪五年（1631）七月，太宗召集诸贝勒大臣，举行会议，爰定官制，设立了吏、户、礼、兵、刑、工六部。每部以一名贝勒总理部务，下设满承政2员、蒙古承政1员、汉承政1员，承政之下各设参政8员。各部均设启心郎1员、笔帖式数员。六部执掌及其最初具体任官情况如下：

吏部，墨尔根戴青贝勒多尔衮管吏部事；图尔格为承政，满珠习礼为蒙古承政，李延庚为汉承政；其下设参政8员，以索尼为启心郎。执掌任免官员及爵号、世职的封赠。

户部，贝勒德格类管户部事；英俄尔岱、觉罗萨璧翰为承政，巴思翰为蒙古承政，吴守进为汉承政；其下设参政8员，以布丹为启心郎。负责管理人丁、土地、赋税、贸易等。

礼部，贝勒萨哈廉管礼部事；巴都礼、吉孙为承政，布彦代为蒙古承政，金玉和为汉承政；其下设参政8员，以祁充格为启心郎。负责各种典礼及礼仪，主持学校、科举，管理僧、道等。

兵部，贝勒岳托管兵部事；纳穆泰、叶克书为承政，苏纳为蒙古承政，金砺为汉承政；其下设参政8员，以穆成格为启心郎。执掌调兵遣将，颁布军令，督查战备军需。

刑部，贝勒济尔哈朗管刑部事；车尔格、索海为承政，多尔济为蒙古承政，高鸿中、孟乔芳为汉承政；其下设参政8员，以额尔格图为启心郎。负责审理诉讼断狱。

工部，贝勒阿巴泰管工部事；孟阿图、康喀赖为承政，囊努克为蒙古承政，祝世荫为汉承政；其下设满洲参政8员、蒙古参政2员、汉参政2员；以苗硕浑为满洲启心郎，罗绣锦、马鸣佩为汉启心郎，其余办事笔帖式各酌量事务繁简补授若干。执掌修筑城堡、道路等工程，管理手工业。

主管各部的贝勒直接听命于太宗，双方是君臣关系，较之八旗旗主，不具有“主权”。六部的主要官员承政与参政皆置满、蒙古 、汉缺，体现了满、蒙古、汉联合政权的性质。六部之设，明确了国家各类事务的分工，提高了行政效率。

改文馆为内三院

天聪十年（1636）三月，改文馆为内三院。先是，三年（1629）四月，太宗命儒臣分两班：巴克什达海、刚林等翻译汉文典籍，以借鉴统治经验；巴克什库尔缠、吴巴海等记注本朝政事，以总结理政之得失，“名曰文馆”。文馆设立后，除译书与记注国政之外，还负责撰拟诏令，处理文移往来之事。实际上，它是太宗的为政咨询机构，任职官员则是他的顾问。

所谓“文馆”是满文“bithei yamun”（汉字转写为笔帖赫衙门）的汉译，“bithei”意为“书的”，“yamun”即“衙门”。查阅《满文老档》（满文版），初儒臣办公之所称为“bithe boo”，“boo”意为“房子”，合译为书房（汉字转写为笔帖赫包）。故汉儒臣诸如马国柱、高士俊、王文奎、宁完我、鲍承先、范文程等在上疏中皆自称“书房秀才”或“书房臣”。天聪五年（1631）十二月，参将宁完我上疏，谏言规范官制，其中说道“我国笔帖赫包之称，于汉言为书房。朝廷之上，岂有书房之理”[1]，建议更改馆名。在《满文老档》中的天聪六年八月初一条始见“bithei yamun”，此后，“bithei yamun”取代了“bithei boo”。看来太宗接受了宁完我的建议，“衙门”比“书房”更像一级机构的名称。但是在一段时间内，人们还是习惯称之为书房。

书房改称衙门，在名称上规范化了，但是换汤不换药，内部管理仍很混乱，尤其是天聪六年（1632）七月，达海去世后，“五榜什不通汉字，三汉官又无责成，秀才八九人哄然而来，群然而散”，“书房事宜竟无专责，其柜子中收贮文书，人得乱动”。针对这种状况，是年十一月，书房秀才杨方兴上疏，请求用贝勒管理书房事，他说：

> 书房实六部之咽喉也，一切往来国书暨官生奏章，俱在于斯，若无总理之人，未免互相推诿……臣想六部皆有贝勒，而书房独无，乞皇上择一老成通达政事的贝勒，在书房中总理……庶书房官生有头领，好用心做事，再各分执掌，总听贝勒约束，方

① 《清太宗实录》卷10。

成个大规矩。[①]

至天聪九年（1635），太宗酝酿称帝改国号，二月初四日，正红旗牛录章京徐世昌再次针对书房问题上奏：

天子股肱宜立。一代之兴，必有一代之臣相与赞襄、开导，共造封疆。所谓辅弼重臣，上应天心者也，而我朝枚卜之举，实有未行，不过曰书房，岂堂堂立国之体哉。臣愚以为宜建中书府，设中书平章、左右丞、参知政事等官，以备顾问参赞，凡军国大事，悉咨询商酌，而后施行。庶庙堂无舛错之令，圣主鲜宵旰之劳矣。[②]

太宗接受了汉官们的建议，于天聪十年（1636）三月，宣布将文馆一分为三，设内三院：内国史院、内秘书院、内弘文院，分任职掌。

内国史院负责记录太宗起居诏令，收藏御制文字，编纂史书，撰拟郊天告庙祝文及升殿宣读庆贺表文，撰修历代祖宗实录，编纂一切机密文移及各官奏章，记录官员升降文册，撰拟功臣母妻诰命、印文，追赠诸贝勒册文。凡六部所办事宜，可入史册者，选择记载，一应邻国远方往来书札，俱编为史册。

内秘书院负责撰写与外国往来书札，掌录各衙门奏疏及辩冤词状、汗之敕谕、文武各官敕书，并告祭文庙，谕祭文武各官文。

内弘文院负责注释历代行事善恶、进讲御前、侍讲皇子，并教诸亲王，

① 《天聪朝臣工奏议》卷上。

② 《天聪朝臣工奏议》卷下。

颁行制度。

是年六月（从四月起改为崇德元年）更定三院官制：内国史院设大学士1人、学士2人；内秘书院设大学士2人，学士1人；内弘文院设大学士1人、学士2人。下置数量不等的举人及生员。大学士、学士分别由满、蒙古、汉人担任。大学士直接对皇帝负责，参与军国大政的商讨、制定，掌握国家机密。内三院成为清政权的中枢决策机构。

设置都察院和理藩院

五月，设置都察院，独立于内三院和六部之外，行使监察各部院的职权，上至皇帝，下至牛录属员，皆可劝谏、弹劾、纠察。太宗给都察院以很大的权力，他具体指示说：

> 尔等身任宪臣，职司谏诤。朕躬有过，或奢侈无度，或误谴功臣，或逸乐游畋，不理政务，或荒耽酒色，不勤国事，或废弃忠良，信任奸佞，及陟有罪，黜有功，俱当直谏无隐。至于诸王贝勒大臣，如有荒废职业，贪酒色，好逸乐，取民财物，夺民妇女，或朝会不敬，冠服违式，及欲适己意，托病偷安，而不朝参入署者，该礼部稽察。若礼部徇情容隐，尔等即应察奏。或六部断事偏谬，及事未审结，诳奏已结者，尔等亦稽察奏闻。凡人在部控告，该部王及承政未经审结，又赴告于尔衙门者，尔等公议。当奏者奏，不当奏者公议逐之。

因为都察院拥有监察大权，为防止有贿赂之事发生，太宗警告说：“明国陋规，都察院衙门亦通行贿赂之所，尔等当互相防检，有即据实奏闻。若以私仇诬劾，朕察出，定加以罪。”为鼓励都察院官员积极行使职权，太宗保证：“所言是，朕即从之；所言非，亦不加罪。必不令被劾者与尔面质也。”①

崇德三年（1638）六月，改蒙古衙门为理藩院。清圣祖曾经追述说：“太宗文皇帝时，蒙古部落尽来归附，设立理藩院，专管‘外藩’事务。”②理藩院除了管理蒙古及少数民族事务之外，还掌管宗教事务。

经过几年的改革，清政权完成了内三院、六部、都察院和理藩院一套完整的国家行政机构的建设，合称“三院八衙门”。崇德三年（1638）七月，根据大学士范文程、希福、刚林等人建议，更定八衙门官制，规定：每衙门设满洲承政1员，以下设左右参政、理事、副理事、启心郎、主事等官，由满、蒙古、汉人充任。使各衙门官制整齐划一。

上述一系列机构的设置显然是仿照明朝制度建立的，正如宁完我所言：“我国六部之名，原是照蛮子家立的。”③但是它又和明朝的制度不尽相同，无论是机构的名称或职官的设置皆具有本民族特点。如，吏部以阿拜（满）为承政，色勒（满）、祖泽洪（汉）为左参政，萨璧翰（满）、满珠习礼（蒙古）、鲍承先（汉）为右参政。从官员设置的民族分布看，具有满蒙汉贵族地主联合政权的性质，这为清政权入关后的官制奠定了基础。再如，各部院设启心郎，掌满汉语翻译。该职务之设，正是缘于此时满官大多不晓汉语，汉官多数不通满语。太宗时期的国家机构建设充分体现了“参汉酌金”的原则。

太宗在称帝前后，通过对国家机构和体制的改革，剥夺了八旗旗主的权力，诸贝勒虽然主管六部事务，但和太宗是君臣关系。内三院大学士、学

① 《清太宗实录》卷29。

② 《光绪会典事例》卷20。

③ 《天聪朝臣工奏议》卷中。

士由太宗任命，更是直接对太宗负责。努尔哈赤制定的“八和硕贝勒共治国政”的体制已经瓦解，取而代之的是封建中央集权的政治体制。早在天聪七年（1633）八月，宁完我就奏言请求“参汉酌金，用心筹思”，使后金“渐就中国之制”，以便“日后得了蛮子地方，不至手忙脚乱”[①]。如今，在汉族儒臣们的帮助和指导下，太宗已经为入主中原做好了国家机构与政体上的准备。

① 《天聪朝臣工奏议》卷中。

百日围大凌河

掘壕筑墙围困大凌河城

天聪三年（1629）十月，后金军首次入关袭扰，占领河北遵化、永平、滦州、迁安四城，又施离间计除掉了袁崇焕。大军东归后不久，明朝兵部尚书、大学士孙承宗督理军务，组织兵力，收复了遵化等四城。之后，他又出关巡查，准备重新整顿关外防务，恢复宁锦防线。自辽东巡抚王化贞失广宁后，关外军民已尽撤山海关内，诸城堡遭到弃毁。孙承宗决定暂弃广宁与义州（今辽宁义县），先修复大凌河城。

大凌河城全称为大凌河中左千户所，位于锦州城东15余公里，城建于明宣德年间，周长1.5公里许，嘉靖时增修，城高2丈余，门一[①]。在广宁沦陷后，它就成了锦州的前哨阵地。

太宗闻听明军在修复大凌河城，心中不安，他担心城修筑完成，会成

① 《全辽志》卷1。

为除宁远、锦州之外的又一座坚固的军事城堡，这无疑给进兵辽西增加了阻力。天聪五年（1631）七月，他下达命令：用征明所获的财帛及与朝鲜通商所得货物，收购蒙古马匹，然后征调包括蒙古兵在内的各路军，要在大凌河城尚未竣工之前将其摧毁。

七月二十七日，太宗率大军自沈阳西行，第二天过辽河。八月初一日，抵达旧辽阳河宿营。此时，有蒙古科尔沁、扎鲁特、巴林及敖汉、奈曼、土默特等8部，共计马步兵2万余人前来会合。太宗杀牛羊，备酒，宴请蒙古诸贝勒。初二日，后金与蒙古军兵分两路：贝勒德格类、岳托、阿济格统兵2万，经义州，屯驻在锦州与大凌河之间；太宗亲率主力军，经白土厂，趋广宁大道。约定两军于初六日会于大凌河城下。同时将新铸造的40门红夷大炮运往大凌河。

此时，明总兵祖大寿与10余员副将正领兵修筑大凌河城。祖大寿，字复宇，辽东宁远人，约生于明隆庆年间。从明中叶以后，在辽东地区先后有三大股辽军势力，一是李成梁系统的辽军，二是祖大寿系统的关宁辽军，三是毛文龙系统的岛兵。由祖大寿的“祖家将”组成的军队是辽军中最后一支劲旅。大寿的兄弟子侄中作为明朝将帅的多达10余位，此外还有一批亲信将领，如副将刘天禄、张存仁、韩大勋、孙定远、裴国珍等等。大寿是这支队伍的最高指挥官，也是“祖家将”最年长的长辈，具有很高的声望和地位。明廷对这支军队非常重视，希望凭借它守住宁锦防线。太宗对这一点非常了解，他曾说过：“明所恃者，惟祖大寿之兵。”[1]袁崇焕督辽时，大寿挂征辽前锋将军印，驻锦州。现在他奉命重筑大凌河城。此时大凌河城有副将8人、游击约20人、马兵7000、步兵7000，夫役商贾约计万余人。至后金军进抵时，修城已历时半个月，城墙已筑完，雉堞完成了一半。

① 《清太宗实录》卷64。

八月初六日，后金军至大凌河城下。入夜，围城而宿。第二天，太宗与诸贝勒大臣商议：若攻城，恐士卒受伤，不如环城掘壕筑墙围困。若明军出城，我则与战，若外有援军至，我则迎击。于是，部署兵力如下：

正黄旗固山额真冷格里围北面之西侧；镶黄旗固山额真达尔汉围北面之东侧；阿巴泰居后策应。

正蓝旗固山额真觉罗塞勒围正南面，莽古尔泰、德格类在后策应；镶蓝旗固山额真篇古围南面之西，济尔哈朗在后策应；蒙古固山额真吴内格围南面之东侧。

正白旗固山额真喀克笃礼围东面之北侧，多铎在后策应；镶白旗固山额真伊尔登围东面之南侧，多尔衮在后策应。

正红旗固山额真和硕图围西面之北侧，代善在后策应；蒙古固山额真鄂本兑围正西面；镶红旗固山额真叶臣围西面之南侧，岳托居后策应。

蒙古各贝勒自率本部围其缝隙处[①]。

各旗在所辖区域内挖掘壕沟4道，另筑墙1道，城壕之间相距1.5公里，环城设立营房45座。

在城四周部署主攻和策应，实则是两重兵力，蒙古兵灵活机动，补其缝隙。加之4道沟堑和1道墙，将大凌河城围得水泄不通，城内之人不能出，城外之人不能入。这次出兵，后金首次携带大炮，额驸佟养性带领汉军将大炮安置在通往锦州的大路上，堵截明朝援军。太宗则坐镇城南山岗，瞭望指挥。

祖大寿降而又叛

祖大寿正督军筑城，不料后金突然大兵压境，将城围了个水泄不通。初

① 王先谦：《东华录》，天聪五年八月。

九日，他派百余骑出城，做侦探性出击，被追斩30余人。初十日，再派500骑出城，又被击退，返回城中。太宗试图劝诱大寿投顺，大寿置之不理，于是命人将书信射入城内，瓦解城中的蒙古兵。信中说：

> 诸申、蒙古，乃相同之国，明则异国也。尔等如此为明效死，我甚惜之。尔等之意，今若归降，恐遭杀戮，不敢信任。不仅不杀尔蒙古，即我仇敌明人，除杀其拒战者外，凡来降之人我均收养之，岂有灭绝天下人之理耶？因我善养人，故人皆归附耳。我之善养与否，尔等未曾闻之乎？尔疑我言为诈，人可欺，天可欺乎？[1]

十二日，祖大寿试图突围，先派小股部队从西面出城诱战，正红旗将领图赖南褚等领兵迎战。大寿再派大军从南面突围，两蓝旗兵迎战，四面八旗兵见状各自进战，明军寡不敌众，且战且退，两蓝旗兵进抵城壕，下马步战，逼明军入壕。城上明军炮箭齐发，硝烟四起，爆炸声震耳欲聋。两蓝旗兵退后。大寿突围不成，于是城门紧闭，寄希望于朝廷派大军来援救解围。

明廷见祖家军被围困在大凌河城，紧急调兵解围。十六日，松山城派出2000兵来援，后金前哨阿山、劳萨、图尔什率兵300人迎击，斩百余人，余者逃回松山。二十六日，辽东巡抚邱禾嘉与总兵吴襄率6000兵自锦州来增援，与后金战于长山与小凌河之间，终寡不敌众，退回锦州。九月十六日，太宗率军出击锦州，命百余兵先行，引诱锦州兵。锦州明军7000人出城追击，至小凌河进入后金埋伏。太宗刚披上甲衣，还没来得及戴头盔，便与护军200人出击，杀入明军阵营，左冲右突。明军大乱，掉头向锦州逃，后金军追杀

①《满文老档》第3册。

至锦州城下。九月二十四日，明廷派将军张春会同吴襄、宋伟率领战将百余人，马步兵4万余人出锦州援大凌河。二十五日，渡过小凌河，掘壕，列战车枪炮布阵立营。太宗率军也赴小凌河，见明军壁垒森严，心想何必攻其坚而伤我军，等其启程前来时再攻其不备，遂引军返回。二十七日黎明，明军启程，朝大凌河而来，在距城7.5公里时，被后金哨卒发现。太宗与大贝勒代善、莽古尔泰等统兵2万来迎战。后金骑兵列阵，呐喊冲击，明兵竟岿然不动，从容应战，枪炮齐鸣，震天动地，弹如雹下，矢如雨落，后金军也施放大炮。顿时黑云密布，大风骤起，吹向后金阵营，明军趁风纵火，火势甚炽，逼向后金军。忽然间天降大雨，风向转，明军反被烧。后金军火炮与箭矢齐发，明军终于不能抵挡而溃退，步兵被斩杀，“如蹍聚蚁，无一人得脱”，马兵四处溃逃，被预先埋伏的后金军截杀，死伤无算，只有少数人得以逃脱。此役生擒明统兵主将监军太仆寺卿张春、左翼副将都督张洪谟及副将、参将、游击等大小将领共计33人，获马、驼、骡及甲胄、军械，收之不尽[①]。此战役后，明朝援军断绝。

在围困大凌河城的同时，太宗不断发动政治攻势，希望能劝降祖大寿。在九月十八日给大寿的信中说：

> 我内心仰慕将军久矣，盖天欲使我二人和好，以共谋前程，故欣然遗书以往。我之所以仰慕将军，乃因我起自东陲，唯知军旅之事，而不知养民抚兵之道，未谙山川地势之险易。征战之事，我自任之；示教之事，求将军任之。休戚与共，富贵同享，此我之愿也。[②]

① 王先谦：《东华录》，天聪五年九月。

②《满文老档》第41册。

太宗对大寿的倾慕之心、倚重之意跃然纸上，大寿却并不为之所动。在援军断绝后，太宗再书招降信，连同阵获的明朝文武官员23人的劝降书，派新降明军将领姜桂一并送与大寿。大寿见信后表示：“我宁死于此城，不降也！”[①]姜桂返回后称大寿担心后金屠杀降兵降将，所以不从。太宗再写信解释说：从前杀辽东人确有其事，我甚为痛悔，现在不枉杀一人，一律加以恩养。二贝勒阿敏屠杀永平汉官民，是他个人所犯的罪行，已经受到幽禁惩处。又劝说：“若杀尔等，于我何益，何如与将军共图大业。故以肝膈之言，屡屡相劝。”[②]大寿没有回应。

至十月中旬，大凌河城被围困已经两个多月，城中“粮绝薪尽，军士饥甚，杀其修城夫役及商贾平民为食”[③]，有人开始设法逃出城。大寿此时力竭技穷，城内弹尽粮绝，城外援军不见踪影，他决定投降。二十四日，让子祖泽润修书两封射出城外，请求与后金副将石廷柱面议，又送子祖可法到后金营中做人质。石廷柱奉命随库尔缠、龙什等前往与大寿会面，大寿对石廷柱说：“我等既不能尽忠朝廷，报效国家，惟惜此身命，决意归上。”但是同时提出投降的条件，要求后金进攻锦州，让他与锦州城中的妻子家人团聚。太宗答应了大寿的要求，派人回复说：“尔等降后，锦州或以力攻，或以计取，任尔等为之。”[④]

二十八日，大寿率副将刘天禄、张存仁、祖泽润、祖泽洪、祖可法等，以及大凌河城内军民万余人投降，唯副将何可刚拒降，大寿命人将其推出城外杀死，然后派4员副将、2员游击至后金营中盟誓。当日晚，大寿出城至太宗御营会面。太宗派诸贝勒出迎一里，自己出幄外迎接。两人相见行隆重的抱见礼，然后入帐。太宗宴请大寿，席间，将其所用之黑狐帽、貂裘、金玲珑、缎靴、白马等珍贵物品一并赏与大寿。大寿请求允许其回锦州，以为内

①②③④《清太宗实录》卷10。

应，以计取锦州城，太宗应允。双方约定：十一月初二日，闻锦州炮声，则知大寿已入城；初三、初四闻炮声，则事成，后金兵往取锦州。十一月初一日晚，大寿带领26人渡小凌河，徒步回锦州，假称突围逃还，锦州守将信以为真。初二日，果真从锦州传来炮声，之后，却再也没有了声息，直至10年后，清军围困锦州城，大寿第二次降清。大寿走后，后金军进入大凌河城，举行盛大的宴会庆祝胜利，并招待大凌河归降将官。

十一月初九日，后金军班师，临行前将大凌河城彻底摧毁。这次围困大凌河城战役，后金在战略战术上做了重大调整，改攻城战为围城打援，历时百余天，取得全胜。此战役消灭了明朝在关外的精锐部队，虽然主将大寿假降脱逃，但是“祖家将”中大部分祖姓和非祖姓的亲信将官归降后金，使后金的军事实力大增。而明朝在辽东的军事力量已消耗殆尽。

经过第一次进入河北境袭扰京畿地区和今日的大凌河战役，太宗已清楚地看到，明朝已是江河日下，摧毁这座大厦指日可待。接下来他要解决的是蒙古察哈尔林丹汗的问题。

两次亲征林丹汗

明末，蒙古各部按其游牧区域分为三大部：以沙漠瀚海（戈壁大沙漠）为限隔，其南部称为漠南蒙古；北部称漠北喀尔喀蒙古，即外蒙古；西部称为漠西厄鲁特蒙古。在三大部中，漠南蒙古东边与后金接壤，西边与明朝相连。三者的关系错综复杂，斗争激烈尖锐。

漠南蒙古又称“东蒙古”，它包括多个部落：控制西部山西大同边外归化城和土默川地区的土默特部，位于黄河河套地区的鄂尔多斯部，分布于老哈河以东和广宁以北的辽河河套地区的察哈尔部，分布于西辽河和辽河流域的内喀尔喀五部，位于嫩江流域的科尔沁部等。在诸部当中，势力最强大的是察哈尔部。明万历三十二年（1604），年少的林丹汗继承蒙古汗位，称呼图克图汗。林丹汗是元太祖成吉思汗的嫡系子孙，他幻想着有朝一日恢复元太祖时期的宏伟大业，所以在位期间致力于强化汗权，试图用武力与强权统一蒙古。然而，长期的分裂割据状态助长了蒙古各部的离心倾向，各部封建主纷纷称汗，林丹汗实际上只是驾驭察哈尔部的汗王。

林丹汗与后金为敌

明末，清太祖努尔哈赤崛起，建立大金（后金）政权，邻近的蒙古诸部如科尔沁、内喀尔喀五部、喀喇沁、阿鲁等部纷纷前来投附，引起林丹汗的恐惧和忌恨。天命四年（1619）十月二十二日，林丹汗遣使致书努尔哈赤，威胁他说：

> 蒙古国统四十万众英主青吉汗，谕问水滨三万人英主安否？大明于吾二国乃仇雠也。吾闻自戊午年来大明始受兵于汝国，今夏吾已亲往广宁，招抚其城，取其贡赋，倘汝兵往图之，吾将不利于汝。吾二人原无交恶，若吾所服之城为汝所得，吾名安在？设不从吾言，二人之是非，穹苍鉴之。[①]

40万众是泛指整个蒙古而言，林丹汗自称是大漠南北的统治者，嘲笑努尔哈赤不过是3万人的英主，威胁努尔哈赤不许取广宁，因为他已经前去招抚，广宁是他的势力所属，完全是一副居高临下的姿态。努尔哈赤在回信中也毫不客气，狠狠地奚落林丹汗道，“闻昔大明洪武取大都（北京）时，四十万蒙古摧折几尽，奔逃者仅有六万，不尽属汝”，又嘲笑林丹汗几次与明朝构兵失败，忘记了祖宗被驱逐的耻辱，贪财好货，被明朝利用。其时，明廷为对抗后金，每年送给林丹汗赏金8万两，收买他为明朝效力。而林丹汗却“扬言助中国，邀索无厌”[②]，达不到目的，即侵掠内地。

① 《清太祖武皇帝实录》卷3。

② 《明史》卷327，“鞑靼传”。

努尔哈赤的奚落使林丹汗恼羞成怒，他扣押了后金的使者。天命七年（1622），后金夺取广宁，林丹汗并未采取任何行动以表示“吾将不利于汝”。为孤立林丹汗，后金先后与科尔沁、扎鲁特、内喀尔喀五部结盟。十年（1625），林丹汗攻打科尔沁部，科尔沁台吉奥巴向后金求救，努尔哈赤派精骑兵5000人前往增援。林丹汗闻讯连夜拔营而走。

太宗两次亲征林丹汗

太宗即位后，继承努尔哈赤对蒙古诸部的政策，利用蒙古各部封建主对林丹汗的不满情绪，与他们结盟联姻，进一步孤立与分化瓦解察哈尔。随着后金军事实力的增强，太宗主动出击，对林丹汗进行军事追剿。

由于林丹汗倚强凌弱，蒙古各部联合起来反抗林丹汗。天聪元年（1627）年年底至二年初，喀喇沁部联合鄂尔多斯、阿苏特以及喀尔喀诸部组成10余万大军，在土默特部赵城（今呼和浩特地区）与察哈尔兵展开激战。林丹汗派驻这里的4万兵全部被歼，联军损失也很惨重。喀喇沁部致书太宗，请求后金出兵援助。太宗同意出兵，但要求喀喇沁等部先派人来“面议一切”。二年七月，喀喇沁遣喇嘛4人，率530人到沈阳商议结盟之事。八月，双方举行盟誓仪式，“刑白马黑牛，誓告天地”[1]，达成共同征讨察哈尔的协议。在之后的几天里，太宗为攻打察哈尔部有功者赐号。通过盟誓与赐予封号，太宗已经取得了讨伐察哈尔的军事联盟盟主地位。

天聪二年（1628）九月，后金发动第一次对察哈尔林丹汗的征剿。

九月初三日，太宗遣使传谕科尔沁、奈曼、敖汉、喀喇沁、喀尔喀等部诸贝勒，命令他们各率所部兵，“会于所约之地”。初六日，太宗与诸贝勒

① 《清太宗实录》卷4。

统大军自沈阳启程。十七日，在达绰洛郭尔地方，即“所约之地”，蒙古各部兵大多如约抵达，太宗举行盛大的招待宴会。对违约未至的科尔沁部，遣人前往，严令科尔沁土谢图额驸速领兵来会。二十日，大军袭击察哈尔部所属的席尔哈、席伯图诸处，俱克之。第二天，遣精骑兵追捕败军，直至兴安岭，获人畜无算，抗拒者杀之，归降者编为户口。战斗结束后，太宗将所获人畜财物论功行赏，分给蒙古诸部台吉及后金将士后凯旋。首次征察哈尔部取得初步胜利，太宗作为后金与蒙古各部讨伐察哈尔军事联盟盟主的地位更加稳固。

天聪五年（1631）十一月，林丹汗侵扰阿禄部，察哈尔兵又回到西拉木伦河流域。太宗决定再次出兵，彻底解决察哈尔问题。六年（1632）四月初一日，太宗率大军自沈阳出发，渡辽河，经都尔鼻、西拉木伦河、昭乌达等地，沿途蒙古各部兵应诏纷纷来会，总兵力达1万人左右。太宗在昭乌达与蒙古各部会合，召集各部首领，针对他们所率兵力多少不一，前来会合的速度快慢不同，分别给以训斥或嘉奖。蒙古众首领诚惶诚恐，“皆叩首受命”[①]。

这次出兵，太宗计划一举荡平察哈尔，统一漠南蒙古。大军昼夜兼程，于四月二十二日过兴安岭，驻营在大儿湖附近的公古里河沿岸，此地距沈阳675公里。第二天，至都勒河，太宗命白布赫领8名壮士入察哈尔境捉生。是日，从察哈尔逃来一人，报告说：大军中有两个蒙古人盗窃6匹良马逃走，向林丹汗报告后金军前来征剿的消息。林丹汗闻讯，率其部民仓皇而逃，奔向了库黑得勒酥，据此约有一个月的路程。太宗思考片刻，对领兵诸贝勒大臣说：“察哈尔知我整旅而来，必不敢撄我军锋，追愈急，则彼遁愈远。我马疲粮竭，不如且赴归化城暂住。”[②]于是大军奔归化城。此时，军中粮食已

①《清太宗实录》卷11。

②《清太宗实录》卷1。

接济不上，太宗命八旗兵行围打猎。在朱儿格地方，黄羊遍野。八旗兵分两翼围猎，不足一天，便捕获黄羊数万只。太宗亦参加狩猎，拉弓射箭，每发必中，一矢竟贯穿两只黄羊，他一人就射杀了58只。是日，天气炎热，酷暑难耐，行军途中又是荒无人烟之地，找不到水喝，士兵们酷热干渴，多有中暑昏厥者。第二天，终于见到人家，用一只黄羊换一碗水喝。

五月二十三日，大军到达木鲁哈喇克沁地方。分兵两翼，左翼由贝勒阿济格为帅，领巴克什吴讷格、科尔沁土谢图额驸奥巴及巴林扎鲁特、喀喇沁土默特阿禄等部兵1万人，往掠大同、宣府边外一带的察哈尔部民；右翼由贝勒济尔哈朗、岳托、德格类、萨哈廉、墨尔根戴青贝勒多尔衮等，领兵2万人，往掠归化城、黄河一带的察哈尔部民。太宗与代善、莽古尔泰统兵继续前行。三路军日行350公里，于二十七日分别到达目的地。太宗也在同一天进入归化城（今呼和浩特地区）。此时，林丹汗已渡黄河西遁，后金军追之不及，遂回师宣府、张家口边外，与明朝地方官议和谈判，进行贸易，然后携带俘获的人口和财物东归，于七月二十四日回到沈阳。此行历时近4个月，行程万余里，虽然没有捉到林丹汗，但是在大军的追剿下，林丹汗弃本土西逃。察哈尔部分崩离析，后金军在途中收拢的察哈尔部人畜达10余万。

林丹汗在后金和各部蒙古兵的追击下，率残部昼夜向图白忒部逃去，原有10余万部众，在途中离散而去者十之七八，加上病死的，所剩无多。当天聪八年（1634），后金军蹂躏宣府、大同时，林丹汗已在青海大草滩出痘死去，跟随他的部众一哄而散，各寻出路，更多的人循着旧路返回，投奔了后金。林丹汗的儿子额哲和他的母亲还徘徊在青海境内。

林丹汗儿子率部归降

天聪九年（1635）二月，多尔衮、岳托、萨哈廉、豪格率领精骑1万前往黄河以西寻找林丹汗的儿子额哲及其部众。后金军行进一个月，在西喇朱儿格地方，遇到林丹汗妻子囊囊太后及琐诺木台吉带领部下1500户前来投顺。多尔衮派人将他们护送回沈阳，然后继续前行。四月二十日，终于找到额哲。额哲及其母亲苏泰太后带领属下1000户归降了后金。

额哲在归降的同时还给多尔衮献上了一份意外惊喜，那就是蒙古帝国的历代传国玉玺。多尔衮得到玉玺，喜出望外，急忙派人快马加鞭赶回沈阳，向太宗报告喜讯。太宗接到奏报十分兴奋，带领众贝勒大臣出沈阳城迎接凯旋大军。九月初五日，太宗渡辽河，在阳石木河岸上驻营。几天后，他在这里接见多尔衮、额哲等，举行隆重的欢迎仪式。在御营南冈筑坛，坛上设黄案，焚香，吹螺，掌号。太宗率众人拜天，然后还御座。多尔衮等举案献玉玺，正黄旗固山额真纳穆泰、镶白旗固山额真吏部承政图尔格将玉玺接过献与太宗。太宗手捧玉玺再次率众人拜天，行礼。礼毕，太宗对众人说："此玉玺乃历代帝王所用之宝，天以畀朕，信非偶然也。"[①]仪式结束后，出征将士与额哲等依次与太宗行见面礼，太宗赏赉有加。额哲此时是十几岁的少年，太宗把自己的女儿固伦公主许配给他，招为额驸。

太宗两次亲征，追剿林丹汗，使察哈尔部分崩离析，林丹汗最终死于青海逃亡的路上。林丹汗的儿子额哲率部来归，标志着整个漠南蒙古已归于后金。太宗在漠南蒙古草原上，实行盟旗制度，将蒙古各部置于后金政权管辖之下。同时，太宗接受蒙古国的传国玉玺，不仅象征着他已经成为蒙古的合法统治者，而且是"一统万年之端也"[②]，就在第二年的四月，太宗称帝，改年号为崇德，国号为大清。

① 《清太宗实录》卷25。

② 《皇朝开国方略》卷20。

三顺王航海来归

后金的各项事业蓬勃发展，国势日强，随着与明朝的交战，明军将士归附者日益增多。天聪朝后期明将孔有德、耿仲明、尚可喜先后率部众航海投归，是当时的又一重大事件。

孔有德、耿仲明率众来归

孔有德，祖籍山东，徙居辽阳，约生于明万历三十年（1602）前后，少时家境贫困，做矿工谋生，“长弓马，不识字”[①]。

耿仲明，字云台，生年不详。先世居于山东，后徙辽东盖州马栏峪（今辽宁盖州）。耿仲明出生时，面色深黑，手掌洁白如玉。及年长，身材魁梧，体格健壮[②]。

① 《荷牐丛谈》卷4，《登州三叛》。

② 朱彝尊：《曝书亭集》卷73，《靖南王墓表》。

明天启元年（1621），后金进兵辽沈时，孔有德与耿仲明等渡海奔皮岛，投奔明东江总兵毛文龙，孔、耿二人骁勇善斗，深得文龙喜欢，遂改姓毛氏。文龙被袁崇焕诱杀后，有德与仲明带领旧部归于宁前兵备道兼登州巡抚孙元化麾下。有德任参将，仲明任游击。

崇祯四年（天聪五年，1631）十月，后金军围困辽西大凌河城，明朝廷派出的宁锦援军失利。孙元化命有德率兵3000人渡海增援，因途中遭遇飓风，不能前进，只得返回。兵部又令其由陆路行进，欲经山海关向大凌河进发。由于军饷不济，士兵乏食，怨声载道。闰十一月二十七日，军队行至吴桥镇（今河北吴桥东），天降大雪，军士饥寒交迫，因哄抢食物，与酒家店主发生争执。当时有登州千总李九成因私吞买马银两，畏罪逃至吴桥，见势唆使众人起义叛明，把有德绑在演武场，劝他同反。有德想起文龙之死，感叹道："大将军功名卓卓，犹且不免，我辈死固晚矣，时事如此，尚可为耶！"[①]于是，有德振臂一挥，率领将士倒戈，转而向登州、莱州进发。崇祯五年（1632）正月初二日，进抵登州城下，从东、西两面攻城，皆被城内火炮击退。孙元化力主招抚，遣人送信与有德，有德佯降，初三日，派200余人入城伪降。是夜，伪降者作内应，打开了城门，有德率军蜂拥而入，登州城陷。孙元化拔剑自刎，未死，有德念其旧情，放他航海而去。

占据登州后，有德自号"替天行道都元帅"，李九成为副元帅，仲明及前来归附的旅顺副将陈有时、广鹿岛副将毛承禄等为总兵，进行营伍编制，铸造都元帅印。登州城三面环山，一面临海，战略上可进可退，城中有红夷大炮300多门，贮存着大量战马、粮饷。有德有恃无恐，致书明廷，要求"畀登州一郡，令其岁输租赋"[②]，欲割据一方。海岛中辽人多响应归附，其势

① 吴骞辑：《东江遗事》卷下，《孔定南传》。

② 彭孙贻：《山中闻见录》卷5，《建州》。

“益张”。

二月，有德领兵围攻莱州城。城中军民在山东巡抚徐从治等指挥下，据城死守，双方展开激烈炮击，徐从治中炮身亡。两军对峙到第二年六月，莱州城危在旦夕，震惊朝野。明廷任命新任山东巡抚朱大典统大军进剿，八月，双方战于沙河店（距莱州府25公里），有德军失利，退回登州。明军追至登州城下，分番攻城，有德率军据城死守。从九月初至十二月底，苦战死守近4个月，城中粮尽，“杀人为粮，熬人为烛”[①]，多次突围，均告失败。十二月初三日，有德与仲明再次组织突围，马步兵从西、北两门同时冲出，明军已得知消息，预先在城外设伏。两军在西门外砍杀数阵，九成战死，有德力不能支，被迫退入城内。崇祯六年（1633）二月，有德与仲明携带家眷及万余名士兵终于从水门突围而出，逃亡到海上。

有德与仲明率众在海上漂流数月，屡遭明军水师追击截杀，诸将领或被俘或阵亡。二人无奈，商议投奔后金。于是遣副将刘承祖、曹绍中送信与清太宗皇太极。天聪七年（1633）春，驶向旅顺，欲登陆赴沈阳，却遭到明旅顺守将黄龙的截击，只好再驶向镇江（今辽宁丹东东北）。又派游击张文焕、都司杨谨等带百余人从盖州登陆，和后金取得联系。太宗早在关注着有德军队的动向，但对其归顺持怀疑态度，待张文焕到达，详述事情经过之后，才确信无疑。立刻派贝勒济尔哈朗、阿济格、杜度率兵前往镇江接应。明与朝鲜兵也追击至镇江，见后金军沿岸结阵，才退回海上。四月十七日，有德与仲明终于率部登岸，归降了后金。

有德部登陆后被安置在辽阳，“均沾夏屋，遍发米薪”[②]。太宗又从内厩、诸贝勒及满蒙汉官中征用好马140匹，给有德及其部将。并宣谕：“尔

① 《平叛记》卷下。

② 《天聪朝臣工奏议》卷中。

等身皆劳顿，宜暂休息，从容来见。”[①]有德与仲明安顿休整好之后，即上疏谢恩，进呈兵册。六月，奉召带领部将赴沈阳朝见太宗。太宗出德盛门一里，至浑河岸迎接，与有德行抱见礼，以示“优隆之意”。在此之前，太宗曾与诸贝勒大臣讨论接见孔、耿的礼仪，太宗欲行满洲最隆重的抱见礼，诸贝勒反对说：“皇上恐不宜抱见，但以礼相待可耳。”太宗坚持说：

> 昔张飞尊上而陵下，关公敬上而爱下，今以恩遇下，岂不善乎？元帅、总兵曾取登州，攻城略地，正当强盛，而纳款输诚，遣使者三，率其兵民，航海冲敌，来归于我，功孰大焉。朕意当行抱见礼，以示优隆之意。[②]

太宗对孔、耿率部来归非常重视，他们携带火炮和战船投顺，无疑对后金军战斗力的提高会有很大影响，特别是将使后金的海战能力有极大的提高。太宗求贤若渴，他要以满洲最隆重的礼节接见孔、耿二人，以表达对他们的“优隆之意”。有德与仲明率各官以次序立，两人先行汉族礼，再到御座前叩头，双手抱太宗膝。接着与代善及诸贝勒一一抱见。然后各官上前行三跪九叩头礼。太宗设宴招待，命有德、仲明坐在御座下，手捧金卮给二人敬酒，宴席之间，君臣交谈甚欢。宴会结束，又各赐蟒袍、貂裘、撒袋、鞍马等物。回到宫中，太宗正式宣布封有德为都元帅，仲明为总兵官，颁给印信。跟随孔、耿而来的其他各官也视功劳分别给予赏赐。

跟随孔、耿归降后金的副将、参将、游击等将官共107人；精壮官兵3643人，其家属共计7436人；水手壮丁448人，其家属624人。以上共计12258

①② 《清太宗实录》卷14。

人[1]。这支庞大的队伍历经艰险归附后金，对后金是个极大的鼓舞。

尚可喜航海来归

孔有德与耿仲明投奔后金的四个月之后，明朝广鹿岛副将尚可喜也率数千名官兵及百姓前来投顺。

尚可喜，字元吉，号震阳，明万历三十二年（1604）生于辽东海州卫（今辽宁海城）。其祖籍山西太原府洪洞县，后迁河北真定府衡水县。万历初年，可喜的曾祖继官留下长子学书于衡水，带着次子学礼闯关东，到海州卫定居。学礼即可喜的父亲。可喜兄弟五人，其行四，自幼习武，"甫成童，善弓马"，及长成，"权奇骁果，识量英伟"，"结纳豪杰"[2]。

明天启元年（1621），可喜18岁，随父亲居于辽西。是年三月，后金攻陷辽阳、沈阳，随后辽南之海州、盖州、复州、金州四卫传檄而定。在战乱中，可喜家毁人亡，父亲慨然从军，投到广宁巡抚王化贞麾下，受命随东江镇总兵毛文龙进据皮岛（今朝鲜椴岛）。可喜独居松山（在锦州城南），随辽人避战祸涌向山海关，却被拒于关门之外，为生存计，遂投水师[3]。

天启四年（1624）初，可喜与父亲在皮岛相遇，劫后重逢，二人悲喜交集，唏嘘不止。其时学礼官任游击，与毛文龙情同父子，毛文龙收可喜为养孙，更名为毛永喜[4]。不料，父子刚刚团聚，却又阴阳两隔。是年三月，明军与后金军战于楼子山（在辽阳东南35公里），学礼阵亡。可喜闻讯仆倒在地，恸哭不止。之后，毛文龙将其父所部交与可喜统领。

①《明清史料》丙编第一本。
②《先王实绩》，载《尚氏宗谱》。
③《元功垂范上》，载《尚氏宗谱》。
④《边事小纪》卷3，《协剿纪事》。

明崇祯二年（1629）七月，袁崇焕诱杀毛文龙，继以黄龙为东江镇总兵，毛文龙部将沈世魁不服。四年（1631）十月，世魁在皮岛兵变，囚禁黄龙。当时可喜分屯海上，闻讯急返，劝中军游击李维鸾等说：“公等身为偏裨，坐视劫帅而不讨贼，一旦问罪师至，咎将谁诿？”众人茫然，可喜建议说：“诛首乱者，以功自赎，则转祸为福矣。”诸将皆以为然，于是“斩首乱者十余人，一军震慑”。平定事变后，黄龙对可喜赞叹道：“公大度，非人所能，且驭变定乱，济世之才也！”[①]于是任命可喜为游击。

五年（1632），孔有德、耿仲明举兵叛明，占领山东登州城。明廷调兵进剿，命黄龙移驻旅顺增援。六年（1633），孔、耿率部乘战船渡海，拟由旅顺登陆归后金。可喜奉黄龙之命率军前往堵截，激战于海上，迫使孔、耿绕道镇江登陆。可喜因功晋升广鹿岛副将。

旅顺是登州、天津之咽喉，为兵家必争之地。孔、耿归降后金之后，旋即引兵夺旅顺，城陷，黄龙战死，可喜夫人邢氏、李氏及家口数百人皆投海自尽。

黄龙死后，世魁继任东江镇总兵，驻皮岛。岛中将领王廷瑞、袁安邦等迎合世魁心意，捏造可喜罪状，世魁传信调回可喜。可喜从命，率所部赴皮岛，行至长山岛，飓风骤起，舟师不能前进。世魁及其亲信将领“各有书使来迎接”，而与可喜关系亲密者却毫无信息。可喜心中生疑，派人前去侦察，得知世魁欲加害自己，不禁仰天长叹：

> 吾束发行间，海上立功，血战十余年，父母兄弟妻子先后丧亡，出万死一生，计不过为朝廷追亡逐叛，而冒功忌能之人，乃出力而挤之死地，今权归世魁，欲杀一营将如疾风卷叶特易易

① 《元功垂范上》。

耳。大丈夫将扫除天下，宁肯以七尺之躯俯首就戮乎？[1]

可喜在东江镇已无立足之地，毅然决定投归后金。他派心腹卢可用、金玉奎前往沈阳纳款。太宗见可喜书信，大喜，承诺待“大事克成，功名富贵皆可图也”，希望可喜“速赐回音”[2]。于是，可喜掠广鹿岛、大小长山岛，擒副将孙奠邦、李承恩等，率军民近4000航海归附后金。

后金天聪八年（1634）二月，可喜率部登岸，太宗派贝勒多尔衮与萨哈廉率众官兵前往迎接，安置在海州，赐给田宅、食物、器用、耕牛及奴婢等。四月，可喜率众部将赴沈阳朝觐。太宗与众贝勒大臣出城一里外迎接，双方行隆重的抱见礼，礼毕，举行盛大的宴会，赐尚可喜蟒衣、帽靴、玄狐裘、雕鞍、马等物，授为总兵官，颁给敕书与印信。在敕书中，称赞可喜能审时度势，携兵民，尽载甲胄器械，乘危涉险，航海来归，其伟绩丰功，超群出类。

孔、耿、尚归附后金，旋即投入对明朝的战争中。在可喜投顺之前，太宗令贝勒岳托、德格类率军，以孔、耿为向导，攻袭旅顺，黄龙战败自杀，后金攻克旅顺城，明朝在辽东半岛的最后一个据点被拔掉。孔、耿、尚的军队善用火炮，在后金远袭山西宣府、大同及松锦之战等诸战役中发挥了重要作用，屡立战功。

崇德元年（1636）四月，太宗称帝，改国号为清，封王赏爵，封孔有德为恭顺王、耿仲明为怀顺王、尚可喜为智顺王。

三顺王率部近2万人来归，如此大规模并且主动归顺是后金与明朝交战以来的首例，不论对后金还是明朝，造成的政治影响都是巨大的。同时带来

① 《先王实绩》，载《尚氏宗谱》。
② 《清太宗实录》卷16。

大量兵器和船只，增强了后金的战斗力，尤其是水师的作战能力。三顺王军队的加入，使后金汉人将卒数额剧增，太宗为区分各路军名称及旗纛颜色，命孔、耿所部兵号称“天佑兵”，旗纛以白镶皂；可喜所部兵号称“天助兵”，旗纛于皂旗中用白圆心为饰。三顺王独立分管两支由汉人组成的军队，获得类同八旗旗主的权力。

第二次入塞 掠宣大

后金在天聪三年（1629）十月突袭北京成功之后，避开山海关进入塞内便是轻车熟路了。八年（1634）五月，太宗又在计划攻明。十一日，他召集诸贝勒大臣询问征明走哪条路线，众人多认为应从山海关进入。太宗却提出不同的想法，这次仍然取道蒙古，不过目标非京师，而是山西的宣府、大同，其理由是："察哈尔先为我败，举国骚然，贝勒大臣将来归我，必遇诸途。我一则征明大同，一则收纳察哈尔来归官民。"[①]太宗不走山海关，而取道蒙古，其原因之一是两年前征察哈尔部时，在后金军的追剿下，察哈尔部已经分崩离析，部众四处逃散，此次出征可在途中收拢其余部；另一个原因是山海关有重兵把守，难以攻克。太宗曾在天聪元年（1627）攻打锦州、宁远失败，之后征大凌河城时改攻城为围困。明廷以山海关为东大门，布置重兵驻守，且山海关外还有宁远城尚未攻克，若取道山海关，困难程度可想而知。相比之下，走宣府、大同则容易得多。并且在追剿察哈尔部时，曾经

① 王先谦：《东华录》，天聪八年五月。

到达过宣府、张家口一带，太宗对这一地区的情况早已心中有数。

宣府在秦汉时为上谷郡，顾祖禹在《读史方舆纪要》中称宣府的战略地位是“南屏京师，后控沙漠，左扼居庸之险，右拥云中之固”，实为边陲重地。明永乐朝设宣府镇，置总兵官。大同镇也置于永乐朝，成化七年（1471）设巡抚。正德八年（1513）设总制，辖13卫所，驻军最多达10余万人。宣府与大同皆为明初设立的边镇，是保卫京师，防御蒙古南下的咽喉之地。在历史上，宣府与大同也是兵家必争之要地，汉高祖刘邦及其后的大将李广、卫青、霍去病都曾在这一带与匈奴作战，著名的“白登之围”即发生于此。明朝为防御蒙古，在两镇皆筑城堡，置重兵，宣府号称“北门之势于今为壮矣”，大同“亦称金汤”①。但到了明末，这一地区边备大坏。一方面是蒙古不断侵扰破坏；另一方面，明廷为防御后金，抽调宣、大兵力致力于经营宁锦至山海关一线的防务，致使宣、大一带边防空虚。太宗选择宣、大作为军事打击的目标，从战略上来讲，是避实击虚，攻其不备。突袭这两个军事重镇，不仅会给京师造成威胁，而且还将会在政治上动摇明朝的统治。诸贝勒大臣自然同意太宗的意见，于是决定跋涉数千里入塞，对明朝进行第二次军事打击。

大军出发前，太宗军事部署，命甲喇章京范文程、喀木图将出征日期通报孔有德、耿仲明和尚可喜，以便三顺王做好作战准备；集合各固山额真、众章京及拨什库等于大殿，传谕行军事宜：每牛录下派骑兵20名、护军8名，各处兵士于十九日入城。骑兵于二十日启程，护军于二十二日启程。右翼军由上榆林出口，左翼军由沙岭出口。每牛录各备一月粮食，出旗纛一杆，每两人共枪一杆，箭50支。每甲喇出云梯二架，各备冬衣一副。固山额真以下，牛录章京以上，各自量力备鲜明衣服凉帽，每兵携带帐房一架。行军时

① 陈子龙：《明经世文编》卷460。

不许擅自离队，不许酗酒，不许践踏田禾；凡随满洲旗的蒙古贝勒所属牛录甲兵，令各该管甲喇章京率领而行。其蒙古贝勒，则由各该固山额真率领而行。

五月二十日，各路军齐集于沈阳，太宗命八旗固山额真并天佑军都元帅孔有德、总兵耿仲明及天助军总兵官尚可喜等，率军出发先行。两天后，太宗率大贝勒代善，贝勒阿巴泰、德格类、阿济格、多尔衮、多铎等，统领八旗护军出沈阳抚近门，谒堂子，列八纛，鸣角奏乐，拜天，然后大军西进。

大军渡辽河，到达都尔鼻，蒙古各部兵前来会合，继续前行，沿途不断有察哈尔部民来归附。六月二十日，到达喀喇拖罗木地方驻营，此时距沈阳启程已经一个月。太宗在这里兵分四路，分别从长城各口入塞：

是日，先令德格类率两蓝旗及蒙古巴林、扎鲁特、土默特兵进独石口，会大军于朔州（今山西朔县）。

六月三十日，命大贝勒代善及其子萨哈廉、硕托率两红旗及敖汉、奈曼、阿禄等部兵入得胜堡，往掠大同一带，取其城堡，西掠黄河，会兵于朔州。

七月五日，贝勒阿济格、多尔衮、多铎率领两白旗兵，会同翁牛特部、察哈尔新附土巴济农等兵入龙门，会兵于宣府。

太宗自率两黄旗及蒙古兵从尚方堡入口，经宣府趋应州（今山西应县）至大同。

后金此次出兵的主要目的不在于攻城略地，而在于掠夺财富，消耗明朝的有生力量，制造动荡，打击明朝统治。所以各路军对沿途城镇能攻则攻，难攻则弃，转攻他处。西路两红旗兵攻克得胜堡，尽歼明军。镇场堡军民弃城而逃。于是，代善、萨哈廉进兵大同，攻怀仁县，未克。硕托及镶红旗固山额真昂邦章京叶臣等击败朔州骑兵200，追至城下始还。又围攻井坪城，不克乃驻营朔州；太宗率兵沿途掠屯堡，奔向宣府，被明军拦截，在明军大炮的轰击下，转而至应州，攻陷应州城；贝勒阿济格、多尔衮、多铎进兵保安州，攻克其城，杀其守备，掠取沿边村堡，与太宗会于应州城；东路德格类率蓝旗兵入边，攻陷长安岭堡，攻赤城不下，复入保安州，和太宗会合于应州城。

后金各路大军会集于应州后，再次分兵出击。多尔衮、多铎、豪格领兵往掠朔州城东，至五台山而还；萨哈廉与硕托领兵往掠代州城西克崞县（今山西原平），王敦堡、板镇堡处人民弃城而逃；天助兵总兵官尚可喜等在代州城西门外遇明军骑兵30人，击败之，获马20匹；天佑军孔有德部下在代州城东击败明军800人。至是，往掠诸路各贝勒俱率兵再回到应州会合。

在六月上旬，当后金军经蒙古草原西进时，明朝廷已得到奏报，先后连发旨意，命各处"尤宜严备、固守"，若城被后金所攻克，守城官"立置重典"处死。然而各地守官对朝廷之命置若罔闻，"乃今奴（后金兵）四路纷来，至城下而始觉"[①]。多数地方官怯于与后金兵对阵，或闭门不出，或弃城逃跑。八月初，后金20余名骑兵掳掠山西崞县妇幼千余人，经过代州城下时，望着城上的亲人，悲啼呼号，而城上明军却不敢发一箭，眼睁睁地看着后金兵掠亲人远去。后金攻克崞县后，将城中财物装满300辆车运载，可地方官却奏报朝廷，已收复此城。崇祯帝闻听，气急败坏，下令凡与此事有牵连之官员一律治罪[②]。宣、大明兵不能守，崇祯帝急调宁远总兵官吴襄、山海关总兵官尤世威率兵2万驰援大同。同时，京师宣布戒严。后金这次入塞，又使明廷陷入了恐慌。

八月十三日，后金军离开应州奔赴大同。在大同城外，太宗骑马立于城南山岗上，见明总兵曹文诏的骑兵结营于城东南门外，遂遣使送去两封书信，一封给曹文诏，一封给众官。太宗在信中历数明廷弊政，劝说曹文诏识

① 中国第一历史档案馆：《明档》第201号。

② 谈迁：《国榷》卷93。

时务，归降后金。

大同城代王之母杨氏与阳和总督张宗衡、大同城总兵曹文诏等，共同商议与后金议和。时广宁投诚副将鲍承先次子韬在狱中，曹文诏让韬携带请和信出城到后金营中，鲍承先父子相见，悲喜交加。太宗让韬留在营中，另遣使送信，同意议和。但杨氏等转而变卦，并写公开信挂在城北楼口，蛊惑后金中的汉人、蒙古人策反。后金军自大同至阳和，太宗写信给阳和总督张宗衡，指责明将虚诳，嘲笑其无能，说："朕入境几两月，蹂躏禾稼，攻克城池，竟无一人出而对垒，敢发一矢者。"[①]

八月二十七日，后金军离开阳和，闰八月初四日，攻克万全左卫（在宣化西）。七日，后金军班师，出尚方堡边1公里驻营。时察哈尔部噶尔马济农等遣30人前来向太宗报告：噶尔马济农已率众6000并家口来归附，正在途中；林丹汗因出痘已死，其子及国人皆欲来归。太宗马上派人前往迎接。在后金军东归的途中，前来归附的察哈尔余部络绎不绝，其中有林丹汗的福晋高尔土门和窦土门。太宗对归附之人设宴招待，赐予衣物，优待有加。九月十九日，后金军回到沈阳。

后金第二次入塞，"蹂躏宣、大五旬，杀掠无算"[②]。以宣府、大同为中心，沿长城一线，东至河北西部，西至山西中部，饱掠50余天，攻克大小城镇台堡50余个，给这一地区的人民带来了沉重灾难。在近两个月的时间里，后金军在山西境内自由驰骋，如入无人之境，从未遭遇到殊死抵抗，最后竟又安然出口东归。可见明朝在北部已无一条可恃的牢固防线了。

此次出征，后金一箭双雕，达到了预期目的，即在打击明朝的同时又收拢了察哈尔余部。

① 王先谦：《东华录》，天聪八年八月。

② 《明史纪事本末补遗》卷6。

第一次用兵黑龙江

在清太宗奋力和明朝作战的同时，他也没有忘记祖先的故地黑龙江，在那里居住着众多的民族部落，这些部落或以血缘为纽带，或以地缘为基地，大分散，小聚居，各不统属。明政权建立后即对这一地区行使管辖权，永乐七年（1409），在黑龙江口特林设置奴儿干都司，下辖数以百计的卫所，以当地的部落酋长为卫所长官，赐予印信。这些卫所长官定期向朝廷进贡，在明廷批准的情况下子孙世袭。这种管理秩序维持了200余年，直到16世纪末，清太祖努尔哈赤向黑龙江用兵，明朝在这一地区的管理秩序被打乱了。

清太祖招抚东海女真

在今松花江西南至图们江流域，以及乌苏里江以东到沿海岛屿，分布着女真诸部，如瓦尔喀、兀吉（又作窝集）、虎尔哈等，当时统称为东海女真。努尔哈赤统一建州女真后，在兼并海西诸部的同时，也派兵深入东海女真人分布和地区，恩威并施，进行招抚，如：

万历三十七年（1609）十二月，派兵1000人招抚东海兀吉部所属呼夜卫，获人畜2000而归。

三十八年十一月，出兵兀吉部内那木都鲁、瑞粉、宁古塔、尼妈义四卫，尽招服之，获人畜万余而回。

三十九年七月，遣兵降服兀吉部内兀儿孤沉、木冷两卫，皆取之。

四十二年十一月，遣兵500，征兀吉部押拦、石临两卫（此两处地方在今俄国境内符拉迪沃斯托克东），收降民200户，人畜1000而回。

四十三年十一月，遣兵2000，征兀吉部东额黑库伦、顾纳喀库伦，俘获万人，编户口5000而还。

天命元年（1616）九月，遣兵招抚乌苏里江下游的诺洛部、使犬部、石拉忻部。三部酋长共40人率妻子、部众百余户归附后金，于天命三年抵达赫图阿拉。努尔哈赤赏给他们田庐、牛马、奴仆、粮食诸物，各酋长均授官有差。使犬部位于黑龙江与松花江汇流处东北的混同江流域，属于该部的主要是赫哲、费雅喀等民族，他们使用狗驾车、拉船，狗成为他们主要的交通工具，故而被称为使犬部。

二年二月，遣兵400尽收东海沿边散居诸部[①]。

至此，东海女真基本上归附了后金。

努尔哈赤在把主要兵力用于黑龙江下游及东部滨海的同时，也把目光转向了黑龙江中游地区。天命元年（1616）七月，遣兵2000征东海萨哈连部，取兀尔简河南北36寨。随后又取萨哈连部11寨。“萨哈连”是满语“sahaliyan”的对音，汉意为“黑”，黑龙江古称黑水，该部世居于此，故得名萨哈连。

努尔哈赤连续用兵黑龙江及其以东地区，打破了这一地区对明朝的隶属

① 参见《清太祖皇帝实录》。

关系，但是在他有生之年尚未完成对整个黑龙江流域及其以东地区的完全统一，这一历史使命便落在了后继者清太宗的身上。

黑龙江各部族朝贡者络绎不绝

在黑龙江上游地区，散居着数量众多而人数较少的部落或部族，若按民族划分，有鄂伦春、鄂温克、达斡尔等族，他们游猎于大小兴安岭之上，生活习俗及语言相类。若按其地域分布来看，主要有三大部族集团：索伦部居地最远，北达外兴安岭，东北至精奇里江上游；虎尔哈部大致在黑龙江城（今黑龙江瑷珲）东南，距离后金最近；萨哈尔察部介于索伦部与虎尔哈部之间。

太宗即位后，对黑龙江上游地区采取了更为积极的进取策略，即以招抚为主，以武力征服为辅。他认为，该地区各部族人“语音与我国同”，“本皆我一国之人，载籍甚明”，“携之而来，皆可以为我用”，所以主张“用善言抚慰，饮食甘苦，一体共之”的和平招抚政策[1]。

随着后金进入辽东地区，征服朝鲜，绥服漠南蒙古，其影响已经远达黑龙江中上游地区，加之太宗的招抚政策产生了积极影响，黑龙江流域各部族前来归附者络绎不绝。依据《清太宗实录》，就天聪年间相关记载作以摘要，列举如下：

天聪元年（1627）十一月，萨哈尔察部60人赴沈阳，向后金贡献貂、狐、猞猁狲等贵重皮毛。“萨哈尔察”是满语“sahalca”的对音，汉意为“黑貂皮”，因这些部落居住在出产黑貂皮的黑龙江中游、苏鲁河以西地区，故后金称之为萨哈尔察。

① 《清太宗实录》卷21。

五年六月，“黑龙江地方”伊扎纳、萨克提、伽期纳、俄力喀、康柱等五名酋长来朝贡。

五年七月，“黑龙江地方”虎尔哈部落的托思科、羌图礼、恰克莫、插球四名酋长来朝，贡献貂、狐、猞猁狲等皮。这次朝贡，羌图礼被封为姓长，此后，他入朝纳贡不断，又为后金招抚其他氏族部落。

七年十一月，萨哈尔察部落头目费扬古、满代等带领46人来朝，贡献貂皮1769张。

八年正月，“黑龙江地方”羌图礼、麻尔干率6姓67人来朝，贡貂皮668张。太宗为奖励他自归服以来朝贡不断，赏给他们一名女子。

八年五月，在遥远北方的索伦部首领巴尔达奇率领44人到沈阳朝贡，献貂皮1818张。巴尔达奇是达斡尔人，居住在精奇里江畔的多科屯。他对后金很忠诚，得到太宗的宠信，将宗室女嫁给他，成为太宗额驸。

八年十月，索伦部首领京古齐、哈拜、孔恰泰、吴都汉、讷赫彻、特白哈尔塔等率35人来朝，贡献貂皮。

太宗根据实际情况，对前来归附的北方各部族人采取不同的政策和措施。对那些离开故乡，愿意留居在辽东者，把他们与新归附的蒙古、汉人一体看待，给予妥善安置，“凡贫穷者，则又给与妻室、奴仆、庄田、牛马、衣食”[1]。而对那些愿意返回故里者，尊重他们的意愿，只要求他们如期朝贡，与后金保持隶属关系。

“朝贡”的表现方式是贡献方物，内在含义是表明政治上的隶属关系。北方各部族向后金朝贡，即表明承认太宗是他们的最高统治者，他们已臣服于后金。

① 《清太宗实录》卷17。

霸奇兰出征黑龙江上游

尽管不断有黑龙江地区部落首领到沈阳朝贡，但还有不少部落不向后金纳贡称臣。在后金取得了对朝鲜、蒙古作战的胜利之后，太宗认为统一黑龙江的时机已经成熟，他决定要出兵黑龙江，用武力统一该地区。

天聪八年（1634）正月，他对前来朝贡的虎尔哈部首领羌图礼、麻尔干等人说："虎尔哈慢不朝贡，将发大兵往征。尔等勿混与往来，恐致误杀。"又表示："此次出师，不似从前兵少，必集大众以行也。"[①]十二月，正是隆冬季节，远征黑龙江上游虎尔哈部的大军出发了。这是后金第一次用兵于黑龙江上游，也是对该地区统一的开始。此次出征，由管步兵梅勒章京霸奇兰、甲喇章京萨穆什喀率章京41员、兵2500人。因路途遥远，充满艰难险阻，所以临行前，太宗叮嘱将士们说："务奋力直前，要慎重，不要怕劳苦而稍有懈怠。"[②]他又向霸奇兰等交代：对俘获之人，要用善言抚慰，饮食好坏，同甘共苦。这样才能消除他们的怀疑和畏惧，归附者必众；在攻战前，先要向当地人说明我们与他们本是一国之人；对已经归顺的屯寨，不可稍有侵扰[③]。显然，此次出兵，仍是以招抚为主。

适时，恰好有黑龙江虎尔哈部夏姓武因屯长喀拜及随从二人、库鲁木图屯长郭尔敦及随从三人、纳屯一人到盛京朝贡，太宗让他们为大军做向导。

后金军由科尔沁所属锡伯族的居地绰尔门（今黑龙江泰来北）北行，直奔黑龙江上游地区。这次出兵，专征黑龙江未服之地。将士们一路跋山涉水，进展顺利，沿途的许多村寨纷纷归附。到第二年初春，霸奇兰即派兵部

① 《清太宗实录》卷17。

②③ 《清太宗实录》卷21。

启心郎额色黑、伊木布先回沈阳奏报佳音：收服编户壮丁2483人，人口共计7302。所有牲畜，马856、牛543、驴8。又俘获妇女、幼儿116人，马24、牛17，及貂皮、狐皮、狼皮、水獭皮等共3140余张[①]。随后大军凯旋。首次出兵黑龙江流域，进展顺利，俘获颇丰，太宗很高兴，派贝勒阿巴泰率众官到城北蒲河山岗迎接，杀牛宰羊，大摆宴席犒赏凯旋将士。

五月初六日，太宗召见霸奇兰等众将士和归附的虎尔哈人。他端坐御座之上，以诸臣出师勤劳，命霸奇兰、萨穆什喀行抱见礼。霸奇兰、萨穆什喀走出班列，至太宗面前，先跪下叩头，然后起身趋向前，太宗起身分别与二人搂抱行礼。然后，收编的壮丁2000余人一起叩头谒见太宗，还有刚刚到沈阳朝贡的索伦部首领巴尔达奇及其随从30余人也参加了谒见仪式。首次出师黑龙江上游旗开得胜，众多虎尔哈人归附，太宗满心欢喜，命归附的虎尔哈人进行射箭比赛，优胜者给予奖励。较射结束，太宗举行盛大的宴会招待众人，他手捧金杯向霸奇兰、萨穆什喀敬酒。

霸奇兰、萨穆什喀出征黑龙江，完全执行太宗的指令，获得巨大收获。太宗擢霸奇兰为一等梅勒章京、萨穆什喀为三等梅勒章京，以下章京共36员，各升世职一级，并赏赉有差。对于归顺的虎尔哈人全部赐予房屋、田地、衣食、器皿等物，给予妥善安排。

天聪八年（1634），太宗用兵于黑龙江上，这比俄国的波雅科夫出现在黑龙江早了十年（波雅科夫作为俄国首批入侵者，其侵入黑龙江地区是在1643年）。无论是中国的漫长历史，还是清太宗统一黑龙江的事实，都证明黑龙江北岸至外兴安岭自古以来就是中国的领土，历代皇朝包括后金（清），从来就是这一广大地区的合法管辖者，这一点是毋庸置疑的。

①《清太宗实录》卷23。

七

清朝新纪元

SHUDU QINGSHI
QINGCHAO XINGQI

1636年 改国号“大清”

额哲献“传国玉玺”

如前所述，清太宗分别于天聪二年（1628）九月、六年（1632）四月，两次亲征蒙古察哈尔部，林丹汗在后金军的追剿下向西奔逃，终于病死在青海大草滩，其余部四处离散。九年（1635）二月，后金精骑万余人在多尔衮、岳托、萨哈廉、豪格等人的统领下，前往黄河以西招降林丹汗部众，寻找其儿子额哲。九月，大军携林丹汗的后妃及儿子额哲返还沈阳，一同前来的还有其部下千余户。后金举行隆重的欢迎仪式，大摆筵席招待额哲母子及部众，这同时这也是一场盛大的欢庆活动。林丹汗之死、额哲及其属众的归附，对后金而言实在是可喜可贺的大事。此前，虽然有科尔沁、奈曼等蒙古诸部落先后归附，但是，整个漠南蒙古仍然在林丹汗的控制之下。明朝借桀骜不驯的林丹汗牵制后金，不断给其财力资助。林丹汗也梦想着有朝一日恢复祖先的宏伟大业，称霸漠南地区，而蒙古诸部落却不断投向后金，所以林丹汗一直仇视后金，与之为敌。至此，林丹汗已死，强悍的察哈尔部灭亡，整个漠南蒙古归于一统，置于后金政权之下。明朝“虏夷相制”的政策破产。原来在东北的四方势力，即明朝、后金、蒙古、朝鲜，原本是后金以一敌三，经过数十年的角逐，如今三大敌国只剩下明朝了。后金的前程一片光明，它怎能不庆祝，怎能不欢腾?

把这欢庆推向又一个高潮的是额哲带来的意外之喜，那就是他献上了元朝的“传国玉玺”。传说这玉玺原藏于元朝大内，明洪武帝灭亡元朝，元顺帝携带玉玺逃至沙漠，后崩于应昌府，玉玺遗失。200余年后，有牧羊人在山岗下，见一只山羊三天不吃草，只用蹄子刨地。牧羊人十分好奇，刨开土，发现了玉玺，将玉玺送给元后裔博硕克图汗。后来博硕克图被林丹汗所侵，国破，玉玺又归于林丹汗[①]。

群臣奏请天聪汗上皇帝尊号

太宗等人得到传国玉玺，见上面篆刻“制诰之宝”四个字，两边各有一条飞龙，光气耀眼。诸贝勒大臣们认为是太宗洪福非常，天赐至宝，此“一统万年之端也”。于是后金国汗上皇帝尊号这一划时代的大事件开始酝酿和实施了。

首先是诸贝勒大臣为获得玉玺一事，纷纷上表恭贺欢呼，奏请天聪汗上尊号称帝，以应“天命”。天聪九年（1635）十二月二十八日，诸贝勒大臣议定，派弘文院的希福与刚林、秘书院罗硕、礼部启心郎祁充格上奏说：“今察哈尔汗太子举国来降，又得历代相传玉玺，是天心默佑，大可见矣。所当仰承天意，早正大号，以慰舆情。”[②]太宗回复说：“今周围的国虽然

① 《清太宗实录》卷24。

② 《清太宗实录》卷26。

投降了，获得玉玺，但大业未成。成大业前，若预先受尊号，恐怕天以为非。今我们考虑晋升贤者时，若其人不等晋升，便妄自尊大，那么我们也以为非。”太宗拒绝了上尊号的奏请。贝勒大臣们于是再奏，太宗仍然不同意。礼部贝勒萨哈廉是太宗的侄子，平日里叔侄关系密切。萨哈廉明白叔叔的心事，他再派希福、刚林、罗硕、祁充格上奏说：

> 汗不受尊号，那过失全在我们贝勒。因为诸贝勒不修养各自身心，不为汗主尽忠信，不行仁义，不讲今后勤谨生存之道，所以说请汗受尊号，汗拒绝不准。若说诸贝勒全忠信，莽古尔泰、德格类二贝勒为何犯上作乱呢？今诸贝勒都立誓保证，修身谨行，汗如果受尊号，那时君臣之分自然形成。那样诸贝勒立誓，各修其身后，汗若受尊号，则为适当。获得玉玺，各国投降，这才真是天（意）。如果不知天命，不受尊号，恐怕天反倒以此为非。[①]

太宗听了这番话说：“因为萨哈廉这样启发我，我心中高兴。这话一是为我，也是为先父汗创立之业。”又说：“诸贝勒各修其身后，那时我将考虑受还是不受尊号。”

其实太宗并非不想上尊号，他不过是担心诸贝勒不是诚心诚意拥戴他。萨哈廉了解他的心思，故而说：汗不上尊号，过失全在于诸贝勒不修养各自身心，不为汗尽忠信。当他进一步提出要诸贝勒立誓保证修身谨行之后，太宗才答应考虑上尊号的事。但他仍然存有顾虑，不知道汉官们对此事的态度如何。当天晚上，他命希福、刚林、罗硕召集汉官，传达他的谕旨：“诸贝勒说要定尊号，但我认为各地还未全部获得，在观天象前，受尊号似不适

①《汉译满洲旧档》，天聪九年十二月二十八日。

当，真心拒绝。”汉官鲍承先、宁完我、范文程、罗绣锦等马上奏曰：“人当顺天而行，哪有天特意告诉汗受尊号的道理呢？获得玉玺的事，各处的国归附的事，人心归顺的事，那本来就是天意。今汗顺天意，合人心，受尊号，定国政适当。”

第二天，萨哈廉集合诸贝勒到大衙门，让大家立誓，保证今后各善其身。于是众人各自书写誓言，交给太宗。贝勒们的誓文内容不是保证以后忠诚于太宗，而是表白自己以前没有犯上作乱之心和行为。所以太宗看后决定：大贝勒代善因年纪大了，免其立誓，萨哈廉患病，待痊愈后立誓；其他人重新写立誓文书，内容无需保证以前没做过悖逆的事，而要立誓今后以忠信为生，勤于政事，不向闲散的大臣们、属下及家人谈论国家机密政事。随后说：“诸贝勒即或悖逆，但有天杀了莽古尔泰、德格类二贝勒的明鉴。诸贝勒若有那样的恶心，即使不真实写，但心中怀恶，也当遭谴。在遭谴时若有死祸，我甚痛惜。”大贝勒代善见太宗免其立誓，心中忐忑，奏请说：“汗考虑我年老了，恐触犯誓词而死，从恩爱而言，免除我以前的誓词，今后生活中，若不与诸贝勒一起立誓，我怎么能吃下一碗饭呢？我将怎么安居呢？”见代善态度诚恳，太宗同意他与诸贝勒一同立誓。

十二月二十八日，诸贝勒齐集，焚香下跪，对天宣读各自的誓言。首先，大贝勒代善宣誓，内容如下：

> 从此若不公正为生，象（像）莽古尔泰、德格类那样做坏事，天地以为非，我代善将遭殃死去；
>
> 如果对作为汗的弟弟不尽忠竭力，心中一样，表面另一样，天地知道，我代善遭殃死去；
>
> 在国生活时，无论那（哪）个弟、子做象（像）莽古尔泰、德格类那样的坏事，我代善听到，若不报告汗，我代善遭殃死

去；

如果把和汗共议的秘密的话对娶的妻和其他的闲人说，那么天地以我代善为非，遭殃死去；

如果我代善对为汗的弟弟竭力尽忠为生，那么天地眷顾寿命延长。

其他贝勒阿巴泰、济尔哈朗、阿济格、多尔衮、多铎、杜度、岳托、豪格都宣读了誓词，内容相类，主要是表达对天聪汗的忠诚[①]。贝勒们都是太宗的兄弟子侄，掌管八旗，手握重兵，屡建战功，分掌着后金国的军政大权。太宗不能不对他们怀有戒心，通过立誓仪式，让诸贝勒对天起誓，忠诚于太宗，同时，也是让他们接受一个现实，那就是“八和硕贝勒共治国政”已宣告结束，取而代之的是皇帝独尊的封建中央集权制度。

称帝大典

清太宗应众人所请，同意上尊号，举行称帝大典。天聪十年（1636）四月初五，满蒙汉文武各官举行劝进仪式，恭请上太宗尊号。管吏部和硕墨尔根戴青贝勒多尔衮捧满字表文一道，科尔沁国土谢图济农巴达礼捧蒙古字表文一道，都元帅孔有德捧汉字表文一道，率贝勒及文武官员们，谒阙跪进。太宗命满蒙汉三位儒臣捧表入，诸贝勒大臣行三跪九叩头礼，左右列班候旨。儒臣捧表至御前，跪读表文。表曰：

诸贝勒大臣文武各官及外藩诸贝勒上言：恭惟我皇上，承天

① 参见《汉译满文旧档》《满文老档》《清太宗实录》。

眷佑，应运而兴，辑宁诸国，爱育群黎。当天下混乱之时，体天心，行天讨。逆者以兵威之，顺者以德抚之。宽温之誉，施之万方。征服朝鲜，混一蒙古，更获玉玺，受命之符，昭然可见。上合天意，下协舆情。臣等遇景运之丕隆，信大统之攸属，敬上尊号。一切仪物，俱已完备，伏愿俯赐俞允，勿虚众望。

读毕，太宗对众臣说："数年来，尔诸贝勒大臣，劝朕受尊号，已经屡奏。但朕若受尊号，恐上不协天心，下不孚民志，故未允之。今内外诸贝勒大臣，复以劝进尊号，再三固请。朕重违尔等之意，弗获坚辞，勉从众议。"[①]于是，令儒臣遍谕诸贝勒大臣，众人踊跃欢欣，行三跪九叩礼而出。

十一日，是上尊号的吉日。是日清晨，天空晴朗，万里无云。太宗率诸贝勒及满蒙汉官员，出德盛门，至坛，举行隆重的祭告天地之礼。太宗亲自上香献酒，行三跪九叩礼。读祝官捧祝文至坛上，北向跪，诵读祝文，曰：

满洲国皇帝臣皇太极敢昭告于皇天后土之神曰：臣以眇躬，嗣位以来，常思置器之重，时深履薄之虞，夜寐夙兴，兢兢业业，十年于此。幸赖皇穹降佑，克兴祖父基业，征服朝鲜，混一蒙古，更获玉玺，远拓边疆。今内外臣民，谬推臣功，合称尊号，以副天心。臣以明人尚为敌国，尊号不可遽称，固辞弗获，勉徇群情，践天子位，建国号曰大清，改元为崇德元年。窃思恩泽未布，生民未安，凉德怀惭，益深乾惕。[②]

这篇祝文的主要内容是太宗向天地汇报他10年来所取得的巨大功绩，请

①②《清太宗实录》卷28。

求天地之神允许他上尊号称皇帝。

祭告天地礼毕，再行上尊号礼。先是，筑坛于天坛之东，备大驾卤簿，玉玺5颗，黄伞5柄，团扇2柄，纛10杆，旗10杆，大刀3对，戟3对，立瓜1对，卧瓜1对，星1对，吾杖3对，马10匹，金交椅、金杌、香盒、香炉、金水盆、金唾盒、金瓶、乐器全设。导引官引领太宗由中阶升坛，御金座。贝勒诸臣于左右按序排列，奏乐，礼赞官赞跪、赞叩，众人行三跪九叩头礼，礼赞官复赞跪，众人皆跪。这时，左班和硕墨尔根戴青贝勒多尔衮和科尔沁贝勒土谢图济农巴达礼捧宝一，和硕额尔克楚虎尔贝勒多铎与和硕贝勒豪格捧宝一；右班和硕贝勒岳托与察哈尔汗之子额驸额尔克孔果尔额哲捧宝一，贝勒杜度与都元帅孔有德捧宝一，各依次跪献太宗。他们分别代表了满、蒙古、汉等民族，把象征着皇帝威权的御用之宝献给太宗，即表示把国家的权力献给了他，承认他至高无上的统治地位。在献宝同时，进仪仗，列于太宗左右。奉宝诸贝勒归位，礼赞官赞跪、赞叩，众人再行三跪九叩头礼，礼赞官复赞跪，众人皆跪。接下来，满蒙汉官捧满蒙汉三体表文，立于坛东，以太宗称尊号、建国、改元事，宣告于众：

> 我皇上应天顺人，聿修厥德，收服朝鲜，统一蒙古，更得玉玺，符瑞昭应，鸿名伟业，丕扬天下。是以内外诸贝勒大臣，同心推戴。敬上尊号曰："宽温仁圣皇帝"，建国号曰："大清"，改元为"崇德"元年。[1]

太宗登极大典，充分体现了"参汉酌金"的特点。尤其值得一提的是，从举行仪式到册封王侯，太宗始终坚持满蒙汉三位一体，如以满蒙汉三种文

① 《清太宗实录》卷28。

字书写表文，让满蒙汉大臣共同进献御宝，这些都反映了太宗重视各民族，尤其是满蒙汉民族之间的密切合作，这也是他立国的基石。

“汗“是“可汗”的简称，是蒙古族对本民族最高统治者的称谓，汉意为“王”或“帝”。女真与蒙古相邻，受蒙古文化影响很深，故努尔哈赤建国之后称“汗”。在女真和蒙古民族的意识中，“汗”即是“帝”。但在汉文化中，“皇帝”一词才是一统天下者的最高称谓，要比“可汗”尊贵。太宗在取得统一蒙古、征服朝鲜、南攻明朝的一系列胜利之后，自然不想再做“大汗”，而要做“皇帝”。在太宗受“宽温仁圣皇帝”尊号的同时，宣布改元崇德，改国号为大清。

清太祖努尔哈赤已经建国号为大金，太宗为何要做更改呢？这是因为大金作为国号，已经成为太宗与明朝作战，进而入主中原的障碍。前代女真人曾经建立金朝，与北宋作战，最终持有半壁江山，与南宋对峙。岳飞抗金的故事代代相传，女真与汉两个民族之间的隔阂与仇怨相沿已久。努尔哈赤建国号为金，是要标榜自己是前代女真的后继者，也表明他勇夺天下的决心。这在当时对女真人的崛起和政权的发展具有重大的积极意义。但是，当太宗扫除重重障碍，要和明朝一争高下的时候，原有的国号却成了障碍。宋代深受金国的兵燹之祸，汉人对女真人积怨已深。例如，天聪五年（1631），后金攻打锦州，太宗致书锦州守将祖大寿时就提到：“尔国君臣惟以宋朝故事为鉴，亦无一言复我。尔明主非宋之苗裔，朕亦非金之子孙，彼一时，此一时也，天时人心，各有不同。”[①]为了消除这种历史遗留下来的民族仇恨，为避免如今汉人对女真的疑虑，太宗开始否认自己与宋代女真人的关系。九年（1635）十月，太宗发布一道谕令，将自己的民族改称为满洲，他说：“我国原有满洲、哈达、乌喇（乌拉）、叶赫、辉发等名，向者无知之人，

① 《清太宗实录》卷9。

往往称为诸申。夫诸申之号，乃席北超墨尔根之裔，实与我国无涉。我国建号满洲，统绪绵远，相传奕世。至今以后，一切人等，止称我国满洲原名，不得仍前妄称。”[①]更改族名后，把以前文献中的“金国”字样皆改为“大满洲国”，但改得并不彻底，仍有遗漏，如盛京城抚近门上以及东京（辽阳）城上的匾额等，皆留有大金的字样。改族名和改国号一样，就是要撇清他们和前辈及其所建立的金朝的关系，消除汉族“以宋为鉴”的禁忌，以减少继续扩张的阻力。另外，太宗要建立对全中国的统治，一统天下，绝不效仿金朝领有半壁江山。更改国号，不仅在历史上与原来的金朝划清界限，而且也预告着在未来的发展前景上，二者也是截然不同的。

至于为何选择“清”作为新的国号，太宗没有说明，文献中也无记载。后世学者做出种种推测，或者说“清”与“金”为一音之转，虽然汉字写法不同，但在满语发音上是一样的；或者说“清”者，“青”也，青色是北方信奉萨满教的民族所崇尚的颜色，满族也信奉萨满教，故用清做国号；或者说从五行角度讲，“明”为“火”，“清”为“水”，水能克火，故而清朝必能战胜明朝。

太宗称帝以及重建国号为大清，开辟了清朝历史的新纪元。他使这个政权的性质发生了根本性改变，即由以女真民族（满洲）为主体的后金国，发展成为以满洲为主，包含蒙古、汉及其他民族在内的封建专制的清帝国。为清政权入主中原做好了政治上的准备。“清”这一国号一直沿用到近代。

太宗称帝，改元“崇德”，这样，在清朝12位皇帝当中，只有太宗有两个年号，即天聪与崇德，其余11位皇帝皆一帝一个年号。

① 《清太宗实录》卷25。

第三次入塞撼京畿

清太宗在改元称帝的盛大庆典活动结束后，马上就组织了对明朝的远征。这是继天聪三年（1629）突袭北京、八年（1634）蹂躏宣府与大同之后的第三次军事行动。

崇德元年（1636）五月二十七日，太宗在翔凤楼召见出征的统帅与将领，众人分列左右，太宗面谕作战方略。他指示此次出征以消耗京师周围明军实力，挫败其锐气，扰乱其秩序为主要目的，因此作战要机动灵活，“遇残破城池，及我兵前所攻克良乡、固安等城，如欲进攻，度可取则取，不可取则勿取”。又嘱托诸将领说：“凡师行所至，宜公同计议而行，切勿妄动。”[①]

三十日，太宗率出征将士出抚近门，谒堂子行礼，礼毕，送大军至演武场，再次诫谕出师诸王、贝勒、贝子、固山额真等，大军启程。

太宗上尊号称帝，改国号“大清”，这一重大事件无疑对出征的将士们是个巨大的激励，阿济格率领八旗约10万人马，金戈铁甲，声势浩大地向冀

①《清太宗实录》卷29。

北进发。

六月二十七日，清军分兵三路入边：一路为两黄旗军，自巴颜德木地方攻入；一路为两白旗、正蓝旗军，自坤都地方攻入；另一路为两红旗、镶蓝旗军，自大巴颜地方攻入。8天后，三路军会合于延庆州（在京师西北85公里处），先攻取了长安岭堡和雕鹗堡。一路败明军7次，俘获人畜共计15230。拟于七月初七日进入长城以内。

清军刚入边，明廷便得到探报，遍谕各处百姓，不得藏匿山中，尽集于城内，命军民固守城池。七月三日，北京城戒严，崇祯帝急令中军李国辅守紫荆关（今河北易县西北）、许进忠守倒马关（今河北唐县西北）、张元亨守龙泉关（今河北阜平西）、崔良用守固关（今山西平定）。此四关皆在京师西南，处于河北与山西交界的险隘要塞，其中紫荆关、倒马关、固关与居庸关时称"京西四大名关"，为"京畿藩屏"。明廷断定清军会避开距离京师最近的居庸关，而清军恰恰没有走山西，而是经延庆入居庸关，夺昌平，直逼京师。七月初七日，清军攻打昌平城。在此之前，阿济格把招降的2000人释放，让他们诈称逃归，以作内应，巡关太监和御史王肇坤不知是计，打开城门接纳。清军攻城，火炮齐发，毁其城楼，城中的降人做内应，很快昌平城陷，明总兵巢丕昌投降，御史王肇坤"被四矢两刃而死"[1]，户部主事王桂、赵悦，判官王禹佐、胡惟宏，提督内监王希忠等皆被杀。同时，位于天寿山明熹宗的德陵也被清军焚毁。随后，清军自西山南趋向良乡，初八日，移兵沙河、清河镇。

清军逼近京师，崇祯帝慌了，命兵部传檄征调山东、山西、大同、保定及关外辽东等地明军5万余人入援京师。七月十五日，清军抵达宝坻，攻克县城，杀知县赵国鼎。明兵部尚书张凤翼自请督师，崇祯帝马上应允，赐给他

①《明史》卷291，"王肇坤传"。

尚方剑，又以监管关宁太监高起潜为总监，以辽东前锋总兵祖大寿为提督，准备迎战清军。

阿济格无意攻打京师，他按照太宗的指示，凡遇城堡能攻则攻，攻不下则走，灵活机动，不打攻坚战，减少自身伤亡，主要目的是蹂躏京畿，消耗明军实力，所以很快离开沙河、清河，转而进攻京师西南的定兴县。在定兴县城内，已辞职的明前光禄寺少卿鹿善继与里居知州薛一鹗等，动员全城军民，誓死守城。清军攻城6日，终于城破，鹿善继宁死不屈，骂口不绝，被连砍三刀，复射一箭，重创而死[1]。

八月初，清军将主战场转移到京畿南部地区。初五日，明、清两军战于涿州，清军失利，被斩200余级。初六日分兵攻固安。初八日，陷文安、永清，再克雄县。初九日，明兵部尚书张凤翼及总监高起潜等在涿州南再一次小胜清军。

八月中旬，清军转向京师之东及东北。克顺义县，知县上官荩兵败自尽。掠香河，攻陷宝坻。十五日，趋东北，至怀柔、大安，陷西和。十九日，清军分屯密云、平谷，攻陷周围大小城堡甚多。

清军遍蹂京畿州县后，准备回师。

为配合阿济格所率大军顺利回归，八月十二日，太宗派和硕睿亲王多尔衮，和硕豫亲王多铎，多罗贝勒岳托、豪格等，领兵攻打山海关一带，牵制山海关和关外明军，防止其截击东归的清军。

九月初一日，入关的清军携带掠取的大批人畜物资，出冷口（今河北迁安东北），“俱艳饰乘骑，奏乐凯旋”，他们还砍下木头，在上面书写“各官免送”，扔在道中，以讥讽戏谑明朝将吏。大队人马浩浩荡荡，连绵不绝，用了4天才全部通过冷口。明总监高起潜估计清军已退尽，“始出石门

①《明史》卷267，“鹿善继传”。

山，报斩首三级”[①]。

在清军出冷口之前，明督师兵部尚书张凤翼和宣大总督梁廷栋已经率军到达长城边塞，却不敢出击，张凤翼将军队屯驻在迁安之五重安，固垒自守。当清军将要出冷口时，守关将领崔秉德请求力守关口，截击清军，但总监高起潜却下命待清军出关一半后再进攻，实则是不敢邀战，待清军全部退出后，“斩首三级”，做个样子。张凤翼与梁廷栋身负重任，畏缩不前，临阵怯战，致使“近畿地多残破”，生灵涂炭。言官累次上奏参劾，“两人益惧，度解严后必罹重谴，日服大黄药求死”[②]。九月初一日，张凤翼死于军营中，10天后，梁廷栋亦死。不久，明廷司法定罪：张凤翼罢官，梁廷栋处死。因二人已死，不予追究。

清军第三次入塞，从六月二十七日入边，到九月初一日出冷口东归，历时66天。在这66天当中，清军紧紧围绕着京师周围，转战东西南北，攻陷城池，焚毁村庄，掠夺人畜财物，“遍蹂畿内”[③]，撼动京师。阿济格向太宗报告：“仰蒙上天眷佑，皇上德威，攻克明国边城，长驱直入。燕京附近疆土，纵兵驰突。凡克城十二，摧敌阵五十八，俘获人畜十八万，生擒总兵巢丕昌等。”[④]而明朝面对10万清军的入掠竟一筹莫展，无计可施。虽有少数将领宁死不屈，但是“犹捧一箪以塞溃川，挽杯水以浇烈焰”[⑤]，阻挡不了清军的进攻。

清军这次入塞远征，对明朝进行了一轮新的打击，消耗了明军实力，也再次验证了明朝兵弱而民穷。太宗看到了明朝大厦将倾，他放心了，可以毫无顾虑地彻底解决朝鲜问题，而不必担心腹背受敌。

---

① 谈迁：《国榷》卷95。
② 《明史》卷256，“梁廷栋传”。
③ 谷应泰：《明史纪事本末》卷6。
④ 《清太宗实录》卷31。
⑤ 计六奇：《明季北略》卷12。

二征朝鲜

后金与朝鲜关系破裂

早在天聪元年（1627），后金第一次出兵朝鲜，迫使朝鲜国王李倧订立盟誓，尊后金为兄，自为弟。但是，自后两国之间的摩擦和矛盾却不断，并且愈演愈烈，关系日趋紧张。

双方矛盾中最尖锐的问题是朝鲜与明朝的关系。在后金第一次出兵朝鲜时，就要求朝鲜永绝明朝。阿敏在给朝鲜国王李倧的书信中说："两国和好，共言美事，贵国实心要好，不必仍事前朝（明朝），绝其往来，而我国为兄，贵国为弟。"[①]李倧始终拒绝和明朝断绝往来，他坚持以明朝为君，以后金为兄的外交原则，其实是完全站在明朝的立场上，继续保护明朝在朝鲜的利益。毛文龙死后，明廷派参将黄龙为都督佥事，率5000兵自山东到皮岛镇守，朝鲜不仅允许其登岛，还拨出龙川、铁山之地让他们耕种，

① 《李朝仁祖实录》卷15。

并且每年春秋两次供给米26000包[①]。而对后金的态度却截然不同，天聪五年（1631）四月，太宗派满达尔汉、董纳密到朝鲜，向朝鲜借船以征南海诸岛。李倧拖延3天才召见2人，断然拒绝借船之事，他说："明国犹我父也，抚我二百余年，今征我父之国，岂可相助以船，船殆不可借也。"[②]满达尔汉和董纳密无果而返。太宗对此十分恼怒。

朝鲜和明朝一样，对女真持鄙视态度，在《李朝实录》中，称女真人为"野人""虏""贼"，天聪元年（1627）和后金订立盟约，并非心甘情愿，不过是在武力威逼下不得已而为之，其实心里是不服的。所以盟誓后，双方在岁贡上就一直存在纠纷。

按盟约规定，朝鲜在每年春秋两季和元旦向后金纳贡，但是贡品的数量却逐次减少。天聪五年（1631）正月，李倧遣使朴兰英来贡春季方物，因数额不足，太宗拒收，但仍赏给朴兰英鞍马、银两、貂皮，其属员亦如例给赏。太宗又命英俄尔岱、龙什、库尔缠等把赐给朝鲜国王的人参送到朴兰英的馆舍。朴兰英推辞说："既不纳敝国贡物，何敢受贵国所遗。"英俄尔岱说："不纳尔之贡物者，以尔等违背盟言，渐减旧额故也。"朴兰英毫不客气地回应："以我国贡物为减，贵国赐物亦不减乎？"英俄尔岱等很生气，回应说：

> 若两国和好，交相馈送，则尔言诚然，尔无故助明，以兵侵我，天不尔佑，致尔丧师。尔各官暨尔兰英，皆被我国生擒，及我问罪兴师，尽取尔城池土地，尔国王弃其城郭人民，窜入海岛。我国复以宽大，返所得城池土地，并前阵获各官及尔兰英，

① 《汉译满文旧档》，第152页。
② 《清太宗实录》卷9。

皆纵之还，岂尔之力能生还耶？抑潜自逃归耶？尔等以保全性命，复还疆土之恩，纳贡于我，奈何与我为较量之语耶！[①]

一席话说得朴兰英不敢再争辩，连忙表示歉意，称自己“失言矣”。英俄尔岱将使臣之言告知太宗，太宗下令扣留朴兰英的儿子及同来的李必章，不准返回朝鲜。随后写信给李倧，指责他不遵守约定，所献礼物渐减。并一针见血地指出，朝鲜之所以敢如此，是认为明朝强大而（后）金弱小，他警告李倧：“尔若欲助明而轻我，我不必遣发精兵，止遣蒙古无赖者十万人，往袭尔地，耳惟有遁逃海岛而已。平原沃土，能余几何。”[②]天聪六年（1632）十一月，太宗派巴都礼、董纳密等前往朝鲜，重新规定岁贡数额：每年金百两、银千两、绵绸千匹、麻布千匹、细布万匹、豹皮百张、獭皮400张、水牛角百副、苏木200斤、大纸千帙、次纸千帙、龙纹细席一条、花席百条、胡椒一石、绿皮200张、腰刀20口、顺刀20口、松萝茶200包[③]。李倧申明，贡物内金、银、牛角不是本国所产，不能应命贡献，其他诸项只能贡总数额的十分之一。巴都礼一行回国后，报告了交涉事宜，太宗盛怒，下令驱逐使臣朴兰英，拒收元旦礼物，命其全部带回。

双方除了在上述重大原则问题上存在严重分歧之外，在一些具体问题上也有摩擦。例如，朝鲜容留后金的逃人，尤其是反叛后金之人。刘兴祚、刘兴治兄弟原为后金军事将领，在天聪二年（1628）杀死后金官兵后，逃到朝鲜海岛，招纳明人与后金为敌。朝鲜供应刘氏兄弟粮食，给予支持。再如，朝鲜人越界到后金境内采参、打猎，后金屡禁不止；后金人到朝鲜贸易，因价格之争，被朝鲜人抢走马匹、物品，等等。

①②《清太宗实录》卷8。

③《清太宗实录》卷12。

两国之间的矛盾愈演愈烈，最终导致第二次出兵朝鲜的导火索是朝鲜对太宗建元称帝的反对态度及“不恭敬”的言行。

天聪十年（1636）三月，诸王贝勒及外藩蒙古各部王公联名致书朝鲜国王，请他遣使来沈阳，共同向太宗劝进上皇帝尊号。户部承政英俄尔岱携带书信，率领170余人的庞大使团出使朝鲜。

太宗称帝的消息传到朝鲜，李氏集团一片哗然。在朝鲜统治集团内部一直存在着主战与主和两派。主战派闻听后金汗要称帝，纷纷上疏痛斥后金。掌令洪翼汉说：“臣自呱呱堕地之初，只知道有大明天子。我们尊他（指清太宗）为帝，还有什么脸面立于天下！”大臣玉堂说：“金虏称帝是窃伪号，我国将成为他的属国，向他称臣，这是以堂堂礼仪之邦俯首于犬羊之虏。”[①]太学生们也上疏请求“斩虏使，焚虏书，以明大义”。在这种舆情之下，朝鲜国王李倧最终决定不接见使团，不接收联名书信，不遣使前往劝进，并派军队对使团所住的馆舍严加监视。英俄尔岱等见状十分疑惑，抢了城中百姓的马匹，冲出城门而去。途中，李倧派人追上，递交了给太宗的信。同时英俄尔岱从来使身上夺得了李倧命令边臣固守边疆的书信。

太宗看过李倧的信，明白朝鲜是要决意断绝和好，便召集诸贝勒大臣商议，众人一致主张兴兵征讨。太宗决定先礼后兵，先遣人送信，谕以利害，让李倧送其子与亲信大臣到沈阳为人质，以示诚意，否则再议兴兵。

太宗虽然没有立即发兵问罪，却也是剑拔弩张了。

四月十一日，太宗举行隆重的登极典礼。朝鲜来献春季礼的使臣罗德宪、李廓也参加了典礼。诸贝勒大臣及外藩蒙古王公向太宗行三跪九叩头礼，唯有罗德宪、李廓拒不跪拜施礼。两使臣回国时，太宗修书一封给李倧，历数其诸项罪状，并下了最后通牒：“尔王若自知悔罪，当送子弟为

① 《李朝仁祖实录》卷32。

质，不然，朕即于某月某日，举大军以临尔境。尔时虽悔，何及乎！”朝鲜使臣行至离国界不远的通远堡时，给当地后金将领写了一封信，信中写道：“我等奉主命出使，贵国忽生异心，以势逼迫。但吾首不能自断，一切羞辱俱已受尽，此古今所无之事也。今幸得至我界，甘受国法而死，尚复何言！”[①]又告知已将太宗给李倧的书信及其礼品留在了他们住宿的地方，原因是信中有责备谩骂之言，而“毫无兄弟相敬之意，视如奴隶”，若将书信带回国，则是“自辱其君父”。朝鲜使臣竟然敢拆看给国王的信件，显然是事先得到授意的。

对朝鲜使臣的行为，太宗的愤怒是可想而知的。十月下旬，朝鲜国王派人送书信到盛京，太宗拒绝接收，将使臣遣回。两国的关系已经完全破裂。

太宗亲征朝鲜

清太宗决定倾全国之兵力，亲征朝鲜。

崇德元年（1636）十二月一日，蒙古各部大军与八旗兵齐集于沈阳。太宗命和硕郑亲王济尔哈朗留守；礼亲王代善，睿亲王多尔衮，豫亲王多铎，贝勒岳托、豪格、杜度等随他出征朝鲜。这次出征阵容宏大，号称十万，并由太宗亲自挂帅。可见太宗志在必胜，这一次，他要彻底解决与朝鲜的问题。

初二日，清军分左右两翼，自沈阳出发。军队行至沙河堡东冈，太宗命多尔衮、豪格分统左翼满洲三旗、蒙古三旗及外藩蒙古左翼兵，从宽甸路入长山口，以牵制朝鲜东北诸道的兵力。初三日，命户部承政马福塔、前锋大臣硕翁科罗、巴图鲁劳萨等率精锐300人，伪装成商人，昼夜兼程驰奔朝鲜王京汉城，潜入城中，以备里应外合。接着派多铎、硕托率领护军千人随后

① 参见《清太宗实录》卷28。

而行，往围汉城。初九日，太宗担心马福塔、多铎等所率兵力太少，又派岳托、扬古利领兵3000人速往增援。

初十日，清军渡过鸭绿江，没有夺取朝鲜门户义州，而是铁骑奔驰，深入袭击，直逼王京。大军一路势如破竹，十三日，过定州，定州军民降。太宗派贝勒杜度及孔有德、耿仲明、尚可喜等率精锐往攻皮岛、铁山一带，以阻止岛上明军对朝鲜的援助。

十四日，先遣军马福塔、多铎所率领的300人已抵达王京汉城。此时，城中已经一片混乱，军民惊惧。这天早晨，国王李倧派人将家眷护送至江华岛（江都），午后，他带领众臣出汉城南门，亦欲逃往江华岛。这时，有探卒飞奔而至，报告说："贼已过延曙驿，胡将马大夫率数百铁骑已到弘济院。而以一枝（支）兵遮阳川江，以截江都之路。"[①]李倧无奈，只好退回城中。朝鲜崔尚书、李侍郎出城见马福塔，询问为何而来。马福塔回答："我等奉皇上命，与尔王有事相议。"崔、李二人说："既为议事而来，俟启王，以礼相迎。"[②]于是，二人设宴招待马福塔等人。其实这是朝鲜的缓兵之计，崔尚书与李侍郎在拖延时间，李倧乘机逃到了南汉山城。马福塔闻讯后，追至南汉山城。十六日，增援清军到达，将南汉山城围住，内外不通。朝鲜军出城作战，皆被击退。二十九日，清军大部队也抵达南汉山城驻营。是日，孔有德、耿仲明、尚可喜及汉军甲喇章京金玉和等也携带火炮到达。

南汉山城，在汉城东15公里，位于海拔495米的山顶，城郭周边高而险，便于防守。当时城中有"守城者一万四千，以一万守堞，以四千出击"[③]。城中还有宗室、官员等数百人。李倧被困城中，不断下谕给诸道监兵使，令其勤王，心情之急迫跃然纸上，他称："君臣上下，寄在孤城，危若一发。

① 李肯翊：《燃藜室记述》卷27。

② 《清太宗实录》卷32。

③ 《李朝仁祖大王实录》卷33。

汲汲之势，卿可想也。星夜驰赴，前后合击。期剿灭，以救君父之急。”[①]可惜，三路勤王之师皆被击溃。

崇德二年（1637）正月初一日，太宗登上南汉山城东面的望月峰，环视周围形势，俯瞰城中，认为山城易守难攻，决定采取围城打援之战略，以围困逼迫李倧投降。初二日，太宗在给李倧的信中历数朝鲜之罪过，劝其向清朝称臣，与明朝脱离关系。李倧回信称已经知罪，但是仍然回避“尊号称臣”与“决绝明朝”的问题。双方使臣、书信不断，互不让步，相持半个月。期间，全罗、忠清两道合兵来援，被清军击溃，但清军损失也很大，超品公、额驸扬古利阵殁。

为突破僵局，太宗改变战术。十八日，派多尔衮等率左翼兵约3万人，大小战船80余艘进攻江华岛。二十二日，清军至江华岛渡口，与朝鲜军展开海战，清军连发红夷炮，朝鲜兵败。清军登岸攻城，城破。二十三日，清军占领江华岛，俘获朝鲜王妃1人、王子2人、宗室76人及群臣眷属家口等。

在多尔衮进攻江华岛的同时，清军也开始攻打南汉山城。每日以红夷大炮攻城，炮声隆隆，硝烟四起，经数日炮轰，山城已多处损坏，朝鲜军伤亡严重。二十七日，闻江华岛陷落，李倧走投无路，决定投降。他致书太宗，表示要将以“三百年宗社数千里生民，仰托于陛下”[②]，称太宗为皇帝，自己为臣。

订立盟约，确定宗主与臣属关系

太宗见时机成熟，遂与贝勒大臣商议，提出投降条款17项，具体如下：

① 李肯翊：《燃藜室记述》卷27。

② 《清太宗实录》卷33。

去明国之年号，绝明国之交往，献纳明国所与之诰命册印。

尔以长子，并再令一子为质。

诸大臣有子者以子，无子者以弟为质。

尔有不讳，则朕立尔质子嗣位。

从此一应文移，奉大清国之正朔。

万寿节及中宫千秋、皇子千秋、冬至、元旦及庆吊等事，俱行贡献之礼，并遣大臣及内官奉表。

其所进往来之表，及朕降诏敕，或有事遣使传谕，尔与使臣相见之礼，及尔陪臣谒见，并迎送馈使之礼，毋违明国旧例。

朕若征明国，降诏遣使，调尔步骑舟师，或数万，或刻期会处，数目限期不得有误。

朕今移师攻取皮岛，尔可发鸟枪、弓箭手等，兵船五十艘。

大军将还，宜备礼献犒。

军中俘获，过鸭绿江后，若有逃回者，执送本主。若欲赎还，听从两主之便。

尔与内外诸臣，缔结婚媾，以固和好。

新旧城垣不许擅筑。

尔国所有瓦尔喀，俱当刷送。

日本贸易，听尔如旧，当导其使者来朝，朕亦将遣使与彼往来。

其东边瓦尔喀，有私自逃居于彼者，不得复与贸易往来。

每年进贡一次，其方物数目：黄金百两，白银千两，水牛角二百对，豹皮百张，鹿皮百张，茶千包，水獭皮四百张，青黍皮三百张，胡椒十斗，腰刀二十六口，顺刀二十口，苏木二百斤，大纸千卷，小纸千五百卷，五爪龙席四领，各样花席四十领，白苎布二百匹，各色绵绸二千匹，各色细麻布四百匹，各色细布万匹，布千四百匹，米万包。[1]

朝鲜国王李倧以汉江口海滨之地及江华岛失陷，妻子及臣属尽被俘，自身被困南汉山城，旦夕城陷，八道人民流离四散，各道援兵皆被击败，宗社将倾，无计可施，只好全部接受上述条款。

三十日，李倧身着蓝衣，带领群臣及其诸子，出山城西门，步行至汉江东岸田渡，向清太宗投降，举行受降仪式，正式定盟，确立了清朝和李氏朝鲜的君臣关系。

二月二日，清军班师，李倧率领群臣出王京5公里跪送。

清朝第二次出兵朝鲜，历时整整两个月，彻底征服朝鲜，从此，朝鲜永绝明朝，对大清称臣，奉大清正朔，用崇德年号。有清一代清朝和朝鲜都维持着这次形成的宗主与臣属关系。可谓影响久远。征服朝鲜，清朝解除了进攻明朝的后顾之忧，同时，在经济上，朝鲜向清朝纳贡数量巨大，使清朝获得大量物资和财富，缓解了经济压力。

① 《清太宗实录》卷33。

第四次入塞袭冀鲁

清政权抚绥了蒙古，征服了朝鲜，进攻明朝已经全无后顾之忧。

多尔衮统兵入塞

崇德三年（1638）八月二十三日，以和硕睿亲王多尔衮为奉命大将军，统领左翼军；以多罗贝勒岳托为扬武大将军，统领右翼军，兵分两路远征大明。出发前，太宗重申军纪，强调“自出城门，务遵军律”，进入塞内后，“勿毁寺庙，勿妄杀平人，抗者戮之，顺者养之，俘获之人，勿褫其衣服，勿离散人夫妇，虽不为俘获者，亦不许褫衣侵害”。又说：“征伐非朕所乐为也，朕常欲和，而明不从，是以兴师耳。”[1]太宗把发动战争的责任推给了明朝。

八月二十七日，多罗贝勒岳托、多罗平安贝勒杜度等率右翼军先行。九月初四日，多尔衮、豪格等率左翼兵继发。太宗分别送行，激励将士奋勇作

① 《清太宗实录》卷43。

战，建立功业。待两路大军出发后，为保证大军顺利入塞，太宗亲统大军前往锦州、宁远等处，攻打明军城堡台地，以牵制山海关及关外明军，使之东西疲于奔命，首尾不能相顾，这样西征的将士能够从容地直捣中原。

九月底，左右两翼大军先后从墙子岭口和青山关毁边墙而入。两关口皆在燕山脚下，地形险要。墙子岭在密云东北，关城坚固，重兵防守。当多尔衮率清军突至时，明守军毫无防备，密云总督吴阿衡率军仓促应战，战败而死。青山口一带，边墙残破，守御空虚。岳托率军破墙而入，附近的董家口、青山营、青山关等处军民闻警而逃。清军乘其无备，毫发无伤，毁墙而进。两翼大军会师于通州，然后沿着京师北部迂回至涿州，再兵分八路，横行南下：东路沿着大运河，西路沿着太行山东麓，其余六路分布于山河之间，由北向南，纵兵并进。北京以西，太行山以东，燕山之南，千里旷野平川，任由清军骑兵驰突，沿途所经六府城镇皆被攻掠。

清军铁骑逼近宫墙时，明廷举朝震惊。崇祯帝紧急征调各地兵马勤王，但是，朝廷内部的党派却明争暗斗，在战与和之间举棋不定，兵部尚书杨嗣昌主和，宣大总督卢象昇主战。当崇祯帝询问作战方略时，卢象昇回答："陛下命臣督师，臣知有战而已。"[①]崇祯帝左右摇摆不定，时而主和，时而主战。卢象昇与杨嗣昌意见相左，难以达成一致，一气之下领兵回到自己的驻地昌平。

孙承宗抗清不屈而死

崇德三年（1638）十一月初九日，清军攻陷定州后，围高阳城（今河北高阳）。高阳县令雷之渤闻警先逃。原兵部尚书、东阁大学士孙承宗已辞官

① 《明史》卷261，"卢象昇传"。

告老还乡，正在高阳城内。

孙承宗，字稚绳，河北高阳人。“貌奇伟，须髯戟张”[①]，万历三十二年（1604）进士，入翰林，后为明熹宗的老师，进入朝廷政治权力中心，成为东林党的重要人物。明天启二年（后金天命七年，1622），明失广宁，辽东经略熊廷弼被革职，明熹宗以孙承宗为兵部尚书兼东阁大学士。上任后，他亲往山海关督师，坚决支持袁崇焕建立宁锦防线，固守山海关外的主张。抚恤辽民，修筑城池，整顿军备。四年间，前后修复大城9座、堡45座，练兵11万人，立车营12座、水营5座、火营2座、前锋后劲营8座，拓地400里，开屯5000顷[②]，几乎收复了明朝在辽河以西的全部失地，使后金不敢轻举妄动。但是，明廷党争越演越烈，以魏忠贤为首的阉党把持朝政，排挤孙承宗。天启五年（1625），孙承宗手下大将马世龙在柳河（今辽宁海城附近）与后金军交战失利，阉党以此为由攻击孙承宗，他终被罢官免职。

当清军攻打高阳城时，孙承宗带领城中军民坚守城池，他端坐在城墙上，指挥明军施放火炮。城中的百姓拆房梁做滚木，用秫秸沾火药，投掷城下，进行殊死抵抗。但是，在清军日夜环攻，孤立无援的情况下，城内军民坚守了3天，十二日，清军攻入城内。孙承宗被俘，他誓死不降，对劝降的人说：“我天朝大臣，城亡与亡，死耳，无多言！”[③]说完，望阙叩拜，投缳而死，时年76岁。其家人老幼妇孺30余人，皆不屈而死。

孙承宗曾在关外抗清，颇有建树，却遭排挤，告老还乡。10余年后，他在自己的家乡，终死于抗清。

清军连陷衡水、武邑、文安、霸州、阜城、威县、平乡、南和、临城、高邑诸城镇。十二月初，分兵三路南下：一路由涞水攻易县，一路由新城攻

①② 《明史》卷250，“孙承宗传”。

③ 计六奇：《明季北略》卷14。

雄县，一路由定兴攻安肃。明朝宣大总督卢象昇领兵由涿州进据保定，命诸将分道出击，与清军大战于庆都。卢象昇原有兵力不足2万，这时却被兵部尚书杨嗣昌以云南、山西有警为由调走大半。卢象昇带领残卒5000人露宿野外，粮饷断绝。畿南三郡父老闻之，前来扣军门请求说：“三郡子弟喜公之来，皆以昔非公死贼，今非公死兵，同心勠力，一呼而裹粮从者可十万，孰与只臂无援，立而就死哉！”象昇既感动，又伤感，他清楚自己的困境，不忍连累父老，泫然流涕地说：“感父老义……今者，分疲卒五千，大敌西冲，援师东隔，事由中制，食尽力穷，旦夕死矣，无徒累尔父老为也。”[1]十二月十一日，象昇率军至巨鹿贾庄。此时，高起潜拥兵在鸡泽，距贾庄仅25公里，象昇派人前往乞求援助，起潜置之不理。卢象昇军行进到蒿水桥，与清军相遇，双方展开激战。八旗兵数万人将象昇军团团围住，卢象昇领兵疾战，喊杀声震天，从清晨直战至午后，终于炮尽矢穷。卢象昇身中四箭三刀，仍手击数十人，终于仆地而死，时年39岁，其将士也全部战死。

清军陷济南府

清军深入畿南，蹂躏了广平、顺德、大名等地之后，兵锋指向了山东。

明兵部尚书杨嗣昌判断错误，认为清军进兵山东必过德州，于是，从济南调兵增援德州，致使济南空虚。然而精明的多尔衮却统率清军绕开德州，经临清，渡运河，直插济南。崇德四年（1639）正月初二日，清军围攻济南城，推战车，竖云梯，蜂拥而上。城内守军猝不及防，见状惊骇逃溃，济南城陷。明布政使张秉文、巡按御史宋学朱、知府苟好善等皆死，德王朱由枢

① 《明史》卷261，“卢象昇传”。

被活捉，百姓尽被屠戮，城内外积尸13万具[1]。

清军焚掠济南后，转攻山东其他城镇16处。明督师大学士刘宇亮与陈新甲领兵只尾随清军而行，却不敢进攻交战。

在清军南下途中，扬武大将军岳托和弟弟马瞻病故。

二月，多尔衮、杜度等统领左右翼大军至天津卫，渡运河东归。三月，经过青山口出边，返回沈阳。太宗对征明将士赏赉有差。追封已故扬武大将军多罗贝勒岳托为克勤郡王。

清军这次入塞，其活动范围和纵度、深度空前。天聪三年（1629），太宗统兵第一次入塞，仅限于北京城及其以北部分地区；天聪八年（1634），第二次入塞，进兵到宣府、大同一带；崇德元年（1636），纵兵于京畿地区。而这次用兵遍蹂京畿，深入山东，“旌旗所指，无不如意”[2]。入关时间长达5个月，转掠2000里，毁其边墙，破其城堡，所至之地，纵横无敌。左右翼两路大军破明军57阵，消耗了明军的有生力量。但是，对于冀鲁两地的百姓而言，这无疑是一场浩劫。《清太宗实录》卷四五统计，此次入关，共计攻克1府、3州、55县、2关，擒亲王1、郡王1、将军1、总理太监1，杀郡王5、将军6、总督2，至于文武官员等，不可胜数。俘获人畜462300余、黄金4039两、白银977460两。如此巨额财富，一部分赏给出征的将士，一部分进入了清朝的国库。

① 《明史纪事本末补遗》卷6。

② 《清太宗实录》卷46。

第二次用兵黑龙江

在黑龙江中上游分布着达斡尔、鄂伦春、虎尔哈、鄂温克、毕喇尔等部族，清统称之为索伦。天聪八年（1634），清太宗首次用兵黑龙江中上游地区，此后索伦部开始向后金朝贡，以示臣服。随着后金的不断强大，影响也日益扩大，愿意归附的部落首领络绎不绝地到盛京朝见太宗，贡献方物。崇德年间，太宗进一步经营索伦，巩固并加强与索伦部的联系，绥服不坚定的部落首领。

崇德二年（1637）二月十七日，黑龙江地方额苏里屯（位于今瑷珲北岸40余公里处，俄国境内）内俄伦扎尔固齐、克讷布鲁达尔汉，率9人到盛京朝贡，同时充当边地一些部族的使者，向太宗报告说："额苏里屯东，约六日程，有从未通我国者三十九屯，今欲来贡，不知纳贡礼仪，求我等同皇上使臣一人至彼，即备方物，随使臣入贡。为此特遣人来，其所献之物貂、狐皮二百有六，貂、狐衣服七领。"[①]

① 《清太宗实录》卷34。

同年十月十二日，黑龙江地方巴尔达齐率57人，贡貂皮。又有精奇里江浑秦屯内居住扈育布禄也率5人第一次来朝，贡献貂皮。十二月初一日，黑龙江中上游诸部云集盛京，有羌图礼、阿尔哈、固穆考等122人来贡貂皮。太宗命礼部参政喇玛迎接，宴请。同一天，遣黑龙江地方扈育布禄、纳尔开，巴尔达齐弟额讷布等61人返回，赐宴招待。来自黑龙江的部族首领或使者动辄数十人或上百人，他们齐聚盛京，往往逗留一两个月，显示了黑龙江地区将走向统一，纳入清政权之下的趋势。太宗对他们热情接待，除宴请之外，还赏给他们弓矢、蟒衣、帽、靴、鞍马、缎布等物。

索伦部酋长博穆博果尔

在黑龙江索伦部诸头领中，有两位著名人物，一是巴尔达奇，早在天聪八年五月，即率众人到盛京朝贡，太宗将宗室女嫁给他，成为额驸，以后朝贡不断。另一位是博穆博果尔。

博穆博果尔是索伦部乌鲁苏穆丹屯长，他精于骑射，骁勇善战，足智多谋，在当地享有很高的威望，受到各部落或部族的拥戴，“江南北各城、屯俱附之”[①]。该地区的各部落当时已经进入父系氏族社会，共同组成部落联盟，博穆博果尔实际上就是部落联盟的首领，具有很强的影响力和号召力。

在黑龙江诸部落首领纷纷向清朝贡的影响下，崇德二年（1637）闰四月十二日，博穆博果尔也率8人第一次来到盛京，向清廷贡献马匹、貂皮，受到隆重款待。他在盛京停留一个多月，于六月初五日返回故地。太宗对博穆博果尔前来朝贡很重视，临行前，赐以鞍马、蟒衣、凉帽、撒袋、弓矢、甲胄、缎布等大量贵重物品。

① 《黑龙江志稿》卷54，“博穆博果尔传”。

崇德三年（1638）十月十七日，博穆博果尔再次来到盛京，贡貂皮、猞猁狲等物。这次在盛京逗留了两个多月。期间，太宗于十二月初五日宴请博穆博果尔及其他黑龙江地方首领，随后，八旗贝勒又分别宴请一次。太宗与八旗贝勒分别宴请，这是极高的礼遇了。十二月三十日，太宗又赐予博穆博果尔及噶凌阿、瓦代等5人衣服、马匹、弓矢、房屋及各类器物。

翌年，从黑龙江至盛京纳贡者不断，却迟迟不见博穆博果尔的踪影。至十一月初八日，太宗下令远征黑龙江索伦部。命索海、萨穆什喀、穆成格、叶克书、雍舜拜等诸将统兵出征。临行前，兵部多罗贝勒多铎、固山额真多罗额驸英俄尔岱传达圣谕说："尔等师行所经屯内，有已经归附纳贡之屯，此屯内又有博穆博果尔取米之屯，恐尔等不知，误行侵扰，特开列屯名数目付尔，毋得违命骚扰侵害。"①

从圣谕中可知，博穆博果尔在当地的势力很大，一些屯寨在向清朝纳贡的同时，也向博穆博果尔纳粮。如果任由博穆博果尔的势力发展，势必和清朝对这一地区的统一发生冲突。太宗"虑其势盛，不可制"②，决定先发制人，对其进行军事征讨，同时征服那些向博穆博果尔纳粮的屯寨。

进兵黑龙江

崇德四年（1639）十一月，太宗决定出兵黑龙江，征讨博穆博果尔。时值隆冬之季，索海、萨穆什喀、叶克书等统兵冒着严寒北进。至呼玛尔河分兵，各旗按照指定地方攻取。有铎陈、阿萨津、雅克萨、乌库尔、多金诸木城（铎陈、阿萨津、雅克萨三城在黑龙江北岸，今俄罗斯境内；乌库尔、多

① 《清太宗实录》卷49。
② 《黑龙江志稿》卷54，"博穆博果尔传"。

金二城在黑龙江南岸，我国境内）之人拒不投降。清军攻打雅克萨，火攻城南关厢，力战克城。在乌库尔城，有达尔布尼、阿恰尔都户、白库都、汉必尔代4人，聚集了临近7个屯寨的人，据城顽强抵抗。萨穆什喀、穆成格等指挥清军全力攻城，从清晨至晚上，激战一天，终于攻克。接着，清军转攻铎陈，力战一日，未克。第二天，正欲再次进攻，博穆博果尔领兵来战。他集结上游各屯寨共6000多人前来增援，兵锋锐甚。萨穆什喀、索海担心寡不敌众，命令军队撤退。索海带人设伏，萨穆什喀护卫辎重殿后。博穆博果尔领兵追击，中了埋伏，伤亡数十人，另有400人被俘，而清军在骁勇剽悍的索伦兵的顽强抵抗下，也有较大伤亡。博穆博果尔又指使铎陈、阿萨津两城出兵400人拦截清军。在交战中，骑都尉阿尔休，章京穆虎、穆鼐，云骑尉和托等将领战死[①]。经过艰苦的战斗，清军攻克铎陈、阿萨津两城，接着又攻取了挂喇尔屯。然后，携带所获人畜财物返回盛京。

崇德五年（1640）三月三十日，太宗命每旗章京1员，每牛录下兵1人，携带马匹前往接应萨穆什喀等。及大军临近盛京，又先后派礼部承政满达尔汉和多罗平安贝勒杜度、多罗饶余贝勒阿巴泰率人出城远迎，设宴犒劳。四月十二日，大军至盛京城，太宗与和硕亲王以下，大臣以上，到实胜寺北馆，与凯旋将士祭纛行礼。

清军这次出兵黑龙江上游地区，历时4个多月，经过艰苦顽强的作战，取得重大收获。第一，俘获男子3154人，妇女2713人，幼小1089人，共计6956人。马424匹，牛704头。又先后获貂、猞猁狲、狐、狼、青鼠、水獭等皮共5400多张[②]；第二，打击了博穆博果尔的势力，原来归附博穆博果尔的果博尔、博和里、噶尔塔孙等7屯，皆归属额驸巴尔达齐。巴尔达齐一贯忠诚于

---

① 《黑龙江志稿》卷54，“博穆博果尔传”。

② 《清太宗实录》卷51。

清朝，在这次军事行动中，他带领本屯人积极配合清军，做向导，参加与博穆博果尔的战斗；第三，彰显了清朝的军威，自清军北征后，有更多的索伦部人跋山涉水前来盛京归附。如，崇德五年五月，就有未降者337户，共男子481人来降。太宗命理藩院参政尼堪等携蟒缎、素缎、梭布前去迎接，将他们安置在郭尔罗斯吴库马尔、格伦额勒苏等地方，驻扎耕种。选择其中能约束众人、堪为首领者，授为牛录章京，分编牛录①。

但是，这场战役并没有取得完全的胜利，博穆博果尔得以逃脱，他的存在是统一索伦地区的最大障碍。太宗决定再次派兵出征，这次是以计取博穆博果尔。

活捉博穆博果尔

崇德五年（1640）七月，太宗派内大臣巴图鲁詹、理藩院参政尼堪、副理事官纽黑传谕外藩蒙古，命各部挑选强壮、勇敢、箭法超群的蒙古兵，会集于内齐所居地方，举行骑射比赛，从中精选出350人，另选八旗满洲护军40人，组成一支精锐的骑兵队伍，配备了精良的战马、骆驼、甲胄及兵器，以梅勒章京席特库、济席哈为将领，在太宗面授机宜之后，悄无声息地出发了。同时，太宗扬言要发大军到黑龙江畔，活捉博穆博果尔。

十二月十三日，席特库派遣归痕戴青孟格图、艾达汉、迈图等驰回盛京，向太宗奏报：在齐洛台地方擒获博穆博果尔，并俘获男女人口近千人及牲畜数百。

原来，这次出兵黑龙江，太宗用了声东击西的策略，一面扬言发大军到黑龙江畔活捉博穆博果尔，诱使博穆博果尔向北逃，一面暗中派遣席特库率精锐

① 《清太宗实录》卷51。

部队从蒙古北边追击。博穆博果尔果然中计，在向北逃跑的途中被截获。

崇德六年（1641）正月十六日，席特库、济席哈率领满洲及蒙古轻骑兵押着博穆博果尔等凯旋至盛京。太宗对全体出征人员论功行赏，擢一等梅勒章京席特库为三等昂邦章京。赐蒙古台吉及骑兵蟒缎、朝衣、貂裘、甲胄、腰刀、银两等物有差[1]。

活捉博穆博果尔，清朝取得了征抚索伦部的胜利，到五月间，索伦部蒙塞尔瓦代之子巴尔达齐，率其户204人来降，又有该部1471人随后来归。太宗统一黑龙江上游索伦部意义重大，一是将这一地区分散的大大小小的部落完全置于清政权统治之下，对其实行有效的管理，为顺康时期边地各民族团结一心，抗击沙俄入侵奠定了基础。二是索伦部归附人口被编入满洲八旗，扩充了兵源，索伦兵骁勇善战，成为清军的一支劲旅。

① 《清太宗实录》卷54。

八

东北归于一统

五宫后妃情有独钟

五宫后妃皆来自蒙古草原

公元1636年，皇太极称帝（即清太宗），改国号为大清，年号为崇德。称帝后，正式建立后宫制度，“定宫殿名。中宫为清宁宫，东宫为关雎宫，西宫为麟趾宫，次东宫为衍庆宫，次西宫为永福宫”[①]，合为五宫。五宫后妃皆为蒙古女子，均出自元太祖成吉思汗后裔博尔济吉特氏家族，她们分别是清宁宫皇后博尔济吉特氏，关雎宫宸妃博尔济吉特氏，麟趾宫贵妃博尔济吉特氏，衍庆宫淑妃博尔济吉特氏，永福宫庄妃博尔济吉特氏。其中宸妃、庄妃是姐妹，而皇后是这姐妹俩的姑姑，三人来自科尔沁部；贵妃与淑妃来自察哈尔部。

清宁宫皇后博尔济吉特氏，名哲哲，是蒙古科尔沁贝勒莽古思的女儿，明万历四十二年（1614），莽古思送女儿到建州，与皇太极成亲。当时，后金政权尚未建立，皇太极23岁，哲哲26岁。年长太宗3岁的哲哲勤劳贤惠，支

① 《清太宗实录》卷28。

持丈夫创大业，承担起家庭生活的重担。皇太极继承汗位之后，妇凭夫贵，哲哲成为中宫大福晋。皇太极做了皇帝，她也理所当然地晋封为皇后，执掌后宫诸事宜。清世祖福临即位后，尊其为皇太后，顺治六年（1649）四月去世，终年51岁，谥号孝端文皇后。皇后一生育有3个女儿，分别嫁给察哈尔亲王额哲、科尔沁郡王奇塔特和土谢图汗亲王巴达礼的儿子巴雅思祜朗。

关雎宫宸妃博尔济吉特氏，名海兰珠，是孝端文皇后的侄女，科尔沁贝勒宰桑的女儿。天聪八年（1634）嫁给太宗，时年已经26岁。她以聪慧、温婉、美丽而深得太宗宠爱。崇德二年（1637）七月，生下一子，按序排行为皇八子。可惜这个儿子两岁而殇，尚未予以命名。丧子之痛使宸妃终日郁郁寡欢，沉浸于悲痛之中而不能自拔，身体每况愈下，于崇德六年九月离开人世，终年33岁。谥号敏惠恭和元妃。

永福宫庄妃博尔济吉特氏，名布木布泰，是宸妃的亲妹妹。在天命十年（1625）嫁给太宗，当时只有13岁。崇德三年（1638）正月三十日生福临，即清世祖顺治皇帝。在五宫后妃中，庄妃年纪最轻。她不但相貌俊秀，而且聪睿机警。相传崇德七年，明清松山大决战，明将洪承畴被俘，被囚禁在沈阳三官庙，他以绝食的方式表达对明廷的忠诚，拒不投降，满汉官员轮番劝降，晓之以理，却皆无效果。庄妃请命，她带着婢女，端着参汤，来到三官庙，劝慰洪承畴，动之以情，用燕语莺声和温情脉脉唤起洪承畴对父母和娇妻爱子的眷恋之情，终于使他放弃了以死尽忠明朝的想法，而愿意做大清臣子。在历史上是否确有其事，我们无从考证，但有此传说，可见庄妃应是一位集美貌与智慧于一身的非凡女子。她后来辅佐顺治和康熙两帝也正说明了这一点。庄妃还生有三女，成年后全部嫁到蒙古草原，成为维系满蒙联姻的重要纽带。庄妃逝于康熙二十六年（1687）十二月，终年75岁。她身历天命、天聪、崇德、顺治、康熙数朝，对顺治和康熙两朝产生了重大影响。死后被尊谥孝庄文皇后。

以上三宫后妃皆来自蒙古科尔沁部。明朝后期，科尔沁在漠南东部蒙古中势力较强，也是最早和建州发生战、和关系的蒙古部落。明万历二十一年（1593）九月，海西叶赫贝勒联合其他女真部落和蒙古科尔沁部，组成“九部联军”，讨伐建州，发生古勒山大战，九部联军大败。参加这次战役的科尔沁贝勒有奥巴与莽古思、明安兄弟。通过此战役，科尔沁了解到建州的强大，自知不是其对手，同时，科尔沁正受到漠南蒙古中强大的察哈尔部的威胁，从自身利益考虑，在古勒山战后的第二年遣使到建州进献驼、马，表示友好。当时清太祖努尔哈赤刚刚统一建州，从长计议，在将来和海西四部的角逐中，也需要科尔沁的支持。二者从彼此需要出发，逐步结成了联盟。巩固这种联盟的最有效的手段之一就是联姻，首先是在万历四十年（1612），努尔哈赤向科尔沁明安贝勒求婚，明安送其女嫁与努尔哈赤，从此揭开了与科尔沁联姻的序幕。两年后，明安的哥哥莽古思将女儿嫁给皇太极，即后来的清宁宫皇后。此后，双方有娶有嫁，姻亲不断。据统计，清入关前，与蒙古各部联姻共计84次，而与科尔沁部联姻就达33次，其中娶科尔沁女子21人，嫁到科尔沁女子12人[①]。科尔沁成为与后金（清）政权关系最密切的蒙古部落，为其绥服漠南蒙古、征服朝鲜以及对明朝的战争都做出了重要贡献。故而，太宗五宫后妃中有3位出自科尔沁部就不奇怪了。

另外两宫，即麟趾宫贵妃博尔济吉特氏，衍庆宫淑妃博尔济吉特氏则出自察哈尔部，两人原是蒙古察哈尔部林丹汗的福晋。

如前所述，天聪时期，察哈尔蒙古林丹汗与后金为敌，在后金军的追剿下，走死于青海大草滩，其部众四处离散。天聪八年（1634）五月，太宗亲统大军西征，招抚察哈尔部众。大军行至蒙古纳里特河安营，营帐绵亘于山野，一望无边。有3只天鹅在空中盘旋，无处栖止，终于力竭而堕，落在

① 杜家骥：《清朝满蒙联姻研究》，第12页。

太宗的帐前，尽杀之。又有一只漂亮的雌性野鸡自西边飞来，落在太宗的营帐内，众人抓捕不得，夜入太宗御幄榻下。第二天清晨，起营移幄，野鸡受惊而飞，撞到横木上，被捉。野鸡的尾羽是后妃头上的装饰品，众人议论纷纷，皆说这是吉兆，预示着太宗将要得到贤良的后妃[①]。

在西征的途中，不断有察哈尔部众来归附。闰八月，大军移营至克蚌地方，有察哈尔宰桑巴图鲁噶尔马济农、德多济王等率诸贝勒、台吉、塔布囊护送林丹汗妻窦土门福晋，携其部众来归。太宗赐给众人宝物，设宴隆重接待。大贝勒代善会同众贝勒上奏，请太宗纳窦土门福晋为妃，以抚慰察哈尔部众之人心。太宗坚决不同意，代善劝说："臣等以为福晋委身顺运，异地来归，其作合实由于天。上若不纳，得毋拂天意耶。皇上非好色多纳妃嫔者比。"太宗犹豫不决，询问文馆龙什、刚林等人的意见，众人皆认为这是天意。太宗想起数月前，驻营纳里特河时，曾有雌雉飞入御幄之事，也认为福晋今日来归确系天意，天意不可违，于是决定迎娶窦土门福晋。护送窦土门福晋的多尼库鲁克等欢喜地说："皇上纳之，则新附诸国，与我等皆不胜踊跃欢庆之至矣！"[②]窦土门福晋即衍庆宫淑妃。淑妃去世于顺治九年，谥号康惠淑妃。

天聪九年（1635）三月，林丹汗的多罗大福晋（嫡妻）囊囊太后率1500户来归。四月，林丹汗的另一大福晋苏泰太后及其子额哲也带领1000户来投，随同两位太后而来的还有林丹汗的另两位福晋，即伯奇太后、俄尔哲依图太后以及林丹汗的妹妹泰松格格。苏泰太后还带来了蒙古国的传国玉玺。太宗和诸贝勒们欣喜若狂，"具盛宴宴来归之众"，并分别安置了林丹汗的几位福晋和妹妹。大贝勒代善娶了年轻貌美并且富有的泰松格格，太宗长子

① 《清太宗实录》卷18。

② 《清太宗实录》卷20。

豪格娶了伯奇太后，太宗弟阿巴泰娶了俄尔哲依图太后，太宗侄儿济尔哈朗迎娶苏泰太后。最后囊囊太后因地位高贵却不富有，众人以此乃察哈尔林丹汗多罗大福晋，不可嫁给他人为由，劝太宗纳娶。太宗犹豫不决，一个月后应允下来。当然这种联姻不是单向的，在娶林丹汗众福晋的同时，太宗也把自己的二女儿许给额哲为妻。崇德元年，册封后妃，因囊囊太后地位尊贵，被封为西宫麟趾宫贵妃，地位高于一年前嫁给太宗的窦土门福晋。这位贵妃于康熙十三年（1674）去世，谥号懿靖大贵妃。

在清代官书中，对懿靖大贵妃与康惠淑妃归嫁太宗的时间均不见记载，对两人生平的记叙也极为简略，实则是避讳两人曾经是林丹汗妻妾的事实。

除五宫后妃之外，太宗诸妃还有：元妃，钮钴禄氏，弘毅公额亦都女，子一，洛博会；继妃，乌拉纳喇氏，子二，豪格、洛格，女一。称侧妃者二：叶赫那拉氏，子一，硕塞；拉鲁特博尔济吉特氏，女二。称庶妃者六：纳喇氏，子一，高塞，女二；奇垒氏，察哈尔部人，女一；颜札氏，子一，叶布舒；伊尔根觉罗氏，子一，常舒；其余两位不知姓氏，一人生子，韬塞，一人生女。以上后妃共计15位。

情有独钟海兰珠

在称帝时册封的五宫后妃当中，令太宗情有独钟的是关雎宫宸妃海兰珠。

海兰珠在天聪八年（1634）与太宗成婚，时年26岁，已过豆蔻年华，而她的妹妹早在8年前就嫁给了太宗。至于宰桑贝勒为何在8年前先将只有13岁的小女儿嫁给太宗，而让大女儿一直待字闺中？为何8年后，太宗又娶了姐姐？有人推测，海兰珠一定美若天仙，宰桑贝勒想把她嫁给地位更高、财富更丰厚者，当年嫁庄妃时，太宗不过是个贝勒，嫁海兰珠时，太宗已是一国之君，拥有尊贵的身份与地位，宰桑的如意算盘打得相当圆满。太宗在娶了科尔沁部的姑侄二人之后，仍要再次亲上加亲，迎娶已年过芳龄的海兰珠，想来或许是在某种场合下，二人相见，太宗对海兰珠一见钟情。这一切今天已经无从查考，但是，太宗对海兰珠的一片深情是显而易见的。太宗称帝册封五宫时，入宫仅仅两年的海兰珠被封为东宫，地位仅次于中宫皇后，远在早嫁的妹妹之上。“关关雎鸠，在河之洲。窈窕淑女，君子好逑。”这是《诗经》开篇中的句子，表达的是男性对淑女的爱恋之情。太宗以“关雎”命名海兰珠的居所，可见他对海兰珠的爱恋浓情，在他的眼中，海兰珠就是纯洁美丽、温婉善良的“窈窕淑女”，是自己理想的伴侣。崇德二年（1637）七月，宸妃生下皇八子。所谓爱屋及乌，太宗此时虽然已经有了7个儿子，但是对这个刚刚出生的儿子却格外地看重与喜爱。宸妃生子后的第二天夜里，太宗做梦，梦见自己、哥哥代善与努尔哈赤同处一室，仰观天空，见“祥云绚烂，稠叠三层，云之上复见晴天”[1]。第二天，太宗将梦境告知大臣，众人皆说乃宸妃子大吉大贵之预兆。太宗因喜得皇八子，高兴至极，颁布了清朝第一道大赦令。但是，天不遂人愿，令人遗憾的是，宸妃的儿子两岁而殇，还没来得及取名字。丧子之痛折磨着宸妃，尽管有太宗的疼爱，宸妃还是不能释怀，郁郁寡欢，日渐憔悴。

崇德六年（1641）九月，太宗正在松锦前线指挥同明军的战斗，十二日，穆成格等自盛京疾驰来报宸妃有疾，太宗紧急召集诸贝勒大臣，进行军事部署，第二天早晨便急忙驾车启程返回。十七日，行至旧边驻跸，是夜一更鼓，传来宸妃病危的消息，太宗立即拔营，派大学士希福等先行，快马加鞭赶往宫中问候。希福等人一路奔驰，刚入宫便闻听宸妃已薨，时年33岁。太宗在途中听到这个噩耗，伤心欲绝。及入关雎宫，来到宸妃灵柩前，更是肝肠寸断，悲涕不止。为了表达对宸妃的眷爱，太宗下令一切丧殓之礼悉从

① 《清太宗实录》卷37。

厚。出殡之日，陈设仪仗，由东侧门出盛京地载门2.5公里暂殡。太宗率诸王以下，牛录章京以上，固伦公主、和硕福晋、和硕公主、多罗福晋、多罗格格以下，梅勒章京命妇以上，亲自送往。葬礼举行完毕，太宗于墓前站立良久，不忍离去。

在突然之间和自己心爱的人阴阳两隔，再也不能相见，太宗难以接受残酷现实，他朝夕悲痛，不能自拔，茶饭不思，二十三日中午，忽然昏迷。皇后、宫妃及诸王、大臣陈设祭物于神前，祈祷神灵保佑皇帝平安。直至傍晚，太宗才苏醒过来。众人劝慰，请他为国家计，“自保圣躬，勿为情牵，珍重自爱”①。太宗也自知过于悲悼，有些后悔地说：“天之生朕，原为抚世安民，今乃过于悲悼，不能自持，天地、祖宗知朕大过，以此示警，朕从今当善自排遣也。”②话虽如此，但是八九年的恩爱与相伴怎能忘怀，宸妃的音容笑貌，举手投足萦绕在眼前，太宗无法抑制对宸妃的思念。为分散他的注意力，消除愁苦与烦闷，群臣陪同他到蒲河打猎，在回程的途中经过宸妃墓地，太宗触景生情，又大哭了一场。十月二十七日，追封宸妃为敏惠恭和元妃。

宸妃去世两年后，太宗也追随爱妃而去了。这一段帝妃之恋，不妨以《诗经》中的诗句以明之：

关关雎鸠，在河之洲。
窈窕淑女，君子好逑。
参差荇菜，左右流之。
窈窕淑女，寤寐求之。
……

① 《清太宗实录》卷37。
② 《清太宗实录》卷57。

第二次与明军大决战

自崇德五年（1640）三月至七年四月间，明清在关外宁锦一线展开了激烈的争夺战，双方投入兵力数量之多，持续时间之长，为明清战争史上所仅见，它是继萨尔浒之战后，影响明清兴亡的又一场大决战。

宁锦一线是指明朝从宁远到锦州所建立的军事防线。清太宗于天聪元年（1627）统大军攻打锦州、宁远，结果伤亡惨重，无功而返。4年之后，取得围困大凌河城的胜利，此后，在辽西再未取得任何进展。但是，太宗在其他战线却取得了巨大的胜利：出兵朝鲜，迫使朝鲜臣服，断绝与明朝的一切往来；击败察哈尔林丹汗，统一漠南蒙古；取道蒙古，入塞袭扰京畿、山西、山东一带，消耗了明朝的有生力量。经过10余年的发展，清（后金）政权的军事力量已经变得空前强大。正如汉官祖可法、张存仁等言："今我国铁骑如云，加以蒙古军士，即取天下，亦有余力。"[1]此言虽有夸张，但至少说明此时清政权充满了战胜明朝，夺取天下的信心。

① 《清太宗实录》卷50。

清军屡次入塞，并未得到明朝尺寸之地，只因有山海关阻隔，而要打开山海关大门，必先取关外五城，即锦州、松山、杏山、塔山、宁远。在锦州正南9公里处是松山城，松山偏西南9公里处是杏山城，杏山西南10公里左右是塔山城，自塔山再向西南是宁远城。松山、杏山、塔山联结着锦州和宁远，5座军事重镇形成一道严密的军事防线，遇有战事，相互策应。自大凌河城（今辽宁凌海）被清军拆毁后，锦州便暴露在清军的面前，成为明朝在辽西的前哨阵地，明朝加固城池，加强武器装备，派重兵防守，力图使其成为阻挡清军西进的一座坚固的堡垒。

围困锦州

崇德五年（1640）初，太宗已在计划夺取锦州。三月，命和硕郑亲王济尔哈朗为右翼主帅，多罗贝勒多铎为左翼主帅，率兵前往义州，修筑城池，驻扎屯田，准备以义州作为攻取锦州的后方基地，提供后勤支持。

接下来如何夺取锦州，是攻城，还是围困？对此，都察院参政梅勒章京张存仁献计说：

> 臣观今日情势，围困锦州之计，实出万全。但略地易以得利，而围城难以见功，必须旷日持久，将士不无苦难懈怠之心，愿皇上鼓励三军之气，坚持围困之策，截彼侦探，禁我逃亡，远不过一岁，近不过数月，自有可乘机会，虽云成事在天，而定谋未始不由于人也……伏愿皇上以屯种为本，时率精锐，直抵锦城，布命令于蒙古，以为间谍之计，再多擒土人兵卒，广布招抚敕谕，探祖帅心事以招之，体文士性情以安之，言之透彻，彼心

必动，未有不相率来归者，此攻心之策，得人得地之术也。[①]

张存仁认为围困锦州为万全之策，但是必须要有打持久战的准备，他建议太宗要不时鼓舞士气，使将士不至于懈怠，同时要分化瓦解明军，以锦州城内的蒙古兵作为争取对象，让其做内应，可加速明军的崩溃。

张存仁的建议坚定了太宗围困锦州的信念。四月二十九日，他亲临义州巡视筑城屯田情况，然后前往锦州。五月间，遍巡锦州四境，命清军携带大炮，扫荡城周围的明军台堡，消灭外援，彻底孤立城中明军；收割城外庄稼，使明军只能依靠城中储存的粮食度日，同时也使锦州城外变成了一片开阔地。然后调兵将锦州城由远及近层层包围，断绝明军的一切内外出入。为避免八旗将士疲劳，防止产生懈怠情绪，以三个月为一期，实行轮班更戍。

锦州城守将祖大寿在城内部署明军守城。天聪五年（1631），大寿曾领兵修筑大凌河城，尚未竣工，后金军突至城下，围困了三个多月。在外无援军，内又弹尽粮绝的情况下，他无奈献城投降。降后，诡称妻儿在锦州，要求放他回去接妻小，并愿意做内应，与后金军内外夹击取锦州。太宗应允，但他竟一去不返，太宗屡次投书，他只字不回，为明朝守锦州至今，已经整整10年。如今见清军又来围困锦州，他决定凭借着坚城和充足的粮草储备和清军对抗，同时多次遣人出城送信求援，但都被清军截获。

崇德六年（1641）三月，清军加强了对锦州的围困，围绕锦州城每面立八营，绕营掘深壕，沿壕筑垛口，在靠近城墙处设逻卒哨探，将锦州置于严密的包围和封锁之中。当时，城内有蒙古兵驻守外城，见状大惊，向清军的逻卒喊话道：“尔等围困何益？我城中积粟可支二三年，纵围之，岂可得耶？”逻卒回应说：“无论二三年，纵有四年之粮，至五年后，复何所

① 《清太宗实录》卷51。

食？”[1]蒙古兵闻言，知道清军志在必得，甚是惊慌，蒙古贝勒诺木齐、吴巴什、浑津、清善等众人密谋降清。他们派人持降书与济尔哈朗取得了联系，约定在三月二十七日黎明行动，清军外攻，蒙古兵内应。此事被大寿察觉，二十四日晚，他带人至外城门，准备设计抓捕吴巴什等人。吴巴什先下手为强，操起兵器率众向明军发起进攻。激战声传到城外，济尔哈朗、多铎、阿济格等相继到城下策应，关城内蒙古兵从城上放下绳子，距此最近的两白旗清军率先援绳而上，与蒙古兵合击明军，明军招架不住，败入内城，清军遂占领外城。蒙古都司、守备、把总、管队等官86人，民众共6211口皆归降，他们暂时被安置在义州。

锦州外城一破，内城就更加危在旦夕了。太宗加紧了围攻之势，在四月和七月，分别将孔有德、耿仲明和尚可喜所部汉军调往锦州，这些汉军携带了大批火炮。

洪承畴驰援锦州

锦州被围，羽书告急。明朝深知锦州安危关系重大，遂在全国范围内调兵遣将，把正在西部和李自成农民军作战的洪承畴调回，任命为蓟辽总督，出关解锦州之围。又征调宣府总兵杨国柱、大同总兵王朴、密云总兵唐通、蓟州总兵白广恩、玉田总兵曹变蛟、山海关总兵马科、前屯卫总兵王廷臣、宁远总兵吴三桂八镇大军共13万，集结于宁远待命。

如何解救锦州，明朝统治集团内部存在严重分歧。兵部尚书陈新甲主张速战速决，兵分三路，一路进塔山，趋大胜堡攻清军大营之西北；一路出杏山，抄锦昌，攻其北；一路出兵松山，渡小凌河，攻其东。洪承畴则持反对

① 《清太宗实录》卷55。

意见，他坚持“且战且守”的战略，认为：“久持松、杏，以之转饷，且锦守颇坚，未易撼动。若敌再越今秋，不但敌穷，即朝鲜亦穷矣。此可守而后可战之策也。”①洪承畴要打持久战，步步为营，与清军坚守对峙。但是，陈新甲担心10余万大军集结关外，用兵年余，耗费巨额粮饷，而此时，西北农民军又屡屡进犯，旷日持久，将造成锦州未解，而内地又困的局面。所以他不断派人督促洪承畴快速进兵。洪承畴被催促得坐卧不安，又接到崇祯帝“刻期进兵”的密令，无奈，他只好将粮草留在宁远及距离锦州35公里的海岛笔架山，于崇祯十四年（崇德六年，1641）七月二十六日，自率6万兵马启程先行，剩余部队后继，至松山城集结。

松山处于锦州和杏山之间，为宁锦咽喉，战略位置十分重要。洪承畴选择松山为兵马集结地，要在这里和清军决战。七月二十八日，明军进抵松山，是夜，见清军屯驻乳峰山之东，洪承畴命军队在乳峰山之西扎营。乳峰山在松山城北，距锦州仅有五六里。八月初二日，明清两军在乳峰山展开激战，明军人多势众，清军一再失利。见援军已到，祖大寿兵也从城中杀出，冲闯清军的包围，虽被清军逐回，却在城上施放火炮，猛烈轰击。清军在乳峰山和锦州之间腹背受敌，多尔衮遣人速往沈阳告急，请求增援，他说：“洪军门于南山向北放炮，祖大寿从城头向南放炮，我兵存身无地，神器实为凶险。”②太宗接到求援急报，得知前线失利，急得“忧愤呕血”，他不顾身体有疾，披挂上阵，御驾亲征。

① 谈迁：《国榷》卷97。

② 《多尔衮摄政日记》，闰六月初七日。

松山激战

八月十九日，太宗率援军到达松山，他登上山岗观望明军阵营，见明军以步兵在松山北和乳峰山之间掘壕立营7座，以骑兵驻于松山东、西、北三面，部属严整。太宗“横窥洪阵久之，见大众集前，后队颇弱。猛省曰：‘此阵有前权，而无后守，可破也！’”[①]太宗马上进行军事部署：将军队结阵于松山、杏山之间，横截大道驻营。自锦州西面向南，穿越松山、杏山之间的大道直至南海口，掘3道大壕，各深8尺，宽丈余，人马不得过，切断了松山与杏山之间的通道，断绝了明援军的后继粮饷供应；分出部分围困锦州的清军转而打击明援军，遣诸贝勒大臣，各以精兵伏于杏山、连山、塔山及沿海诸要路。这样，就由松山与锦州明军包围清军，转变为清军对明援军的包围，清军马上由被动转为主动。

二十一日清晨，洪承畴指挥明军发起进攻，集中兵力向清军镶红旗营地突击。太宗也手持长枪，上阵督战。两军接战良久，矢飞炮鸣，杀伤相当。明军突围不成，大部分退到松山城内外，只有数千骑突围，逃向杏山。清军也收兵回营。入夜，太宗对诸将说“今夜敌兵必遁”[②]，于是部署兵力准备截杀。

果然如太宗所料，洪承畴本计划速战速决，故率兵轻装上阵，所携带粮食只够食用3天，眼看粮道被截断，深陷包围，明军将士一片恐慌。当晚，洪承畴召集诸将会议，拟于次日与清军决一死战，他说：“守亦死，不战亦死，若战或可幸万一，不肖决意孤注，明天望诸君悉力。”[③]但诸将意见却

① 计六奇：《明季北略》卷18。

② 《清太宗实录》卷57。

③ 谈迁：《国榷》卷97。

不统一，有的主张战，更多的主张暂回宁远，以图再战。洪承畴无奈，只好放弃解锦州之围的计划，决定分兵两路，乘夜突围，退回宁远。

当夜，尚未到约定突围时间，明总兵王朴率所部先逃，由此明军大乱，其他将帅皆争相而逃，黑夜难认，自相践踏，弓甲弃于遍野。早已严阵以待的清军迎面掩杀，到处截击，到第二天黎明，只见“明军窜走，弥山遍野，自杏山迤南、沿海至塔山一路，赴海死者不可胜计”[①]。吴三桂、王朴、唐通、白广恩、马科等领残兵奔入杏山城，曹变蛟、王廷臣没有逃脱，与承畴及其万余兵退入松山城。

二十六日，吴三桂、王朴等率残军出杏山，奔宁远，又遭到清军的围追堵截，吴三桂、王朴仅以身免。二十八日，清军在高桥设伏，再歼灭明两股溃军，共计1600人。

松山激战，历时10天，清军斩杀明军53783人，获马7444匹、骆驼66峰、甲胄9346副，明兵自杏山，南至塔山，被追杀赴海死者甚众，所弃马匹甲胄以数万计，海中浮尸漂荡，多如雁鹜。

明军主力消失殆尽，洪承畴领万余人固守松山城。太宗移营松山附近，命沿松山城再掘壕，围而不攻，静待城内弹尽粮绝。九月，宸妃病逝，太宗返回盛京，从此再未回到前线，围困松山、锦州事宜交给了诸贝勒。洪承畴几次率兵突围皆未成功，而关内的援军却蜷缩在宁远城，不敢前进。洪承畴“欲战则力不支，欲守则粮已竭，欲遁又未敢成队而出”[②]，只能坐困城中。

崇德七年（1642）初，松山城内粮食已经越来越少，兵士每天食米一碗，唯一的希望是速来援军，但是望穿双眼却不见一兵一卒至。至二月，松山城内，“糗粮罄绝，人皆相食”[③]。副将夏承德不甘心坐以待毙而降清，

① 《清太宗实录》卷57。

② 蒋良骐：《东华录》卷3。

③ 《清太宗实录》卷60。

他做内应，于十八日夜引清军登城，遂克松山城。次日晨，洪承畴及巡抚邱民仰，总兵王廷相、曹变蛟、祖大乐，游击祖大名、祖大成等被俘。变蛟、廷臣、民仰不屈而死，洪承畴等人被送往沈阳，松山城被夷为平地。

祖大寿献锦州城出降

此时，锦州城内也已弹尽粮绝，饥民相食，祖大寿战守计穷，又闻松山已失，于是率众将领出城投降。自崇德五年（1640）四月始，至崇德七年（1642），锦州城被围困已近两年，终于围而取之。清兵进城后，屠戮人民，收取财物。接着，四月九日，清军攻陷塔山城，歼城中明军7000人。二十日，炮轰杏山城，明将开门请降，收降人口6800余。至此，明朝在关外的四座重要军事城堡全部被清军夺得，唯宁远独存。

祖大寿投降后，众将领指责其背弃大凌河誓言，要求处死他。祖大寿也自知罪当死，他跪奏太宗说：

> 臣有数罪宜死。昔困于大凌河，粮尽食人，奄奄待毙，计穷乞降，蒙皇上不杀恩养，命臣招妻子兄弟宗族来降，遣往锦州。臣不惟背弃洪恩，亦且屡次与大军对敌。今又在锦州被围，粮尽困迫，方出归顺，理应万死。①

太宗耐心等待祖大寿10年，他不改初衷，不追究过往，赦其无罪，仍任命为总兵官。

洪承畴被俘之初拒不归降，谩骂不已。范文程前去劝降，以善言相劝，

① 《清太宗实录》卷59。

在与他谈古论今时，有灰尘自房梁落在承畴身上，承畴几次轻轻拂去。范文程留意到这个细节，回去后对太宗说：洪承畴不会死，他如此爱惜衣服，更何况是生命呢。太宗派文臣轮番去劝说，洪承畴不答一言。于是，太宗亲往，见他衣衫单薄，脱下自己的貂裘给他披上，柔声问道："先生得无冷乎？"洪承畴茫然地望着太宗良久，感叹道："真命世之主也！"这才叩头请降。太宗非常高兴，当日赏给洪承畴宝物无算，又在宫中演百戏以示庆贺。诸将对太宗如此厚待洪承畴不解，太宗问："吾侪所以栉风沐雨者，究欲何为？"众人说："欲得中原耳！"太宗笑着说："譬诸行者，君等皆瞽目，今获一引路者，吾安得不乐也！"[1]众人闻听，皆心悦诚服。

松锦决战，无论是规模，还是激烈程度以及对明朝的打击，皆可和萨尔浒战役相比拟。它对于明清兴亡具有重大意义，明军数万被歼灭，使明朝军队整体战斗力受到重创。关外四城尽失，宁远、山海关更加孤立，大明江山堕入危境之中。相反，清政权获得松锦大捷，在辽西实现了军事进攻的重大突破，为日后入主中原奠定了基础。正如嘉庆帝在《太宗皇帝大破明师于松山之战书事文》中所言："我太宗大破明师十三万，擒洪承畴，式廓皇图，永定帝业。"

① 昭梿：《啸亭杂录》卷1、卷8。

第五次入塞袭山东

松锦之战的胜利，使清政权上至统治阶层，下至八旗民众无不欣喜若狂，欢欣鼓舞，外藩蒙古王公及朝鲜纷纷奉表来贺。在这巨大胜利的鼓舞下，“诸王将帅，争请直取燕京”[①]。

太宗阐发“伐大树”思想

崇德七年（1642）九月，松锦之战刚刚结束不久，便有固山额真墨尔根侍卫李国翰、佟图赖、祖泽润，梅勒章京祖可法、张存仁奏言：

> 今天意归于皇上，大统攸属，锦州、松山、杏山、塔山一时俱为我有，明国人心摇动，燕京震骇，惟当因天时、顺人事，大兵前行，炮火继后，直抵燕京而攻破之。是皇上万世鸿基，自

① 魏源：《圣武记》卷1，“开国龙兴记三”。

此而定，四方贡篚，自此而输，上下无不同享其利矣。倘迁延时日，窃虑天时不可长恃，机会不可坐失，况山东之行，燕京一带空虚，我兵所到，无不收服，若再缓行，其地已为流贼劫掠殆尽，地方残毁，所关岂浅鲜哉。臣等以为不如率大军直取燕京，控扼山海，大业克成，而我兵之饶裕不待言矣。

诸臣建议趁取得松锦大捷之机，一鼓作气，发大兵直取燕京。太宗对此持不同意见，他说：

尔等建议直取燕京，朕意以为不可，取燕京如伐大树，须先从两旁斫削，则大树自仆。朕今不取关外四城，岂能即克山海，今明国精兵已尽，我兵四围纵略，彼国势日衰，我兵力日强，从此燕京可得矣。[①]

太宗把明朝比喻为一棵大树，尽管它已经腐朽，但是，仍然不可能一斧子就把其砍到，而需要一斧斧地砍下去，砍到一定程度，自然会自己仆倒。太宗深知“明初规模详备，数传而后，虽兵马屡挫，城池屡失，而国势屹然未倾”[②]。要颠覆这座大厦，需要一个漫长而艰巨的过程。太宗不愧是政治家，在巨大的胜利面前，在万众的欢呼声中，头脑始终保持着清醒和冷静。

松锦之战使明朝这棵大树受到重创，清朝在军队休整后，又要继续实施伐大树的战略了。

① 《清太宗实录》卷62。

② 《清太宗实录》卷37。

入塞远袭山东

崇德七年（1642）十月，太宗决定再次进兵关内。这次出兵，一是继续对明朝进行打击，削弱其实力；二是辽东遭遇灾荒，禾谷未收，粮食短缺，粮价腾贵，进关可以掠夺大量财物与人口，缓解清朝的经济压力。

十月十四日，以多罗饶余贝勒阿巴泰为奉命大将军、内大臣图尔格为副将军，率领固山额真阿山、谭泰、叶克书、何洛会、石廷柱、祖泽润等官兵迂道入塞，第五次进关攻击明朝。临行前，太宗对众将领交代几点注意事项：

其一，进入明境，遇老弱闲散之人，毋任意妄杀，不应做俘虏之人，毋夺其衣服，毋离人妻子，毋焚毁财物，毋暴殄粮谷。

其二，勿以我兵强盛而放松防范，要敬谨戒备以行。凡新归蒙古、汉人，必一体相待，有所俘获，务使均沾。

其三，倘若明国遣使求和，要求退兵，定要答："我等奉命来征，惟君命是听……尔如有言，其向我君言之，必吾君谕令班师，方可退兵。"[1]

其四，如遇流寇，以善言抚谕之，不许误杀其人，致与交恶。若流寇欲遣使或有书信，可携带而来。

这第四点是针对农民军的，是一项新政策，以前四次进关不曾有过。说明太宗通过降清的汉官，尤其是洪承畴，对农民军有了更多了解，他想联合农民军共同打击明朝。十五日，太宗送出征将士到郊外，为配合阿巴泰入塞，又命多罗豫郡王多铎领兵赴宁远，以牵制关外明军入援，又命祖大寿给外甥吴三桂写信，劝其降清。

此次出征，有满蒙汉八旗兵约6万人，加上外藩蒙古兵，总兵力近10万，

① 《清太宗实录》卷63。

分为左右两翼前进。左翼兵于十一月五日从界岭口（河北迁安与抚宁交界处）毁边墙而入；右翼兵于十一月八日从雁门关的黄崖口（古北口西段）入长城。两翼兵击败守关明军后，向蓟州进发。时蓟州总兵白腾蛟闻报，率马兵300，步兵700，前往桃林关堵截，蓟州城内只有参将3员和招募的新兵2000人，俱不堪战。清军组成精锐部队，分为3队，驰往蓟州围城。白腾蛟闻讯掉头奔蓟州，马兰峪总兵白广恩也率马步兵6000人前往助战。两路军与清军遭遇，发生激战，被击败，清军顺利夺取蓟州城。

清军乘胜攻陷迁安、三河。在攻打平谷时，受到顽强抵御，转而分道趋通州与天津。明朝为防御清军，曾在京畿地区做了严密部署：设昌平、保定两总督，宁远、永平、顺天、保定、密云、天津6巡抚，宁远、山海、中协、西协、昌平、通州、天津、保定8总兵，可谓星罗棋布，防御严密。但是，这些地区的明军多与清军有过交战，早已心生畏惧，多畏怯而不敢战。清军很快深入内地，连克霸州、河间、永清、衡水。

闰十一月初，清军自畿南向山东纵掠，十二日，围临清。临清位于山东西北部，与河北隔河相望，京杭大运河流经于此，战略地位十分重要。临清被围数日，援军不至，终于城陷。清军进入城中，临清兵民不屈不挠，进行巷战。时值天津参将贺秉钺扶父亲灵柩至临清，他与兵民一起“巷战终日，矢尽，被执死”[①]。明总兵官刘源清自尽，户部郎中陈兴言、前总督宣大兵部右侍郎张宗衡、太常寺少卿张振秀等皆被杀[②]。清军一路向南，下阜城、景州，掠东昌、莘县、高唐、章丘，直抵兖州。兖州位于山东省西南，为齐鲁咽喉之地，是《禹贡》中九州之一。明洪武十八年（1385），明太祖朱元璋封第十子朱檀为鲁王，藩兖州。当清军进抵兖州时，知府邓藩锡请求鲁王

① 《明史》卷291，“张焜芳传附贺秉钺传”。

② 谈迁：《国榷》卷98。

朱以派“散积储以鼓士气，城犹可存。不然，大事一去，悔无及矣”[1]！而鲁王不同意，他舍不得钱财。清军攻城，邓藩锡与监军参议王维新、同知谭丝、副将丁文明及里居给事中范淑泰等分门死守。十二月八日，守军力不能支，城陷。王维新身受21处创伤而死。邓藩锡被俘不降，被杀，其妾携幼子投井死。鲁王朱以派、乐陵王朱以泛、阳信王朱弘福、东原王朱以源等，以及管理府事宗室等数千人尽被杀。然后，清军自兖州分兵，一路过山东登州、莱州，直抵宁海州及海州。另一路渡黄河，回到莒州、沂州。

崇德八年（1643）二月间，奉命大将军阿巴泰分兵左右翼北返：左翼大军沿青州、德州，入河北境，经沧州、天津卫至燕京城南，过三河县，历时3个月，抵达密云；右翼大军沿东昌府（今山东聊城）进入河北境，沿太行山以东，经广平府（今河北永年）、彰德府（今河南安阳）、真定府（今河北正定）、保定府，过燕京迤北，几乎和左翼同时到达密云。在清军北返逼近京师时，崇祯帝忧心忡忡，大学士、首辅周延儒自请督师，崇祯帝大喜，降手敕，赐予章服、白金、文绮，给金帛赏军。然而，周延儒驻扎在通州却不敢进战，“惟与幕下客饮酒娱乐，而日腾章奏捷”[2]，骗得崇祯帝屡赐玺书褒奖。四月十八日，清军在密云螺山，与明将唐通、白广恩等八镇总兵交战，结果“八镇皆逃，惟步营两监军御史在，御史蒋拱宸饰功报捷”。事后，周延儒奏捷报，称“斩百余级”。其实，当时“边城既隳，子女玉帛捆载出入如织，卒无一矢加遗也”[3]。于是，清军左右两翼自密云出发，五月初一日，右翼两白旗、正蓝旗兵斩关而出，左翼军随后相继而出，大军运载俘获的人畜财物，车驼绵延几百公里，历时20余天才全部出关。远征将士凯旋，太宗命和硕郑亲王济尔哈朗、和硕睿亲王多尔衮、多罗武英郡王阿济格

---

① 《明史》卷291，“邓藩锡传”。

② 《明史》卷308，“周延儒传”。

③ 《明史纪事本末补遗》卷6。

等出城外15公里迎接。

这次入塞，历时8个月，掳掠冀、鲁两省，所获颇丰。据阿巴泰等奏报：共攻克3府、18州、67县、88座城镇，击败明军39处。获得黄金12250两、白银2205270两、珍珠4440两、各色缎共计52230匹、缎衣与裘衣13840领、貂狐豹虎等皮500余张；俘获人口369000人，驼、马、骡、牛、驴、羊共计321000余头①。这些战利品一部分充公，另一部分奖励给了远征的将士，阿巴泰一人即得到赏银一万两。

自太宗即位以来，先后五次进关伐明，天聪三年（1629），太宗亲率大军围北京而不攻取；天聪八年（1634），掳掠山西之宣府、大同，不攻北京；崇德元年（1636），围绕着北京，遍掠京畿地区，而对京师不触动；崇德三年（1638），经过北京，深入冀、鲁；崇德七年（1642），再次纵掠冀、鲁，过北京而不攻。这一系列的军事行动，正是太宗伐大树军事思想的实施。每次出兵，除攻城之外，皆饱掠而归，俘获数以万计、数以十万计的人畜及大量财富，一次次地撼动着明朝统治的根基。同时，也给当地人民带来了深重的灾难。清兵所掠之地，百姓四处逃难，城郭几至空虚，尤其是京师周围和畿南地区，遭到四次袭扰，很多城镇村庄一望荆榛，四郊瓦砾，唯有荒草寒林而无人之踪迹。面对清军残暴的掠夺，广大民众也以各种方式奋起反抗。例如，这次清军攻打山东潍县时，“在城老幼男妇，竭力一心，未字闺秀，青衿内室，及瞽夫幼子，悉运砖石柴束。又如方欲举火，而闻城上欲以铁作炮子，即各碎食锅以酬急”②。军民共同坚守七昼夜，清军终于撤退，潍城未陷。但是明朝政府的无能以及军队的不抵抗，却将广大人民置于水火之中，饱受兵燹之祸，也使清军四围纵掠，如入无人之境。

---

①《清太宗实录》卷64、卷65。

②《明清史料》乙编，第5本。

完善八旗制度

清人金德纯在《旗军志》中写道:

> 我国家自太祖高皇帝创业，以上圣起东垂，用兵威，兼并傍小国。及太宗文皇帝，拥有全辽，臣服朝鲜，百度渐举，爰立八旗，曰：正黄、镶黄、正白、镶白、正红、镶红、正蓝、镶蓝。每旗析三部，以从龙部落及傍小国臣顺者子孙臣民为满洲；诸漠北引弓之民，景化内徙者，别为蒙古；而以辽人故明指挥使子孙，他中朝将众来降及所掠得，别隶为汉军，各节其部。[1]

清太祖努尔哈赤在公元1615年，即建立大金（后金）的前一年创建了八旗，八旗主要由女真人组成，故以后被称为满洲八旗。清太宗时期，随着征服或归顺的不同民族人口的剧增，又扩编了蒙古八旗和汉军八旗，分属于原

① 《辽海丛书》第4册。

八色旗，即每色旗之下有满洲八旗、蒙古八旗、汉军八旗，共24旗，仍称八旗。太宗完善了八旗制度，这一制度延续于有清一代。

编建蒙古八旗

蒙古部落的归附始于清太祖时期，在创建八旗时，已编有76个蒙古牛录，分隶于八旗之中。天命六年（1621），蒙古喀尔喀部的古尔布什台吉、莽果尔台吉率645户来归，翌年二月，喀尔喀部的恩格德尔贝勒、察哈尔厄鲁特部的明安贝勒等来归附，带来人口3000余户。随着蒙古人口的大量增加，努尔哈赤开始考虑如何安置的问题。三月二十九日，他颁书谕蒙古来归的各位贝勒说："我思，自喀尔喀前来之诸贝勒同为一旗，自察哈尔前来之诸贝勒同为一旗。我念尔等来归，编尔等为二旗。"[①]努尔哈赤以喀尔喀部众和厄鲁特部众分别编旗，形成两个蒙古旗，独立存在，不隶属于满洲八旗。

厄鲁特旗和喀尔喀旗存续到天聪六年（1632），是年九月，厄鲁特明安贝勒被革总兵官职，理由是出猎时不遵守纪律，自行行猎；私藏俘获之财物；其子多尔济因醉酒于汗前持刀两次等。同旗的其他众台吉也分别受到革职、罚银等处罚。随后，清太宗宣布："因归顺之蒙古诸贝勒所行悖乱，不令另编为旗。令其诸贝勒随各旗贝勒行走，属下人等并入乌讷格、鄂本堆旗。"从该条史料中，我们可以了解到两个信息：一是撤销了厄鲁特和喀尔喀两旗，二是此时还有两个蒙古旗，乌讷格与鄂本堆（又作鄂本兑）分别为这两个蒙古旗的固山额真。据《清太宗实录》卷九载：天聪五年（1631）八月，后金军围攻大凌河城，太宗部署围攻任务时，命"蒙古固山额真乌讷格，率本旗兵围南面之东"，"蒙古固山额真鄂本兑，率本旗兵围正西

① 《满文老档·太祖》，天命七年三月二十九日。

面”，“蒙古诸部落贝勒各率所部兵围其隙处”。该条史料佐证了除喀尔喀旗和厄鲁特旗之外，确有蒙古两旗存在，由早期或零散归附的蒙古人组成，隶属于八旗满洲之下，由宗室旗主统辖。至于何时建立，已无从可考。

喀尔喀、厄鲁特两旗是努尔哈赤为招徕更多的蒙古部落而建立的，它独立于八旗之外而存在，领旗者与满洲八旗旗主具有相同的政治地位和特权，正因为如此，他们违反政令，擅自行事，不利于管理，鉴于此，才被太宗撤销。被撤销后，两旗的贝勒们被分散编入八旗满洲各旗之下。例如，原喀尔喀旗的恩格德尔及其子囊努克、满敦、翁诺和等人入正黄旗，古尔布什及其弟达赖、善巴等人入镶黄旗；原厄鲁特旗明安及其子昂坤、多尔济入正黄旗，琐诺木入正蓝旗等。他们成为后来八旗满洲中蒙古族的重要组成部分。

至天聪八年（1634），除察哈尔林丹汗残部之外，漠南蒙古已全部归附。从这一年起，后金开始为漠南蒙古各部做编旗的准备工作，由阿什达尔汉、达雅齐主持，划定地界，分配民户。涉及的部落有翁牛特、巴林、敖汉、奈曼、四子、扎鲁特、阿鲁科尔沁等。

九年（1635）二月，太宗下令编审内外喀喇沁蒙古壮丁，60岁以下，16岁以上，除盲人和手足有残疾者之外，共计16953名，分为11旗。其中外喀喇沁壮丁9123名，编为3旗，分别由古鲁里辖布、俄木布楚虎尔各掌1旗，耿格尔与单把共掌1旗，仍属外藩蒙古。剩余内喀喇沁壮丁7820名与原来八旗满洲下的蒙古人混编成八旗。阿代为正黄旗固山额真，达赖为镶黄旗固山额真，恩格图为正红旗固山额真，额驸布颜代为镶红旗固山额真，伊拜为正白旗固山额真，额驸苏纳为镶白旗固山额真，吴赖为正蓝旗固山额真，扈什布为镶蓝旗固山额真，每旗固山额真之下设梅勒章京2人，甲喇章京2人。至此，八旗蒙古正式建立。

接着，太宗把旗的组织形式推广到整个蒙古地区，将蒙古分为“内蒙古”和“外蒙古”。在“内蒙古”共编49旗，每旗设札萨克（旗长）1人，总管旗务。此外，察哈尔和归化城土默特蒙古不划归“内蒙古”，而称之为“内属蒙古”，以八旗制度管理，由中央派驻的大臣统辖。

组建八旗汉军

八旗汉军建立较晚。努尔哈赤时期，在向辽东、辽西进兵的过程中，就有大量明军官兵归降。明军将领如李永芳、佟养性、刘兴祚、石廷柱等在后金任副将、参将、游击等职，管辖所属汉军。这些汉军皆隶于八旗满洲之中。

太宗时期，随着对明朝战争的推进，成千上万的明朝军民加入清（后金）政权中来，其中有几次，明军是以千计、万计的规模降清，八旗汉军的建立和完善与这几次大规模明军的加入密切相关。

首先是天聪三年（1629）底，太宗发动第一次进关远袭明朝的战役，取道蒙古，从长城喜峰口入塞，占领河北的滦州、永平、遵化、迁安四城。在长达3个多月的征战中，一批明军将领和炮手及铸炮工匠归降后金，包括副将孟乔芳、丁启明，参将马光远、王世选、杨文魁，都司扬声远及革职兵备道白养粹等。他们中多数人后来成为八旗汉军的将领。

第二次是天聪五年（1631），后金军围困大凌河城。大凌河守将祖大寿在弹尽粮绝又无援军的情况下投降，跟随他投降的明军将领有副将刘天禄、张存仁、祖泽润、祖泽洪、祖可法、韩大勋、孙定辽等，参将、游击吴良辅、高光辉、祖泽远、刘士英等将领数十人以及军民共约12000人。大寿诈称回锦州做内应，被放回，其余将领皆得到太宗的重用。

第三次是崇德六年（1641）的松锦之战，仅松山、锦州两城即有数万军民降清。包括洪承畴、祖大寿、夏承德、祖大乐、祖大名、祖大成等一批明军将领。

除了在战争中有大批明朝官兵归降之外，天聪七年（1633），孔有德、耿仲明率众自山东登州航海来归，翌年，明广鹿岛副将尚可喜亦率部下数千名官兵和百姓来投后金。太宗对这两支队伍非常重视，给以特殊优遇，不打乱他们的编制，独立成军，孔有德任都元帅，耿仲明为总兵官，所部称“天佑兵”；尚可喜为总兵官，所部称“天助兵”。孔、耿、尚三人拥有类同八旗旗主的权力，实际上等于新设了两旗汉军。

广大汉兵的加入，使太宗看到了这是一支不可小视的军事力量，他们使用火炮，“谙水战，习地利”[①]，这是满洲兵和蒙古兵望尘莫及的。尤其是火炮的制造和使用，正是后金所急需的。天命末年，努尔哈赤攻打宁远城失利。天聪元年（1627），太宗再次攻打锦州、宁远亦失败。其主要原因是明军凭坚城大炮固守，而后金缺少或不擅长使用火器。太宗对这样一支军事力量，当然重视并且要充分利用。

天聪七年（1633）七月初一，太宗令满洲各旗下所属汉人壮丁，每10名抽一丁披甲当兵，共得1580人，组成一旗汉军，由汉官马光远任固山额真， 旗帜用黑色，正式建立汉军旗。马光远，顺天大兴人，原任明军建昌营参将，太宗首次入关征明时，“率众来降”。翌年三月，太宗在沈阳北郊阅兵，队伍行进的排列顺序是：前列旧汉兵炮手，次满洲、蒙古骑兵，再次是骑兵，再次是守城各处应援等兵，最后是守城炮兵，队伍“绵亘二十里”[②]。军队的前列和后卫皆为汉人组成的炮兵，足见其在战争中的重要性。是年五月，汉军旗即跟随太宗远征明之宣府、大同，同行的还有孔、耿、尚的天佑兵和天助兵。

崇德二年（1637）七月，太宗将一旗汉军分为左右翼两旗：以汉官石廷柱为左翼固山额真，马光远为右翼固山额真。四年（1639）六月，再分两旗

① 《明史纪事本末补遗》卷4，“毛帅东江”。

② 《清初内国史院满文档案译编》上册。

为四旗，每旗设牛录18员，设固山额真1员，梅勒章京2员，甲喇章京4员。任命马光远为正黄旗固山额真，马光辉（马光远弟）、张大猷为梅勒章京；石廷柱为正白旗固山额真，达尔汉、金维城为梅勒章京；王世选为正红旗固山额真，吴守进、孟巧芳为梅勒章京；巴颜（李永芳子）为正蓝旗固山额真，李国翰、佟图赖为梅勒章京。改旗帜颜色为蓝色旗镶边：正黄旗为蓝旗镶黄边，正白旗为蓝旗镶白边，正红旗为蓝旗镶红边，正蓝旗即纯蓝色。按照清制，以百名为一牛录，每旗18个牛录，约计1800人，四旗合计7000人左右。

崇德七年（1642）六月，太宗将汉军原来的四旗又扩编为八旗。在此前一年，刚刚取得宁锦大捷，收编了松山守将夏承德所部及锦州的祖大寿军，为扩编八旗提供了条件。这次扩编，无论旗色、名称、官员设置，皆同于八旗满洲之制。所不同的是汉军八旗旗主由皇帝随时撤换任命，而八旗满洲旗主则是世袭。8位汉军固山额真分别是：正黄旗祖泽润、镶黄旗刘之源、正红旗吴守进、镶红旗金砺、正白旗图赖、镶白旗石廷柱、正蓝旗巴颜、镶蓝旗李国翰。在这8人当中，除祖泽润是在围大凌河时归降之外，余者皆为天命年间归附的汉官或其后代，即所谓的“天命旧汉臣”。这些旧汉臣归附时间早，为清（后金）政权效命时间长，深得太宗信任。孔有德、耿仲明、尚可喜的天佑军与天助军没有编入八旗，仍然独立存在。孔、耿、尚三人奏请以所部兵随汉军旗下行走，太宗应允。

太宗创建八旗蒙古与八旗汉军，从而完善了八旗制度。

八旗蒙古和八旗汉军的建立，扩大了清军的兵源，极大地提高了清军的战斗力。蒙古骑兵的加入使得清军的铁骑如虎添翼；利用汉军和明军作战，“以汉攻汉，则无不克矣”[①]。同时，削弱了八旗满洲诸王贝勒的权势。八旗蒙古与八旗汉军虽然在形式上分属原八色旗之下，但是其固山额真由皇帝

① 《明清史料》丙编第1本，“正红旗固山备御藏国祚奏本”。

任免，即太宗直接指挥八旗蒙古与八旗汉军，再加上他自己掌握的两黄旗，太宗的军政实力远在其他贝勒之上。其他贝勒在军政实力上与太宗相差悬殊，无法与其抗衡，八旗满洲失去了“独尊”的地位，太宗以此进一步巩固了皇权。八旗制度作为清（后金）政权的一种体制，显然只有八旗满洲是不完备的，是对蒙古、汉等其他民族的忽视。太宗创建八旗蒙古和八旗汉军是对蒙古和汉民族历史地位及其作用的肯定。八旗满洲、八旗蒙古、八旗汉军三者并立而存，这标志着国家政权性质是以满洲贵族为核心，与汉、蒙古封建地主阶级联合统治的政权。

远迩诸国 在在臣服

崇德八年（1643）三月，太宗命护军统领阿尔津、哈宁噶等率将士3000人往征黑龙江上游的虎尔哈部（黑龙江的虎尔哈、索伦常混称），是为第四次用兵于黑龙江上游。清军进展顺利，至五月，阿尔津即派人报捷：远征军越过黑龙江北岸，攻克波和里、诺尔噶尔、都里三处，俘获男子725名。另有小噶尔达苏、大噶尔达苏、绰库禅、能吉尔四处人口投顺，男子324名，妇人29人。于其他各处又俘获妇女幼稚199人，获马317匹、牛402头，貂、狐、猞猁狲等裘4领，貂、狐、水獭、青鼠等皮1500余张。七月，阿尔津、哈尔噶等率师回到沈阳，携来民众共2568口，马、牛、驴共450有奇。另外又俘获妇女幼稚共249口，牛8头，猎犬16只，貂皮、貂尾、貂蹄共1600，貂尾护领2，貂、狐、猞猁狲、青鼠等裘共13，狐、水獭、狼、青鼠等皮共650有奇[①]。

大军凯旋后，太宗将所携来男子按丁披甲，编补给缺额的各旗，其余俘获分别赏给出征将士。护军统领阿尔津、哈尔噶各获貂皮70张、银百两，

① 《清太宗实录》卷64、65。

其他将士得赏银自30两至60两不等。此外，太宗还拿出2560两白银抚恤伤亡将士，可见清军出征时也遇到了抵抗，造成了伤亡。这次出兵的原因，是由于有少数部落或未归顺，或时顺时叛，不能按规定朝贡，所以太宗才劳师远征。

一个月后，太宗突然去世，这次远征虎尔哈是他生前发动的最后一次统一黑龙江的军事活动。

太宗对黑龙江上游地区发动大规模的军事行动主要有四次：第一次是天聪八年（1634）十二月，命梅勒章京霸奇兰、甲喇章京萨穆什喀等统兵进攻黑龙江流域。第二次是崇德四年（1639）十一月，命索海、萨穆什喀领官兵远征索伦部，打击的主要对象是博穆博果尔，但博穆博果尔逃脱。第三次是崇德五年（1640）七月，太宗命席特库、济席哈等领护军并外藩蒙古精锐远征索伦，擒获博穆博果尔。第四次即上述崇德八年（1643）三月，阿尔津、哈宁噶统兵征虎尔哈部落。太宗四次用兵黑龙江，统一索伦，意义重大。魏源在《圣武记》卷1中评论道："天命间，大兵虽一度黑龙江下游（即混同江），未尝至索伦。天聪、崇德始臣绝域，际东北海。于是，辽、金部落咸并于满洲矣。"

明人分女真为三大部，即建州女真、海西女真、黑龙江女真。清太祖努尔哈赤统一了建州和海西，继而向黑龙江用兵。至清太宗即位之后，采取"且征且抚"的政策，多次向黑龙江流域、乌苏里江流域及其以东海滨地区用兵，把原属于明朝奴儿干都司的管辖地区，全部置于清政权统治之下，实行有效管理。主要管理模式有以下两种：

第一，迁入盛京，编入八旗。对于前来投顺或战争俘获之人，迁入盛京，其健壮之成丁编入旗籍。如崇德四年（1639），索海、萨穆什喀征博穆博果尔时，携来男子2751名，妇女3989口，编入八旗。翌年十一月，太宗对这些人均赏给衣服布匹，"复令较射，分别等第，一等者视甲喇章京，二等者视牛录章京，三等者视半个牛录章京，各照等第赐朝服、袍褂等物”[①]。崇德六年（1641）五月十三日、十五日，就有索伦部落1675人来归附，太宗设宴招待，将其壮丁编入八旗。

第二，留居原地，定期朝贡。对于那些定期朝贡以示臣服的部族，让他们留居故地，以村屯或氏族为单位，“各设姓长、乡长，分户管辖”[②]。这些村屯遍布于黑龙江、乌苏里江流域直至库页岛一带，定期向清政府缴纳贡赋。清政府对献纳者按例给予赏赐。这样的记载在《清太宗实录》中俯拾皆是。对于不事农耕又无货币的边地少数民族而言，缴纳土特产品，也就是履行了纳赋的义务，表明和清朝的隶属关系。实行姓长、乡长制度和缴纳实物税，体现了清朝在这一地区行使了国家主权。

为更好地管理黑龙江及乌苏里江流域的军政事务，崇德元年（1636）六月，太宗以一等甲喇章京吴巴海善于用兵晋升为三等梅勒章京，命其移镇宁古塔。宁古塔遂成为盛京以北的军政中心。

经过清太祖、清太宗两代人的努力经营，逐步统一了黑龙江及其支流乌苏里江流域。崇德七年（1642）六月，太宗在给明崇祯帝的书信中自豪地说：

> 予缵承皇考太祖皇帝之业，嗣位以来，蒙天眷佑，自东北海滨，迄西北海滨，其间使犬、使鹿之邦，及产黑狐、黑貂之地，不事耕种、渔猎为生之俗，厄鲁特部落，以至斡难河源，远迩诸国，在在臣服。[③]

太宗的话描绘出当时清政权的疆域：东北起库页岛（今萨哈林岛），东

① 《清太宗实录》卷53。

② 《清朝文献通考》卷271，“舆地三”。

③ 《清太宗实录》卷61。

临鄂霍次克海，西北至贝加尔湖，西达青海，南到长城（辽西到宁远），北跨外兴安岭。即长城之外，由东北到西北的辽阔区域皆在清政权的掌控之中。

正当太宗统一黑龙江地区之时，沙皇俄国也越过乌拉尔山，迅速向东方扩张。崇德八年（1643）冬天，以波雅科夫为首的哥萨克远征军侵入黑龙江流域，到达精奇里江。此时，太宗已经完成了对这一地区的统一，把分散的各不统属的边疆民族集合在清朝的旗帜下。哥萨克们闯入达斡尔人的村庄，抢劫粮食，强迫他们缴纳实物税，达斡尔人断然拒绝，表示一切听从“博格德汗”（清朝皇帝）的指令[①]。整个冬天，精奇里江上的达斡尔人对哥萨克的入侵进行了英勇的反抗。翌年，波雅科夫得到俄军的增援后，闯入黑龙江下游。他们沿途烧杀抢掠，强迫当地军民归顺沙皇。黑龙江两岸的达斡尔、赫哲、费雅喀等族人民奋勇反抗。这表明边疆诸民族已经承认清朝的合法统治。清太祖、清太宗对黑龙江地区的统一为顺康时期东北各族人民抗击沙俄入侵奠定了基础。

至崇德八年，东北边疆诸民族与蒙古已“在在臣服”，清对明的战争，取得了五次进关远袭的胜利及关外的松锦大捷，明朝这棵大树即将仆倒。太宗自豪地说：“今明国精兵已尽，我兵四围纵略，彼国势日衰，我兵力日强，从此燕京可得矣！”[②]然而，正当太宗踌躇满志之时，他的生命却戛然而止。

① 巴赫鲁申：《哥萨克在黑龙江上》。

② 《清太宗实录》卷62。

五十二岁病故清宁宫

太宗“无疾而终”

崇德八年（1643）八月初八日，太宗以五女固伦公主下嫁内大臣蒙古和硕额驸恩格德尔之子索尔哈。初九日，召固伦公主至崇政殿，太宗在征明所获缎匹财物中挑选出最好的赐给了女儿。同时受赏赐的还有科尔沁来朝的诸福晋、贤妃等。事毕，太宗回宫。

盛京宫殿，由皇宫正门大清门而入，沿御路北行，迎面是五间金碧辉煌的崇政殿，这是太宗处理军政大事的地方。出崇政殿北门，拾阶而上，是三层歇山琉璃瓦顶的凤凰楼，凤凰楼耸立在高台上，太宗常和后妃及贝勒大臣常们在这里观景纳凉。凤凰楼的后面便是帝后的寝宫区。在这个区域内，主要建筑有五座寝宫，正面居中而建、坐北向南的是中宫清宁宫，清宁宫前面东西两侧分别是东宫关雎宫、西宫麟趾宫、次东宫衍庆宫、次西宫永福宫，这五座寝宫皆为五间硬山琉璃瓦顶建筑。此时，关雎宫的主人宸妃已病逝近两年，人去屋空。清宁宫东侧的一间是太宗和皇后的寝居之所，靠窗设炕。

“是夜，亥刻，（上）无疾，坐南榻而崩。在位十七年，寿五十有二。”[①]

不幸来得如此突然，似乎毫无征兆。前一日，因固伦公主下嫁索尔哈，太宗在崇政殿举行盛大仪式，和硕亲王以下，甲喇章京以上，朝鲜国世子、外藩蒙古王公及满汉王公人等皆来祝贺。九日当天，他召见蒙古土默特部落贡马甲喇章京大诺尔布、小诺尔布，牛录章京根都、俄博尼等数十人，赐给他们银两、貂帽、朝衣、靴等物。又赏赐固伦公主及科尔沁诸福晋，一切都正常。清代官修史书几乎持一致说法，认为太宗是“无疾而终”。

其实，太宗绝非是“无疾而终”，翻阅《清太宗实录》，自崇德五年（1640）七月始，就多次见“圣躬违和”字样。现摘录如下：

崇德五年（1640）七月丙午，“圣躬违和，率皇后诸妃于申刻出德盛门，幸安山（鞍山）温泉”。在温泉修养一个多月，至九月庚辰，“圣躬稍安，将还，智顺王尚可喜送驾”[②]。时值清军围困锦州，又有席特库等率军远征博穆博果尔，在此关键时期，太宗休养了一个月才“圣躬稍安”，一定不是一般的小病。

六年（1641）八月丁巳，清军与明军在松山之战中失利的快报传到盛京，太宗立即要亲征，“因鼻衄，姑缓三日，鼻衄尚未止”。在赶往松山的途中，“上行急，鼻衄不止，承以碗，行三日，衄方止”[③]。

同年九月丙申，因宸妃病逝，饮食顿减，“圣躬违和，是日午刻，皇后、宫妃及诸王、大臣，陈设祭物于神前祈祷。酉刻，上方愈，稍进饮食”[④]。

七年（1642）十月丁巳，“圣躬违和，肆大赦，凡重辟及械系人犯，俱令集大清门外，悉予宽释”。太宗这次病得不轻，不仅以大赦来乞求天神眷佑痊愈，而且部院大臣们就此提议减轻太宗的军政事务负担。都察院参政祖

① 王先谦：《东华录》，崇德八年九月庚午。

② 《清太宗实录》卷52。

③④ 《清太宗实录》卷57。

可法、张存仁等奏言："近见政事纷繁，动劳睿虑，各旗六部诸大臣，虚设何裨。凡心劳则气动，更愿皇上清心定志，一切细务付部臣分理，至军国大事方许奏闻。"又劝慰太宗说："况大业垂成，外国来归，正圣心慰悦之时，亦可稍辍忧劳，且时当食足兵强，皇上宜暂出游猎，以舒上心。"太宗闻奏，表示同意，召集诸王，宣布："未来之事何能预定，各部事务须尽心料理，又不能决断者，会同诸王贝勒议结，如会议仍不能结者，方许奏闻。"[①]于是，诸王每日黎明齐集，有事则奏，无事回各衙门，办理部务，倘若有当议之事，候旨齐集。太宗一贯日理万机，如今让诸王分理国家大事，一定是病得不轻，短时间内不能好转。同年十二月丁丑，"上行猎至开库尔地方，圣躬违和，遂驻跸其地"[②]。

八年（1643）三月庚戌，"圣躬违和，大赦，死罪以下咸宥之"。半个月后，即四月甲子日，"圣躬违和，命祷于盛京寺庙，施白金"。第二天，"复祷于境内各寺庙，施白金"。太宗病了20多天，仍未痊愈。多罗豫郡王多铎奏言："古昔之制，兵者不得已而用之也，若恃强取胜，非义妄动，天必不佑。臣窃思今日之势宜暂停师旅，至于国中兴作，俟规模既定，然后举行，总以农务为急。农务克勤则庶民衣食丰足，衣食丰足则举国庆豫，举国庆豫则皇上应无疆之福，而圣躬自获安和矣。"[③]尽管不知太宗患何疾病，但是一定很严重，一是病程长，20余天仍未见好；二是诸王已经忧心忡忡，担心清朝频繁兴兵是"非义妄动"，是违背天意，天不保佑，才致太宗病重，所以要暂停一切军事行动。

从《清实录》记载所见，自崇德五年（1640）始，太宗"圣躬违和"，七年十月至八年四月，病情加重，连续发作，不得不让诸王分理军政事务，

①② 《清太宗实录》卷63。

③ 《清太宗实录》卷64。

甚至为了太宗病愈，多铎建议暂停一切军事行动，此后至去世前的三个月里，太宗的活动基本上都在宫殿里，再无出猎或率军出征的记载。所以，太宗的去世是长期生病的结果，而非“无疾而终”。

那么，太宗究竟死于何病？清官书讳而不载，朝鲜《李朝实录》仁祖卷4记：四月初六日“清人言于世子馆所，以为皇帝病风眩，愿得竹沥，且要见名医”。风眩是由风邪、风痰引起的眩晕。竹沥是竹子加工后提取的汁液，具有清心肺胃之火、豁痰润燥、定惊之效。主要用于治疗中风痰迷，肺热痰壅，惊风等病症。太宗一生勇于战阵，勤于政事，军国大政，事必躬亲。长期处于高度紧张、情志不舒，极度疲劳的状态，易患高血压、中风等疾病。尤其是崇德六年（1641）九月宸妃的死，令他悲痛不已，难以自拔，竟至一度昏迷，加重了病情。多种因素最终导致其猝然死亡。

崇德八年（1643）八月初九日，太宗逝世。第二天，诸王大臣等迎梓宫，奉安于崇政殿，举丧三天。九月二十一日，葬于沈阳城北郊的昭陵。在陵园御道两旁的石兽群中，有一对石马，是仿照太宗生前喜爱的坐骑大白、小白而雕刻的，它们将永远地陪伴着太宗。

有清一代，对清太宗皇太极推崇备至，根据他生前的文治武功，乾隆元年（1736），再次加封其谥号，称为“应天兴国弘德彰武宽温仁圣睿孝敬敏昭定隆道显功文皇帝”。对太宗一生的功绩，《清太宗实录》赞誉道：

> 上以神武之姿，恢宏之度，智勇由于天授，而雄略非常，仁爱周乎万物，而恩施弗倦。当冲幼之龄，英明豁达，嶷然表异，太祖特钟眷爱，及长而内襄国事，动协机宜，出领戎行，率先摧敌，功隆德盛，诸贝勒大臣莫不倾心翊戴，嗣承大统焉。陟阼之后，抚辑中外，绥怀兆庶，首以行正道、循礼义相为誓诫，而建中表正之规立矣，笃友爱，励公中，而敦伦睦族之义彰矣。任

贤才以树纪纲，务耕织以崇民业，优赏赉以恤军功，重衡校以兴文治，而经邦立政之模远矣。尤孜孜以善养人为要务，招携怀远，筹及身家，降将俘民，均加鞠育，仁声义问，洋溢遐迩，由是归附者日众，而国势滋大。乃若讨喀尔喀之背盟，伐朝鲜之屡叛，收察哈尔之余众，取黑龙江虎尔哈等之旧部，天戈所向，攻必克，战必胜，电扫风驰，莫之能御。然叛则声罪而讨，顺则加恩而抚，威震万方，仁均一体，是以版图式辟，玉玺来归，质子入朝，铭碑颂德。自东海暨于北海，极之使犬使鹿诸国，输诚向化，咸上尊号而劝进，兴王之盛，自古未有也。至于明国，背弃盟誓，为我仇雠，构兵积衅，上尝亲行挞伐，直抵燕京，斩其将帅，破其城堡，声灵震叠，取中原易如反掌，而重惜民命，不忍使之罹于锋镝，旅师而返。迨至屡次讲和，怙终罔悔，不得已而加兵。取大凌河，拔松山、杏山，降大寿于锦州，擒成畴于塔岭，悉有宁远以东之地。而圣意谦冲，犹复相时以待。加以励精图治，纳谏亲贤，弼教明刑，制度宏备，天心丕应，舆望攸归。[1]

上述赞誉难免有溢美之嫌，但也确实是对太宗一生功绩的全面总结。太宗在位17年，进一步建立和完善了国家的各项制度，发展了经济，缓和了阶级和民族矛盾，抚绥朝鲜，统一蒙古，使清政权不断发展壮大，为清王朝这座大厦奠定了坚实的基础。他去世后的第二年，即公元1644年，清军在多尔衮的带领下奔流入关，以燕京为都城，建立了对全中国的统治。这是太宗的夙愿，是他一生为之奋斗的目标，只可惜他没有等到这一天！

① 《清太宗实录》卷65。

福临六岁即皇帝位

因为太宗是突然驾崩，生前没有指定皇位继承人。当人们从震动和悲痛中清醒过来后，一场对皇位的争夺战在诸贝勒之间展开。

当时的掌旗贝勒是：礼亲王代善掌正红旗，多罗贝勒罗洛宏掌镶红旗，多罗豫郡王多铎掌正白旗，睿亲王多尔衮掌镶白旗，肃亲王豪格掌正蓝旗，郑亲王济尔哈朗掌镶蓝旗。其中代善年过花甲，暮气沉沉，已多年退居幕后。罗洛宏是代善的孙子，年轻辈分小，并曾一度被革贝勒职。多铎与其同母哥哥多尔衮相比，不论谋略或军功都稍逊一筹。济尔哈朗是努尔哈赤的侄儿，不具有竞争皇位的资格。剩下的就只有多尔衮和豪格叔侄二人了。

按当时的情况，多尔衮最有希望继承皇位。原因有两个：第一，他的母亲乌拉纳喇氏，名阿巴亥，曾受宠于努尔哈赤，位至大妃。努尔哈赤病危时，阿巴亥陪伴在身边，二人很有可能谈到汗位继承人问题。阿巴亥有子三人，即阿济格、多尔衮、多铎。继承人有可能是三人中的一人。努尔哈赤死后，三人中没有一人继承汗位，并且母亲阿巴亥被逼殉葬。在努尔哈赤死后的汗位之争中，多尔衮兄弟三人年纪小，成为失败者，而太宗皇太极继承汗位，成为胜利者。今天，太宗去世，人们自然想到了多尔衮。第二，多尔衮足智多谋，英勇善战，具有卓越的政治和军事才能。在太宗时期，多次被任命为大将军，统领大军征朝鲜、蒙古，进攻明朝，立下了汗马功劳，享有广泛的影响和崇高的威信。

豪格，是太宗长子，自幼跟随父祖驰骋疆场，早在天命年间，就因讨伐蒙古有功，封为贝勒。天聪六年，晋和硕贝勒，崇德元年（1636）始晋为肃亲王，掌户部事。不论军功或处理政事的经验，豪格均不比几位叔伯逊色。

多尔衮与豪格二人，从辈分上，多尔衮是叔叔，豪格是侄子；从年龄上，豪格长多尔衮三岁。二人在资历与实力上最具有继承皇位的可能性。

很快，贝勒王臣们为皇位继承人的问题开始活动了。两黄旗大臣们会聚于豪格家里，图尔格、索尼、图赖、鳌拜、谭泰等倡议立肃亲王豪格为君，众人密谋良久。同时，两白旗也在积极策划立多尔衮为帝。

八月十四日，是决定清朝命运的关键日子，这一天，诸王大臣要在崇政殿召开会议，决定皇位的继承人。

是日，天刚亮，多尔衮急忙到宫中的三官庙见内大臣索尼，询问他对皇位继承人的意见，索尼是太宗的心腹重臣，很清楚多尔衮的心思，他直言不讳地说："先帝有皇子在，必立其一，他非所知也。"多尔衮碰了一鼻子灰，明白两黄旗反对他的态度很坚决。两黄旗大臣们也清楚，立豪格就是公开对抗多尔衮，很有可能与两白旗兵刃相见。为先发制人，两黄旗大臣先下手为强，命两旗的精锐巴雅喇兵全副武装，一大早就把崇政殿团团包围起来。诸王大臣先后进入崇政殿。会议一开始，索尼和鳌拜首先提出立皇子。多尔衮喝令二人暂退，认为诸王尚未发言，他们没有资格说话。这时，阿济格和多铎劝多尔衮即帝位，多尔衮见两黄旗大臣剑拔弩张的架势，没有立即回应。多铎急不可耐地说："若不允，当立我。我名在太祖遗诏。"多尔衮反驳说："肃亲王亦有名，不独王也。"显然，多尔衮的意思是既不同意多铎，也不同意豪格。多铎话锋一转说："不立我，论长当立礼亲王（代善）。"代善本不想发表意见，见多铎点到自己，不得不表态说："睿亲王若允，我国之福。否则当立皇子。我老矣，能胜此耶？"[1]代善推辞了。两黄旗大臣们纷纷站起来，手按剑柄，情绪激动地说：我们这些人吃的是皇帝的饭，穿的是皇帝的衣，皇帝的养育之恩比天大，比海深。如若不立皇帝之子，我们宁可死从先帝于地下！此时，太宗的梓宫正停放在崇政殿，两黄旗

①《清史稿》卷249，"索尼传"。

的人还沉浸在失去主子的哀痛中，情绪又悲又愤。多尔衮的脑子飞快地转着，他不愧是“睿”亲王，睿智之王。很快他提出一个建议，立太宗九子福临继帝位，但福临只有六岁，于是他接着提出条件：由他和郑亲王济尔哈朗左右辅政，待福临成人，当即归政。

多尔衮的提议出乎众人的意料，冷静下来之后，大家接受了这一建议。对于两黄旗而言，只要立皇子，两黄旗就仍然是天子自将之旗，两黄旗的目的达到了。对于多尔衮，面对刀剑相逼的两黄旗大臣，虽然他被迫放弃了皇帝梦，但是作为辅政大臣，他的地位和权力和皇帝相仿，无其名而有其实。在这场皇位之争中，最失败的是豪格，从各方实力看，豪格虽先有两黄旗支持，但是他实际上只拥有正蓝旗，实力相对较弱。而最幸运的是福临，他该万万没想到，鹬蚌相争的结果是他得利，突然之间被议立为新君了，六岁的幼童做了清朝的皇帝。

这场皇位继承人的纷争，一度剑拔弩张，一触即发，最终得以和平解决。太宗的在天之灵该会很宽慰吧！多尔衮着眼于攻明大业，在关键时刻做出让步，避免了一场骨肉相残和内乱。尽管这场纷争的余波持续了数年，但是大局稳定，八旗又重新团结在新的统治集团之下，为第二年的入关奠定了基础。

崇德八年（1643）八月二十六日，清举行新帝登极大典，宣告天下，以明年为顺治元年（1644），清朝进入了一个新的历史时期——顺治朝。

主要参考文献

一、史料

[1] 徐梦莘：《三朝北盟汇编》，上海古籍出版社，1987年。

[2] 脱脱等撰：《金史》，中华书局，1975年。

[3] 毕恭修：《辽东志》，载《辽海丛书》第一册，辽沈书社，1985年。

[4] 李辅修：《全辽志》，载《辽海丛书》第一册，辽沈书社，1985年。

[5] 瞿九思：《万历武功录》，潘喆、孙方明、李鸿彬编：《清入关前史料选辑》第一辑，中国人民大学出版社，1984年。

[6] 张鼐：《东夷考略》，潘喆、孙方明、李鸿彬编：《清入关前史料选辑》第一辑，中国人民大学出版社，1984年。

[7] 程开祜：《东夷努尔哈赤考》，潘喆、孙方明、李鸿彬编：《清入关前史料选辑》第一辑，中国人民大学出版社，1984年。

[8] 于燕芳：《剿奴议撮》，潘喆、孙方明、李鸿彬编：《清入关前史料选辑》第一辑，中国人民大学出版社，1984年。

[9] 傅国：《辽广实录》，潘喆、孙方明、李鸿彬编：《清入关前史料选辑》第一辑，中国人民大学出版社，1984年。
[10] 彭孙贻：《山中闻见录》，潘喆、孙方明、李鸿彬编《清入关前史料选辑》第三辑，中国人民大学出版社，1991年。
[11] 陈子龙等辑：《明经世文编》，中华书局，1962年。
[12] 陈文等修：《明英宗实录》。
[13] 温体仁修：《明神宗实录》。
[14] 王在晋：《三朝辽事实录》，载《长白丛书》之《先清史料》，吉林文史出版社，1990年。
[15]《明清史料》丙编，辽宁大学图书馆藏。
[16]《大清历朝实录》，中华书局，1986年—1987年。
[17]《满洲实录》，华文书局，1969年。
[18]《清太祖皇帝实录》，潘喆、孙方明、李鸿彬编：《清入关前史料选辑》第一辑，中国人民大学出版社，1984年。
[19]《满文老档》，中华书局，1990年。
[20]《满文老档》，辽宁民族出版社，2010年。
[21]《汉译〈鞑靼漂流记〉》，辽宁大学历史系，1979年印本。
[22]《重译〈满文老档〉》，辽宁大学历史系，1979年印本。
[23]《汉译〈满洲旧档〉》，辽宁大学历史系，1979年印本。
[24]《天聪朝臣工奏议》，辽宁大学历史系，1979年印本。
[25]《清太宗实录稿本》，辽宁大学历史系，1979年印本。
[26] 辽宁省档案馆编：《一宫三陵档案史料选编》，辽海出版社，2003年。
[27] 杨丰陌、赵焕林、佟悦主编：《盛京皇宫和关外三陵档案》，辽宁民族出版社，2003年。
[28]《崇祯长编》，上海书店，1982年。

[29] 中国第一历史档案馆编：《清初内国史院满文档案译编》，光明日报出版社，1989年。

[30] 鄂尔泰修：《八旗通志初集》，东北师范大学出版社，1985年。

[31] 纪昀等纂修：《钦定八旗通志》，吉林文史出版社，2002年。

[32] 王一元：《辽左见闻录》，北京图书馆藏手抄本。

[33] 乾隆官修：《清朝文献通考》，浙江古籍出版社，2000年。

[34] 阿桂等撰：《满洲源流考》，辽宁民族出版社，1988年。

[35]《清史列传》，中华书局，1987年。

[36] 赵尔巽等撰：《清史稿》，中华书局，1977年。

[37] 弘昼等编：《八旗满洲氏族通谱》，辽沈出版社，2002年。

[38] 杨同桂：《沈故》，载《辽海丛书》第一册，辽沈书社，1985年。

[39] 康熙《铁岭县志》，载《辽海丛书》第二册，辽沈书社，1985年。

[40] 康熙《锦州府志》，载《辽海丛书》第二册，辽沈书社，1985年。

[41] 康熙《宁远州志》，载《辽海丛书》第四册，辽沈书社，1985年。

[42] 康熙《广宁县志》，载《辽海丛书》第四册，辽沈书社，1985年。

[43] 咸丰《岫岩志略》，载《辽海丛书》第二册，辽沈书社，1985年。

[44] 康熙二十三年修：《盛京通志》。

[45] 乾隆元年修：《盛京通志》。

[46] 阿桂等纂修：《盛京通志》，辽海出版社，1997年。

[47] 民国《开原县志》，1917年铅印本。

[48] 民国《兴京县志》，1925年铅印本。

[49] 王树楠等纂：《奉天通志》，辽海出版社，2003年。

[50] 长顺修：《吉林通志》，吉林文史出版社，1986年。

[51] 张伯英总纂：《黑龙江志稿》，1933年北平铅印本。

[52] 魏源：《圣武记》，中华书局，1984年。

[53] 蒋良骐：《东华录》，中华书局，1980年。

[54] 昭梿：《啸亭杂录》，中华书局，1980年。

[55] 福格：《听雨丛谈》，中华书局，1984年。

[56] 金德纯：《旗军志》，载《辽海丛书》第四册，辽沈书社，1985年。

[57] 姚元之：《竹叶亭杂记》，中华书局，1982年。

[58] 刘锦藻：《清朝续文献通考》，浙江古籍出版社，2000年。

[59] 震钧：《天咫偶闻》，北京古籍出版社，1982年。

[60] 吴晗辑：《朝鲜李朝实录中的中国史料》，中华书局，1980年。

[61] ［朝鲜］《李朝实录》，中国科学院科学出版社，1957年。

[62] ［朝鲜］李民寏：《建州闻见录》，辽宁大学历史系，1978年印本。

[63] ［朝鲜］申忠一：《建州纪程图记》，辽宁大学历史系，1979年印本。

[64] ［朝鲜］《沈阳状启》，辽宁大学历史系，1983年印本。

二、今人著述

[1]《满族民间故事选》，春风文艺出版社，1985年。

[2] 李林：《满族家谱选编》，辽宁民族出版社，1988年。

[3] 李燕光等主编：《满族通史》，辽宁民族出版社，1991年。

[4] 阎崇年：《天命汗》，吉林文史出版社，1993年。

[5] 孙文良、李治亭：《崇德帝》，吉林文史出版社，1993年。

[6] 赵展：《满族文化与宗教研究》，辽宁民族出版社，1993年。

[7] 傅波主编：《抚顺地区清前遗迹考察纪实》，辽宁人民出版社，1994年。

[8]《汉语大辞典》，汉语大辞典出版社，1997年。

[9] 张杰：《满蒙联姻——清代宫廷婚俗》，辽海出版社，1997年。

[10] 杜家骥：《清朝满蒙联姻研究》，人民出版社，2003年。

[11] 顾颉刚 、史念海：《中国疆域沿革史》，商务印书馆，2004年。

[12] 支运亭：《大清兴国史赜》，万卷出版公司，2004年。

[13] 张杰、张丹卉：《清代东北边疆的满族》，辽宁民族出版社，2005年。

[14] 杜家骥：《八旗与清朝政治论稿》，人民出版社，2008年。

[15] 佟永功：《满语文与满文档案研究》，辽宁民族出版社，2009年。

[16] 张丹卉：《辽宁文化通史·清代卷》，大连理工大学出版社，2009年。

[17] 华立：《清代的满蒙联姻》，《民族研究》1983年第2期。

[18] 张杰：《清代满族语言文字在东北的兴废与影响》，《北方文物》1995年第1期。

[19] 张丹卉：《清代东北参务述论》，载《满学研究》第五辑，民族出版社，2000年。

[20] 张丹卉：《论满族文化先驱——巴克什》，《史学集刊》2004年第1期。

[21] 张丹卉：《论明清之际东北边疆城镇的衰落》，《中国边疆史地研究》2004年第1期。

[22] 张丹卉：《关于满族形成的若干问题的考辨》，《社会科学战线》2004年第1期。

[23] 徐凯：《关于15至17世纪东北地区民族关系的几个问题》，《云南师范大学学报》2009年第2期。

后记

《数读清史丛书》历经七年的艰辛，终于得以付梓，真是值得高兴的事。作为主编，我们深感编辑这部有一定特色的“清史丛书”实非易事，个中甘苦，唯亲历者知之。

本套丛书的编辑工作启动于2012年，两位主编在深思熟虑之后，明确宗旨，确定选题，拟就编写计划，制订《编写则例》。接着，又约请京内外九位中青年学者承接编写工作。作者们对于本丛书的写作十分认真，兢兢业业，数易其稿，付出了艰辛劳动。编纂伊始，还承蒙北京青年政治学院（通过作者之一谭绍兵）赞助，使得来自四面八方的作者能齐聚一堂，共襄盛举。

由于多种原因，原接洽的出版社临时变卦，致使丛书出版中途搁浅。面对意外变故，我们作为主编没有气馁，又积极与辽宁民族出版社沟通。承蒙不弃，该社社长兼总编辑李凤山先生、副总编辑吴昕阳女士鼎力相助，慨然允诺出版本套丛书。责任编辑李璜女士及杜璐珊、黄金刚等编辑负责联系、审稿，多有辛劳。此外，又通过邹建达、张立程两位作者得到了云南师范大学和浙江大学的出版资助，最终得以克服困难，仅仅用了不到一年时间就把此书奉献给广大读者，这是我们全体编著者要特别感谢的。在丛书编撰过程中，编著者的家人、朋友给予了大力的支持和帮助，杨阳、黄彦震等同志也协助做过一些事务性工作，在此一并致谢。

2019年4月于北京